JN041177

オートマトン・言語理論

第2版 | 新装版

富田 悦次・横森 貴 共著

AUTOMATA AND FORMAL LANGUAGES

森北出版

まえがき

　「コンピュータの無い社会を想像出来ますか？」(2010年3月，情報処理学会創立50周年記念全国大会 標語)といわれるほど，コンピュータは現代社会を支える必須基盤となっている．この記念イベントにおいて，コンピュータ将棋は女流王将との対局を制し，2012年には，第1回将棋電王戦において元名人との対局にも勝ち，さらに2013年の第2回電王戦では，現役プロ棋士5人との対局において3勝1敗1分けの戦績を収めるまでになった(文献 [Mat15]，[It13] (230ページ)などを参照)．その後も幾度となくプロ棋士との対局が行われたが，コンピュータの圧倒的な優勢で終わっている．今日では，コンピュータとの対戦は将棋だけでなくチェスや囲碁をはじめとして様々なゲームで行われており，ゲーム情報学なる学際分野の創出にまで至っている[Mat16]．

　このコンピュータの学問的基盤として最も重要なものの一つが"オートマトン・言語理論"である．より具体的には，オートマトンはコンピュータのハードウェアの基本機構をモデル化したものであり，言語理論はコンピュータのソフトウェア，とくにコンパイラなどの理論的基盤を与えるものである．すなわち，オートマトンと言語理論とは密接な対応関係をもっている．したがって，コンピュータを効率よく設計開発，活用し，さらには原理的にどのようなことまで可能であるかを正確に把握するために，オートマトン・言語理論の知識は必要不可欠である．

　このような要請から，オートマトン・言語理論に関する書籍は必然的に国内外において数多く出版されている．その大部分は数学的定義に始まり，定理，証明を与える，というトップダウン形式で議論が進められ，専門書としては確かに美しい体系を成している．

　これに対して本書では，あくまでも初学者を対象としてわかりやすくを主眼とし，上記のような数学的な議論の展開方法は極力避けている．すなわち，具体的な理解しやすいことがらから始まり，より一般的な概念の提示と説明へと，ボトムアップ的な平易な解説に徹している．

　ここでは，形式的な厳密さをできる限り保持しながら，豊富な例や図を駆使して，

具体的な手がかりを積み重ねて読者が理解を進められる，ということを基本方針としている．

　それでは，各章の内容を簡単に紹介しよう．

　まず，第1章では，本書のテーマである"オートマトン"と"形式言語"についての直感的なイメージを読者にもってもらうことを目的として，これらの簡潔な説明を与える．

　第2章では，最も基本的なオートマトンである"有限オートマトン"について詳説する．まず，なじみやすい"順序機械"の話題から始めて逐次一般化を進め，"正規表現"へと続く．このようにして，最も基本的な言語である"正規言語"が，有限オートマトンあるいは正規表現によって規定されることを学ぶ．

　第3章では，"形式文法とは何か？"について具体的に考える．形式言語を規定する新たな規則が形式文法であるが，各種の形式文法の中でも最も基本的な"正規文法"においては，有限オートマトンとの間に単純で直接的な対応関係が成り立つことを理解し，オートマトンと形式文法とが表裏一体であることを十分に認識する．

　第4章では，正規文法を一般化した"文脈自由文法"と，有限オートマトンを拡張した"プッシュダウンオートマトン"を扱う．ここでは，正規文法をより一般化した単純決定性文法，および，決定性有限オートマトンの単純な拡張とみなすことのできる単純決定性プッシュダウンオートマトンを基礎として出発し，より上の決定性，非決定性の文法およびプッシュダウンオートマトンのクラスへと，一歩ずつ段階的に理解を進める．また，文脈自由言語の基本的性質についても学ぶ．このように，まず"単純決定性"という単純な足がかりを設けることにより，正規言語よりも上位のクラスの言語を学習する際の困難さをやわらげる工夫がなされている．

　第5章では，文脈自由文法とプッシュダウンオートマトンをおのおの一般化した概念である"句構造文法"と"チューリング機械"をとりあげる．さらに，この一般化過程の途中に位置する"文脈依存文法"と"線形拘束オートマトン"についてふれ，"計算可能性"についても言及する．

　最後の第6章では，いくつかの"決定問題"について学ぶ．

　本書の初版「オートマトン・言語理論」（富田・横森 著，森北出版 基礎情報工学シリーズ5）は，本書の内容に関する基礎知識を有していない読者も念頭において，極力平易にと執筆されたが，1992年の出版以来幸いにも非常に好評を得，多くの大学，大学院，高専などにおいて教科書として採用していただき，24増刷を数えた．

さらに，2013 年 12 月には第 2 版の機会を得て，第 8 刷までの増刷に至っている．

　第 2 版では，とくに，章末演習問題は本文の理解を深める支援となる基本的なものを充実させ，より詳細な解答を掲載した．本文においては省略している厳密な証明の一部も，演習問題として取り入れている．また，時代による変遷により，記法の一部も第 2 版の出版時点においてより広く一般的に使われているものへと変更を行っている．人名については，日本において広く読み方が定着しているものはそれに従い，必ずしもそうでない場合には，本人に直接問い合わせるなどをして，本人自身が自国で用いている読み方を極力採用した．さらに，インターネット上での Web 資料も合わせて活用している．なお，初版と同様，より深い学習を進めたい読者のために，関連した話題および巻末の参考文献も豊富に用意した．本文中での関連文献の参照は，各章ごとの参考文献番号を [Tu36] などの上付き添字で示してある．

　本書は，これまでにお寄せいただいた貴重なご意見を反映し，より理解しやすいように加筆・改訂を行った**新装版**である．特に，Web 上にサポートとして置いていた "＊印付きの演習問題の解答例" はすべて本書巻末に提示して，読者の利便性に配慮している．本新装版の最大の特長は，青色を基調としたメリハリのある誌面にある．これにより各章の概要や各節の見出し語，および図表はより鮮明になり，また具体例や定理などの理解もより容易になるであろうことを期待している．

　最後に，本書に関して貴重なご意見をいただいた多くの方々，とくに，清野和司，若月光夫，樋口　健，但馬康宏の各博士，および出版にあたってご尽力をいただいた森北出版出版部の石田昇司，大橋貞夫，宮地亮介，福島崇史，岩越雄一の諸氏には心より感謝申し上げます．

2023 年 8 月

富田悦次・横森　貴

本書の Web 資料

　各章末の演習問題の補足解答や，英語論文を読む際の便宜のための「**英和対応語**」などを Web 資料に掲載しました．

　これらの情報は，本書用の Web サイト

　　https://www.morikita.co.jp/books/mid/080553

から入手できます．

目　　次

序　論

▶本章では，"オートマトンと言語"とは何かについて学ぶ．これら二つの
概念は，計算機科学における最も中心的なものであり，基本的な性質を
論理的に議論するための道具立てを提供している．

1.1　オートマトンと言語

■ 1.1.1　オートマトンとは

オートマトン (automaton, 複数形は automata) とは，元来一般的に，"自動機
械"あるいは"自動人形"などの意味に用いられてきている．しかし，近年の情報処
理の分野においては，オートマトンは，ある**入力** (input) に対してその処理を自動
的に実行し，その結果として適切な応答を**出力** (output) するようなディジタルシ
ステムを，できるだけ単純にモデル化したものとして用いられる (図 1.1 を参照)．

図 1.1　オートマトンのイメージ図

　そのようなシステムの一例として，自動販売機をあげることができる．たとえば
切符の券売機の場合，入力は逐次投入される硬貨の系列であり，券売機は投入され
た金額の合計を計算・記憶し，その合計が所定の値に達したならば切符 (および釣
銭) を出力する．このようなシステムの基本的機構は，順序機械とよばれるオートマ
トンとして表現される．ここで，順序機械としてモデル化できるシステムの記憶容
量は，あらかじめ定められたある有限の範囲内と限られるため，ある種の順序機械

は，有限オートマトンともよばれる．さらに複雑なシステムをモデル化したオートマトンとしては，プッシュダウンオートマトン，線形拘束オートマトン，チューリング機械などがある．ここで，今日のいかなる高度なコンピュータにより計算できることも，チューリング機械によって必ず計算することができ，この意味において，チューリング機械は，コンピュータの基本的機能をモデル化していると考えることができる．このチューリング機械は，コンピュータの出現以前の 1930 年代に，すでに一般的な計算の手続きを記述する数学的モデルとして，イギリスの数学者チューリング (Turing, A.M.) [Tu36]（第 5 章，第 6 章の文献）により提案されているものである．

なお，オートマトンへの各時点における入力は抽象的に 0, 1, ... あるいは，a, b, ... などの記号で表し，これらを**入力記号** (input symbol) とよぶ．個々のオートマトンについては，それが扱い得る入力をあらかじめ定められたある有限種類のものに限定し，それを入力記号の有限集合 $\Sigma = \{0, 1\}$（0 と 1 の 2 記号から成る集合）などとして明示する．刻々と入力される入力記号をつなぎ合わせてできる系列，010, 01001, ... などは**入力記号列** (input string)，あるいは**入力系列** (input sequence) とよばれる．出力についても同様の扱い方をする．この他に，記憶機構および動作の仕方の規則を決めることにより，特定のオートマトンが定まる．

■ 1.1.2 形式言語とは

日本語, 英語, フランス語などの**自然言語** (natural language), および, FORTRAN, Pascal, C, Java をはじめ Python などの**プログラミング言語** (programming language) に対し，それらを抽象化して定められた言語が**形式言語** (formal language), あるいは**数理言語** (mathematical language) とよばれるものである．通常，オートマトンと対にして述べられる“言語”とは，この形式言語を指す．

さて，形式言語を考える場合には，まずその文を構成するための最小単位要素の領域を定め，それを抽象的に記号の集合 Σ で表す．ここで，Σ は有限集合とする．これは，たとえば英語において，その文を構成する最小単位を単語と考えたとき，各単語を 1 記号とみなし，使用可能とする全単語をあらかじめ指定しておくことに相当する．そうすると，**文** (sentence) はそのような記号から構成される記号列とみなされる．さらに，言語はそのような記号列のうちで特定の条件を満足するようなものだけの集まりである．これは，英語においては，英文法的に正しい文だけの集まり全体を“英語”という言語とみなすことに相当する．

形式的には，

$$\Sigma = \{a_1, a_2, \ldots, a_m\} \quad (a_1, a_2, \ldots, a_m \text{ の } m \text{ 個の記号から成る集合})$$

としたとき，Σ 中の記号を重複を許して有限個並べて得られる

$$w = a_{i_1} a_{i_2} \cdots a_{i_n}$$

を，**Σ 上の記号列** (string over Σ) あるいは**系列** (sequence over Σ) という．この記号列 w の**長さ** (length) は，w を構成している記号の個数 n であると定義し，$|w|$ で表す．とくに，長さが 0 $(n = 0)$ の記号列を**空記号列** (empty string) あるいは**空系列** (empty sequence) とよび，ε (epsilon) で表す．たとえば，$w = 01011$ は $\Sigma = \{0, 1\}$ 上の記号列であり，$|w| = 5$ である．記号列 x と y に対して，記法 xy は x と y の**連接** (concatenation) とよばれる演算結果を表し，

$$x = a_{i_1} \cdots a_{i_s}, \quad y = b_{i_1} \cdots b_{i_t} \quad \text{のとき，} \quad xy = a_{i_1} \cdots a_{i_s} b_{i_1} \cdots b_{i_t}$$

で定義される．すなわち，xy は記号列 x の後に記号列 y をつなぎ合わせてできる記号列を表す．

記号列 $w = xyz$ において，x を w の**接頭辞** (prefix)，z を**接尾辞** (suffix) という．また，x，y，z はおのおの w の**部分記号列** (substring) であるという．ここで，x，y，z は空記号列 ε であってもよく，$\varepsilon yz = yz$，$x\varepsilon z = xz$，$xy\varepsilon = xy$ である．とくに，$yz \neq \varepsilon$ であるとき，x は $w = xyz$ の**真の** (proper) 接頭辞である，などという．

$w = a_{i_1} a_{i_2} \cdots a_{i_n}$ において $a_{i_1} = a_{i_2} = \cdots = a_{i_n} = a$，すなわち，$w$ は同じ記号 a が n 個並べられたものであるとき，$w = a^n$ と表すこともある．空記号列 ε を含めて，Σ 上で作り得るあらゆる記号列の全体から成る無限集合を Σ^* と表し，これを Σ の**スター閉包** (star closure) とよぶ．たとえば，

$$\Sigma = \{0, 1\}$$

であるとき，

$$\Sigma^* = \{\varepsilon, 0, 1, 00, 01, 10, 11, 000, 001, 010, 011, 100, 101, 110, 111, 0000,$$
$$0001, \ldots\}$$

である．また，

$$\Sigma = \{a, b, c\} \quad (a, \ b, \ c \text{ の } 3 \text{ 記号から成る集合})$$

であるとき，スター閉包は以下のようになる．

$$\Sigma^* = \{\varepsilon, a, b, c, aa, ab, ac, ba, bb, bc, ca, cb, cc, aaa, aab, aac, aba, abb,$$
$$abc, aca, acb, acc, baa, bab, \ldots\}.$$

以上の記法を用いると，Σ^* の中からある特定の条件を満足する記号列だけを集めた集合 L，すなわち Σ^* のある特定の部分集合 L が形式言語理論における言語であり，これを **Σ 上の言語** (language over Σ) という (図 1.2 を参照).

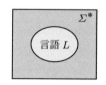

図 1.2　Σ 上の言語 L

Σ 上の言語 L は一般には無限集合であり，これを有限の記述で Σ^* 中から規定するための一つの方法として，形式文法とよばれる文法が用いられる．すなわち，その文法規則に従うと，ちょうど言語 L 内の文だけが正しい文として生成されるような文法を指定することにより，言語 L が規定される．また，言語 L を規定するためのもう一つの方法として，オートマトンによる方法がある．この方法では，L 中の記号列に対してだけ，それを入力しつくした後に出力 "1 (yes, 受理)" の応答を出すオートマトンを指定すればよい．

このようにして，オートマトンと文法とは言語を介して密接な関連をもつ．なお，Σ 上の言語をオートマトン側で考える場合には，Σ は入力記号の有限集合となり，文法側で考える場合には，Σ は終端記号の有限集合とよばれるものとなる．このように，入力記号の有限集合，出力記号の有限集合，終端記号の有限集合などのように，一般にある指定された 1 個以上の記号から成る有限集合は**アルファベット** (alphabet) ともよばれる．また，アルファベット上の記号列は**語** (word) とよばれることもある．

形式言語は，その構造に従って，正規 (正則) 言語，文脈自由言語，文脈依存言語，句構造言語と階層的に分類される．ここで，前者の言語 (集合) は後者の言語の特別な場合となっていることが知られている．

本節では，次章以降の内容を理解するために必要な準備として，集合，木，帰納法に関するごく基礎的な事項をまとめておく．

■ **1.2.1 集合**

集合 (set) とは，ある確定された対象物の集まりである．たとえば，0 と 1 の集まりは集合である．また，あるオートマトン M に対し，それが入力しつくした後に出力 "1 (yes，受理)" の応答を出すような記号列の集まりは集合であり，M の受理する言語 $L(M)$ とよばれる．集合に属する個々の対象物は，その集合の**要素** (element) とよばれる．一つの集合には，同じ要素が重復して含まれることはない．有限個の要素より成る集合を**有限集合** (finite set)，無限個の要素より成る集合を**無限集合** (infinite set) という．

(a) 集合に関する記法

(i) 要素 0, 1 から成る集合は $\{0, 1\}$ と表す．一般に，要素が $a_1, a_2, \ldots, a_m$ ($i \neq j$ ならば $a_i \neq a_j$) である集合は，それらを括孤 { } の中に列挙して $\{a_1, a_2, \ldots, a_m\}$ と表す（ただし，順序は任意）．また，たとえば，

$$D = \{x \mid x \text{ は実数の集合 } R \text{ に属し，かつ } x^4 - 1 = 0\}$$

は，"x は実数の集合 R に属し，かつ $x^4 - 1 = (x+1)(x-1)(x^2+1) = 0$ である" という性質を満足するような x をすべて集めた集合，すなわち $\{-1, 1\}$ を表す．一般に，x に関する性質を $P(x)$ としたとき，性質 $P(x)$ を満足するような x をすべて集めた集合を

$$\{x \mid P(x)\}$$

と表す．さらに，性質 $P(y)$ と性質 $Q(y)$ とを共に満足するような y をすべて集めた集合を $\{y \mid P(y)$，かつ $Q(y)\}$，あるいは単に $\{y \mid P(y), Q(y)\}$，などと表す．

とくに，要素を1個ももたない集合は**空集合** (empty set) といい，$\emptyset$ で表す[1]．

(ii) 集合 A の1要素が a であるとき，a は A に属する，あるいは A は a を含むといい，

$$a \in A, \quad \text{あるいは} \quad A \ni a$$

と表す．b が A の要素でないときは

$$b \notin A, \quad \text{あるいは} \quad A \not\ni b$$

と表す．たとえば，$0 \in \{0,1\}$ である．なお，すでに明らかな集合 S に対し，$\{x \mid x \in S,$ かつ $Q(x)\}$ と定義される集合は

$$\{x \in S \mid Q(x)\}$$

のように表されることもある．たとえば，実数の集合を R としたとき，(i) の例では

$$D = \{x \in R \mid x^4 - 1 = 0\}$$

とも表される．

(iii) 集合 $A,\ B$ において，集合 A の要素は必ず集合 B の要素ともなっているとき，A は B の**部分集合** (subset) であるという．またこのとき，A は B に含まれる，あるいは B は A を含むといい，

$$A \subseteqq B, \quad \text{あるいは} \quad B \supseteqq A$$

と表す．たとえば，$\{0\} \subseteqq \{0,1\}$．定義より，A 自体も A の部分集合である．また，空集合 $\emptyset$ はすべての集合の部分集合である．

集合 $A,\ B$ において，もし $A \subseteqq B$，かつ $A \supseteqq B$ であるとき，集合 A と B とは等しいといい，

$$A = B$$

と表す．

---

[1] 空集合 $\emptyset$ と，空記号列 ε のみから成る集合 $\{\varepsilon\}$ ($\neq \emptyset$) との区別に注意．図 2.51（75ページ）の（1），（2）も参照．

(b) 集合に対する演算

(ⅰ) 集合 A, B に対し，そのいずれかに属する要素をすべて集めた集合

$$C = \{c \mid c \in A, \text{あるいは } c \in B\}$$

を，A と B の**和集合** (union) といい，

$$C = A \cup B$$

と表す．また一般に，集合 $S_1, S_2, \ldots, S_n$ $(n \geqq 2)$ に対し，

$$S = \{a \mid a \in S_1, \text{あるいは } a \in S_2, \ldots, \text{あるいは } a \in S_n\}$$

を $S_1, S_2, \ldots, S_n$ の和集合といい，

$$S = S_1 \cup S_2 \cup \cdots \cup S_n$$
$$= \bigcup_{i=1}^{n} S_i$$

と表す．

(ⅱ) 集合 A と B とに共通に含まれる要素をすべて集めた集合

$$C = \{c \mid c \in A, \text{ かつ } c \in B\}$$

を，A と B の**共通集合** (intersection)，または**積集合** (product) といい，

$$C = A \cap B$$

と表す．とくに，

$$A \cap B = \emptyset \text{ (空集合)}$$

であるときは，A と B には共通要素がないことを意味し，**互いに素** (mutually disjoint) であるという．

(ⅲ) 集合 A の要素の中から，集合 B にも属する共通要素をすべて除いて得られる集合

$$C = \{c \mid c \in A, \text{ かつ } c \notin B\}$$

を，A から B を引いた**差集合** (difference) といい，

$$C = A - B$$

と表す．とくに，考察の対象となる全要素が与えられていて，それら全体から成る集合 Ω (omega; これを**全体集合**あるいは**普遍集合** (universal set) という) が定まっている場合には，それと Ω の部分集合 A との差集合

$$\Omega - A$$

を A の (Ω に関する) **補集合** (complement) といい，$\overline{A}$ (あるいは A^c) と表す．たとえば，前節の図 1.2 において，全体集合 $\Omega = \Sigma^*$ で，$\overline{L} = \Sigma^* - L$ である．定義から，$\overline{\overline{A}} = A$ が成り立つ．

　なお，A, B を集合とするとき，和集合，共通集合，および補集合の各演算の間には次のような関係が成り立つ．

$$\overline{A \cap B} = \overline{A} \cup \overline{B},$$
$$\overline{A \cup B} = \overline{A} \cap \overline{B}.$$

これを，**ド・モルガン則** (De Morgan's law) という (演習問題 1.3 を参照)．

(iv)　集合 A の要素 a と集合 B の要素 b とをこの順序で並べた対 (a, b) の全体から成る集合を A と B の**直積集合** (direct product，あるいは Cartesian product) といい，

$$A \times B$$

と表す (直積集合と (ii) の積集合は異なる演算であることに注意しよう)．

▶**例 1.1** $A = \{a, b\}$, $B = \{b, c\}$ としたとき，

$$A \cup B = \{a, b, c\},$$
$$A \cap B = \{b\},$$
$$A - B = \{a\}$$

である．また，$\Omega = \{a, b, c, d\}$ としたとき，

$$\overline{A} = \{c, d\}, \ \overline{B} = \{a, d\}$$

である．このとき，

$$\overline{A \cap B} = \overline{\{b\}} = \{a, c, d\} = \{c, d\} \cup \{a, d\} = \overline{A} \cup \overline{B},$$
$$\overline{A \cup B} = \overline{\{a, b, c\}} = \{d\} = \{c, d\} \cap \{a, d\} = \overline{A} \cap \overline{B}$$

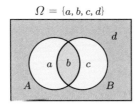

$$\Omega = \{a, b, c, d\}$$

図 1.3　ド・モルガン則の例

であり，ド・モルガン則が成り立つ（図 1.3 を参照．このような図を**ベン図** (Venn diagram) とよぶ）．

さらに，次式が成り立つ．

$$A \times B = \big\{(a,b), (a,c), (b,b), (b,c)\big\}.$$

(c)　集合族

集合をその要素とする "集合" を，**集合族** (family) (あるいは**集合のクラス** (class)) という．たとえば，前述の "形式言語の全体" は，その要素が言語 (集合) である集合族を形成する．

とくに，集合 A のすべての部分集合全体を考えたとき，それは集合の "集合" である．すなわち，$\{B \mid B \subseteqq A\}$ は集合族を成す．この集合を A の**べき集合** (power set) とよび，2^A あるいは $\mathcal{P}(A)$ と表す．

▶**例 1.2**　$A = \{a, b, c\}$ としたとき，次式が成り立つ．

$$2^A = \big\{\emptyset, \{a\}, \{b\}, \{c\}, \{a,b\}, \{a,c\}, \{b,c\}, \{a,b,c\}\big\}.$$

(d)　二項関係

直積集合 $A \times A$ の部分集合 R を集合 A 上の**二項関係** (binary relation) という．要素 $(x,y) \in A \times A$ が R に属する，すなわち $(x,y) \in R$ のとき，以下では xRy と表すことにする．

A 上の二項関係 R が以下の性質:

すべての $x, y, z \in A$ に関して，

1.　xRx (**反射律** (reflexive law)) が成り立つ，
2.　xRy ならば yRx (**対称律** (symmetric law)) が成り立つ，

3.　xRy かつ yRz ならば xRz（**推移律** (transitive law)）が成り立つ，

を満たすとき，R は**同値関係** (equivalence relation) であるという．

■ **1.2.2　木**

オートマトン・言語理論における"処理手続き"のいくつかの過程は，植物の木が根から葉に向かって成長するのと同じような進行形式で表現することができる．また，言語の中の"文"の構造は木の形式で表現することができる．

コンピュータ科学の基礎の一つであるグラフ理論においては，**木** (tree，正式に は**ラベル付き木** (labeled tree)）を，図 1.4 のように，自然界の植物の木を上下逆にしたような構造をもち，**節点** (node, vertex) と**枝**，あるいは**辺** (edge) から成る図式として定義する．

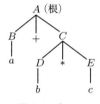

図 1.4　木

たとえば，図 1.4 において線分が枝でその両端が節点であり，節点にはラベル A, B, C, D, E, a, b, c, $+$, $*$ が付けられている．とくに，最上端でラベル A が付けられた節点は**根** (root) とよばれる特定の，ただ一つの節点であり，ここから下へ枝をたどっていくと，すべての節点へ到達することができる．また，先（下方）へはもう枝が伸びていないような節点は**葉** (leaf) とよばれる．図 1.4 の例では，葉はラベル a, b, c, $+$, $*$ が付けられた節点であり，左から順にその葉ラベルを並べると，$a+b*c$ が得られる．葉以外の節点は**内部節点** (internal node) とよばれ，図 1.4 の例では，ラベル A, B, C, D, E が付けられた節点である．

ある一本の枝で結ばれた二つの節点について，上のほうの節点を**親** (parent, father)，下のほうの節点を**子** (offspring, son) とよぶ．たとえば，図 1.4 において，ラベル B の付けられた節点はラベル A が付けられた節点の子であり，一方，ラベル B の付けられた節点はラベル a が付けられた節点の親である．ある節点から出発して別の節点へ至る連続した親子関係を成す枝の系列を**経路** (path) という．また，経路中の枝の本数をその経路の**長さ** (length) という．

木の中のある節点に注目したとき，その節点以下の部分は**部分木** (subtree) とよばれる．たとえば，図 1.4 の例において，ラベルが C の節点以下の部分は部分木を成し，左から順にその葉ラベルを並べると，$b * c$ となる．全体の葉ラベルの系列 $a + b * c$ の中で，$b * c$ がある部分木に対する葉ラベルの系列であることを強調するために，このことを $a + \{b * c\}$ と表すこともある．ただし，$\{$ および $\}$ は，節点のラベルとしては使われない特別な括弧記号とする．

■ 1.2.3　帰納法

考慮すべき問題のサイズ（たとえば，考慮すべき記号列の長さ，あるいは，正整数）n をパラメータとしたある性質 $\mathbf{P}(n)$ が成立することを確かめたいとする．たとえば，$\mathbf{P}(n)$ は，"任意の正整数 n に対して，2 から $2n$ までの連続する n 個の偶数の総和は $n(n+1)$ である．"すなわち，

$$\mathbf{P}(n): \quad 2 + 4 + 6 + \cdots + 2n = n(n+1) \tag{1.1}$$

とする．このとき，任意の正整数 n に対して性質 $\mathbf{P}(n)$ が成立することを証明するために，（数学的）**帰納法** (induction，あるいは inductive proof) とよばれる，次の 2 項目を証明することによる方法が有効である．

[1. **帰納法基礎** (basis)]　"$n = 1$ において，$\mathbf{P}(1)$ は成立する．"

[2. **帰納的ステップ** (inductive step, induction step)]　"1 以上の任意の k に対して $\mathbf{P}(k)$ が成立すると仮定したとき（これを**帰納法の仮定** (inductive hypothesis) とよぶ），$\mathbf{P}(k+1)$ も成立する．"

この 1.，2. が証明されたとき，1. より，$\mathbf{P}(1)$ の成立は自明である．これを 2. における帰納法の仮定に対応させると，2. により $\mathbf{P}(1+1) = \mathbf{P}(2)$ が成立する．この $\mathbf{P}(2)$ の成立性を 2. における帰納法の仮定に対応させると，2. により $\mathbf{P}(2+1) = \mathbf{P}(3)$ が成立する．これを逐次繰り返せば，（いくらでも大きい）任意の正整数 n に対して $\mathbf{P}(n)$ は真に成立することが証明される．これを，**帰納法帰結** (inductive conclusion) という．

▶ **例 1.3**　任意の正整数 n に対して $\mathbf{P}(n)$ (式 (1.1)) が成立することを，帰納法により証明する．

[1. 帰納法基礎]　$n = 1$ のとき，式 (1.1) の両辺は共に 2 となり，式 (1.1) は成立する．

［2. 帰納的ステップ］　ある正整数 k において，$n = k$ とおいた式 (1.1) が成立すると仮定する．この帰納法の仮定より，以下の式が成り立つ．

$$2 + 4 + 6 + \cdots + 2k = k(k+1).$$

したがって，$n = k + 1$ の場合の式 (1.1) の左辺は，

$$(2 + 4 + 6 + \cdots + 2k) + 2(k+1) = k(k+1) + 2(k+1)$$
$$= (k+1)\{(k+1) + 1\}$$

となる．これは，$n = k + 1$ の場合の式 (1.1) の右辺と一致する．すなわち，帰納的ステップは証明された．

ゆえに，帰納法帰結により，任意の正整数 n に対して $\mathbf{P}(n)$ (式 (1.1)) が成立することが証明された．　　　　　　　　　　　　　　　　　　　　　□

　オートマトン・言語理論においては，いくらでも長い記号列も含めて考えることが一般的には必要となる．したがって，オートマトン・言語理論上の性質の成立性を考える上では，帰納法は重要な概念である．なお，［1. 帰納法基礎］において，問題に応じては $k = 0$，あるいはその他の適切な値に k を設定することもある．

Coffee Break

 世界初のマイクロプロセッサ開発

　その偉業を成し遂げたのは，嶋 正利 博士（1967 年に東北大学理学部化学第二学科卒業）であり，世界に誇るコンピュータ界のパイオニアの一人である．嶋博士は，その業績により，1997 年に京都賞（先端技術部門），1998 年にアメリカの半導体生誕 50 周年記念大会で "Inventor of MPU (Micro-Processor Unit)"，2006 年に FIT (Forum on Information Technology: 情報科学技術フォーラム（情報処理学会，電子情報通信学会が共同主催））で船井業績賞，などを受賞．嶋博士は，2006 年 FIT における上記受賞記念講演「マイクロプロセッサの誕生と創造的開発力」において，「化学専攻の出身のため，コンピュータ開発に携わるにあたって，**オートマトン**を始めとする 3 冊の専門書を猛勉強し，それらがその後の仕事の基本として非常に役に立った．」と話されていた（以上，嶋博士によるご確認済）．

　詳細は，Web 上：情報処理学会 ⇒ コンピュータ博物館 ⇒ 日本のコンピュータパイオニア ⇒ さ行 ⇒ 嶋正利 (URL: https://museum.ipsj.or.jp/pioneer/shima.html) などを参照．

演習問題

1.1　自動販売機のような，身近な"オートマトンの具体例"をあげよ．

1.2　$A = \{a, b, aa, bb\}$，$B = \{a, ab, ba, bb\}$ とするとき，集合 $A \cup B$，$A \cap B$，$A - B$，$A \times B$ および 2^A を求めよ．

1.3　集合 A，B に関するド・モルガン則：

$$\overline{A \cap B} = \overline{A} \cup \overline{B},$$

$$\overline{A \cup B} = \overline{A} \cap \overline{B}$$

が成り立つことを示せ．

有限オートマトンと正規表現

▶ 本章では，最も基本的なオートマトンである"有限オートマトン"について詳説する．まず，なじみやすい"順序機械"から始めて有限オートマトンに話題を進め，"正規表現"へと続く．このように，最も基本的な言語である"正規言語"が，有限オートマトン，および正規表現によって規定されることを学ぶ．

2.1 順序機械

　たとえば，300円切符だけを販売する券売機を考え，一度に投入できる貨幣は100円硬貨1枚ずつだけであるとしよう．このとき，この機械が以前の投入金額の合計を計算して**"記憶"**できることは必須の要件である．すなわち，この券売機は，最初は投入金額が0円の状態に設定され，これに100円硬貨が投入されると投入金額が100円であることを記憶した状態に移るが，切符はまだ出さない．次に100円硬貨が投入されると，投入金額の合計が200円になったということを記憶した新しい状態に移るが，やはりまだ切符は出さない．さらに続いて100円硬貨が投入されると，ここで初めて300円切符を出力し，その直後に，投入金額の合計を0円の状態に戻す．なお，この途中において，100円硬貨の投入がなされない間は機械の状態は変化しない．このようにして，この機械は投入金額の合計が0円，100円，あるいは200円であるとの3種類の**"状態"**をもち，それ以外の状態は考慮する必要がない．これらの状態をq_0，q_{100}，およびq_{200}としたとき，上記機械の動作の刻々の時間変化は，次の図2.1（a）のように表すことができる．

　ここで，q_0 から q_{100} へ向かう矢印に付けられたラベル"¥100/∅"は，そのような状態の変化が入力 ¥100 により起こり，そのときの出力は ∅（なし）であることを意味する．また，q_0 から出て q_0 へ向かうループ状の矢印とラベル"¥0/∅"は，入力がないことを仮に ¥0 の入力がなされたとみなしたとき，そのときの出力は ∅ で，状態の変化もないことを意味する．他の部分も同様に，矢印に添えられたラベル中の斜線（スラッシュ）の左側が入力，右側がそれに対する出力を表す．

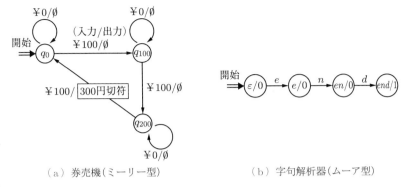

（a）券売機(ミーリー型)　　　　　（b）字句解析器(ムーア型)

図 2.1　順序機械の実例

　以上のように，過去の一定の範囲内の入力に応じた状況を記憶することができ，その記憶内容と新たな入力との組み合わせによって，次の動作が決まるような機械を，**順序機械** (sequential machine) という．ここで，記憶できる内容はあらかじめ定められた有限種類の範囲内のものであることが，順序機械の能力として本質的であり，機械がそれらの各記憶内容を保持しているとき，それに対応した**状態** (state) あるいは**内部状態** (internal state) にあるという．とくに，機械の動作開始時点に設定される状態を**初期状態** (initial state) という．また，入力により引き起こされる状態（記憶内容）の変化を**状態推移** (state transition) とよぶ．

　形式的には，機械のとり得る状態は保持できる記憶の種類だけの記号の有限集合 Q として与え，その具体的な意味付けは対象とするシステムに応じて定められる．**入力** (input) および**出力** (output) についても同様であり，おのおの考慮すべき入力および出力の種類だけの記号の有限集合 Σ (sigma)，Δ (delta) として与える．順序機械は，これらの中での状態推移および出力の仕方を指定することにより定められる．たとえば，先の券売機の例においては，$Q = \{q_0, q_{100}, q_{200}\}$，初期状態は q_0，$\Sigma = \{¥0, ¥100\}$，$\Delta = \{\emptyset, \boxed{300\,円切符}\}$ で，具体的な意味付けは先に述べたとおりである．その状態推移および出力の仕方は，図 2.1（a）に示されている．

　一般に，順序機械への入力の種類および個数が同じであっても，その入力順序が異なる場合には，順序機械は異なる動作をする．図 2.1（b）は，コンパイラにおいて，ユーザーの書いたソースプログラムにおける字句（トークン，token）を認識するための簡単な**字句解析器** (lexical analyzer) [ALSU06]（第 4 章文献）を実現する順序機械であり，ここでは，字句として予約語である "end" を考えている．まず，最初に e が

入力されると，e が入力されたことを記憶した状態 ($e/0$) に入る．その直後に n が入力されると，e, n がこの順序で入力されたことを記憶した新しい状態 ($en/0$) に入る．さらに続いて d が入力されたとき，かつそのときに限り，e, n, d がこの順序で入力されたことを記憶した状態 ($end/1$) に入り，end が正しく認識される．

　順序機械の形式的定義は，その出力の方式の違いにより，ミーリー型とムーア型とに分けて与えられる．先の券売機の例は，ミーリー型順序機械とよばれる型のものであり，字句解析器の例は，ムーア型順序機械とよばれるものに属する．

■ 2.1.1　ミーリー型順序機械

　ミーリー型順序機械 (Mealy machine) [Me55] は，機械の出力が状態と入力との組み合わせによって決まる方式の順序機械である．すなわち，ミーリー型順序機械は，次に示すような三つの有限集合 Q，Σ，Δ と，これらの関係を定める二つの関数 δ (delta)，λ (lambda)，および特定の状態 q_0 を指定することにより定められるシステムである．

1. 状態の有限集合 Q,
2. 入力記号の有限集合 Σ,
3. 出力記号の有限集合 Δ,
4. **状態推移関数** (state transition function) δ: 機械の現在の状態 p ($\in Q$) とそれへの入力 a ($\in \Sigma$) のすべての組み合わせに対して，次の時点の状態 (推移先状態) q ($\in Q$) を $\delta(p, a) = q$ により一意的に定める規則 (関数),
5. **出力関数** (output function) λ: 機械の現在の状態 p ($\in Q$) とそれへの入力 a ($\in \Sigma$) のすべての組み合わせに対して，次の状態へ推移する間に出力する出力記号 b ($\in \Delta$) を $\lambda(p, a) = b$ により一意的に定める規則 (関数),
6. 初期状態 q_0 ($\in Q$).

このようにして定められた順序機械を M としたとき，これらをこの順に並べて形式的に，

$$M = (Q, \Sigma, \Delta, \delta, \lambda, q_0)$$

と表す．

▶**例 2.1**　ミーリー型順序機械の例として $M_1 = (Q_1, \Sigma_1, \Delta_1, \delta_1, \lambda_1, q_{01})$ を考える．ここで，$Q_1 = \{p, q\}$，$\Sigma_1 = \{0, 1\}$，$\Delta_1 = \{0, 1\}$，$\delta_1(p, 0) = p$，$\delta_1(p, 1) = q$,

$\delta_1(q,0) = p,\ \delta_1(q,1) = q,\ \lambda_1(p,0) = 0,\ \lambda_1(p,1) = 0,\ \lambda_1(q,0) = 0,\ \lambda_1(q,1) = 1,\ q_{01} = p$ である.

(a) 状態推移表

状態推移表 (state transition table) は,ミーリー型順序機械をより見やすく表現するための表で,例 2.1 の順序機械 M_1 に対しては,次の表 2.1 のようになる.

表 2.1 ミーリー型順序機械 M_1 の状態推移表

現在の状態	次の状態 入力		出力 入力	
	0	1	0	1
⇒ p	p	q	0	0
q	p	q	0	1

ここで,初期状態は現在の状態の欄の中で二重矢印 ⇒ で指し示し,通常一番上の位置に置く.一般に,

$$\delta(p,a) = q, \quad \lambda(p,a) = b$$

であるとき,現在の状態が p である行と入力 a の列との交点には,次の状態欄では q を,出力欄では b を記入する.

(b) 状態推移図

状態推移図 (state transition diagram) は,ミーリー型順序機械の動作を図式的に見やすく表現するためのものであり,例 2.1 の順序機械 M_1 に対しては図 2.2 のようになる.

一般に,状態推移図において状態はその記号を丸で囲ったもので表し,とくに初期状態は二重矢印 ⇒ で指し示す.また,

$$\delta(p,a) = q, \quad \lambda(p,a) = b$$

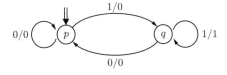

図 2.2 ミーリー型順序機械 M_1 の状態推移図

であるとき，状態 p から状態 q へ向かう推移を表す矢印を引き，その矢印には入出力を表すラベル a/b を付ける．

▶**例 2.2**　ミーリー型順序機械 M_1 の動作例として，入力 0101110 ··· が刻々加えられたときの，状態推移と出力を次の図 2.3 に示す．ここで，時間の進行は図では左から右へ向かう．

$$
\begin{array}{lcccccccc}
\boxed{時間} \longrightarrow & & & & & & & & \\
入力 & 0 & 1 & 0 & 1 & 1 & 1 & 0 & \cdots \\
状態 & p & p & q & p & q & q & q & p & \cdots \\
出力 & 0 & 0 & 0 & 0 & 1 & 1 & 0 & \cdots
\end{array}
$$

図 2.3　ミーリー型順序機械 M_1 の動作例

■ 2.1.2　ムーア型順序機械

　ムーア型順序機械 (Moore machine) [Mo56] は，ミーリー型の場合のように出力が推移途中で出されるのではなく，推移完了後にその推移先状態だけによって決まる出力記号を出す方式の順序機械であり，出力関数の他は，すべてミーリー型順序機械の場合と同様のシステム

$$M = (Q, \Sigma, \Delta, \delta, \lambda, q_0)$$

である．ここで，**出力関数** (output function) λ は，機械の推移先の各状態 $p\ (\in Q)$ に対し，それのみに依存して出される出力記号 $b\ (\in \Delta)$ を，$\lambda(p) = b$ により一意的に定める規則（関数）である．

　したがって，各状態に対し，それに入力される入力記号とは独立に出力は定められる．特別の場合として，初期状態 q_0 に対しては，入力が加えられる以前に（いいかえれば，空記号列 ε の入力が与えられたとき），あらかじめ定められた出力記号 $\lambda(q_0)$ が出される（これに対し，ミーリー型順序機械では空記号列 (ε) の入力に対する出力はない）．

▶**例 2.3**　ムーア型順序機械の例として $M_2 = (Q_2, \Sigma_2, \Delta_2, \delta_2, \lambda_2, q_{02})$ を考える．ここで，$Q_2 = \{r, s, t\}$，$\Sigma_2 = \{0, 1\}$，$\Delta_2 = \{0, 1\}$，$\delta_2(r, 0) = r$，$\delta_2(r, 1) = s$，$\delta_2(s, 0) = r$，$\delta_2(s, 1) = t$，$\delta_2(t, 0) = r$，$\delta_2(t, 1) = t$，$\lambda_2(r) = 0$，$\lambda_2(s) = 0$，$\lambda_2(t) = 1$，$q_{02} = r$ である．

(a) 状態推移表

例 2.3 のムーア型順序機械 M_2 は，表 2.2 のような**状態推移表** (state transition table) によっても表される．一般に，ムーア型順序機械の状態推移表においては，出力が入力に依存していない点だけがミーリー型の場合と異なっている．

表2.2 ムーア型順序機械 M_2 の状態推移表

現在の状態	次の状態		出力
	入力		
	0	1	
⇒ r	r	s	0
s	r	t	0
t	r	t	1

(b) 状態推移図

ムーア型順序機械 M_2 は，図 2.4 のような**状態推移図** (state transition diagram) によっても表される．一般に，ムーア型順序機械の状態推移図においては，状態 p に対する出力が b であるとき，すなわち，

$$\lambda(p) = b$$

であるとき，そのことを p/b を丸で囲ったもので表す．また，

$$\delta(p, a) = q, \quad \lambda(p) = b, \quad \lambda(q) = c$$

であるとき，$\boxed{p/b}$ から $\boxed{q/c}$ へ向かう矢印を引き，その矢印にはその推移を引き起こす入力記号 a をラベルとして付ける．初期状態を囲む丸を二重矢印 ⇒ で指し示すことは，ミーリー型順序機械の場合と同様である．

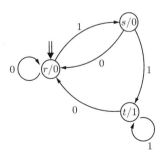

図2.4 ムーア型順序機械 M_2 の状態推移図

▶**例 2.4** ムーア型順序機械 M_2 の動作例として，入力 0101110… が刻々と加えられたときの状態と出力の推移を図 2.5 に示す．

時間 ⟶

入力	(ε)	0	1	0	1	1	1	0	…
状態		r	r	s	r	s	t	t	r …
出力		0	0	0	0	0	1	1	0 …

図 2.5 ムーア型順序機械 M_2 の動作例

■ **2.1.3 ミーリー型順序機械とムーア型順序機械の同等性**

図 2.2 のミーリー型順序機械 M_1 と図 2.4 のムーア型順序機械 M_2 に，たとえば共通の入力 0101110… を加えたときの動作例を，図 2.6 に示す．これを見ると，ミーリー型順序機械 M_1 の出力 0000110…，およびムーア型順序機械 M_2 の出力で最初の出力記号 0 だけを除いたもの 0000110… とは，図の網掛け部分のように，出力時刻の 1/2 単位時間のずれを除いてまったく同じとなっている．さらに，この M_1 と M_2 に対しては，この他のいかなる入力に対しても同様のことがいえる．

時間 ⟶

入力	(ε)	0	1	0	1	1	1	0	…
M_1 の状態	p	p	q	p	q	q	q	p	…
M_2 の状態	r	r	s	r	s	t	t	r	…
M_1 の出力		0	0	0	0	1	1	0	…
M_2 の出力	(0)	0	0	0	0	1	1	0	…

図 2.6 ミーリー型順序機械 M_1 とムーア型順序機械 M_2 の動作例

一般に，以下（a）のようにして，与えられた任意のミーリー型順序機械に対し，最初の空記号列 ε の入力に対する出力と出力時刻のずれを除けば，まったく同じ入出力応答をするムーア型順序機械を構成することができる．また，その逆の変換も，以下（b）のようにして可能である．したがって，ミーリー型順序機械とムーア型順序機械の能力は，以上のような意味において，基本的には同等である．

（a） ミーリー型順序機械からムーア型順序機械への変換

まず簡単のために，図 2.7（a）のように，与えられたミーリー型順序機械 M_1' において，その各状態へ推移する途中に出される出力記号が，すべて推移先状態ごとに同じとなっている場合を考えよう．このような場合には，各状態 q に対し，そこへ

の推移途中に出される出力記号を b としたとき，b が推移完了後の状態 q に対応して出されるように出力を後ろへずらすことにより，ただちに目的のムーア型順序機械 M_2 が得られる（図 2.7（b）を参照）．一例として，図 2.8（a）に示されるミーリー型順序機械 M_1' を考える．ここでは，状態 r, s, t へ推移する途中に出される出力記号はおのおの 0，0，1 の 1 種類ずつだけであり，前記の条件を満足している．したがって，これらの出力記号がおのおの状態 r, s, t へ対応して出されるように図 2.7 の（a）から（b）へのような変換を行うと，目的のムーア型順序機械として図 2.8（b）（図 2.4（19 ページ）の再掲）の M_2 が得られる．

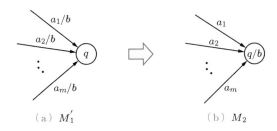

図 2.7　ミーリー型 M_1' からムーア型 M_2 への基本的変換

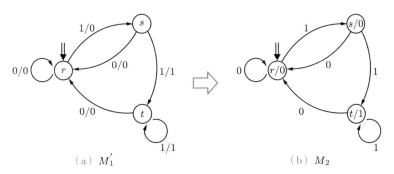

図 2.8　ミーリー型順序機械 M_1' からムーア型順序機械 M_2 への変換

　ところで一般には，任意のミーリー型順序機械において，推移途中に出される出力記号が推移先状態ごとに同じであるとの条件が満たされているわけではない．しかし，任意のミーリー型順序機械 M_1 に対して，適当な変形を行うことにより，M_1 とまったく同じ入出力応答を示す（すなわち，等価な）ミーリー型順序機械 M_1' で，そのような条件を満たすものを得ることができる．

　たとえば，図 2.9（a）のように与えられたミーリー型順序機械 M_1 中のある状態 q に対して，そこへ推移する途中に出される出力記号が $b_1, b_2, \ldots, b_n$ の n 種類あった

とする．このときには，同図（b）のように，まず状態 q を $q_1, q_2, \ldots, q_n$ の n 個に分離する．そしてもとの状態 q への推移は，その途中に出されていた出力記号に応じ，それが b_i であったならば同じく b_i を出力して新しい状態 q_i へ至るようにと，振り分けを行う．さらに，もとの状態 q から出ていた推移は，新しい状態 $q_1, q_2, \ldots, q_n$ のおのおののすべてからもまったく同様に出るようにする．このようにして得られる新しいミーリー型順序機械の入出力応答は，もとの順序機械 M_1 のそれとまったく変わっていない．以上に述べた変形操作を，与えられたミーリー型順序機械 M_1 のすべての状態に対して適用することにより，推移途中に出される出力記号は推移先状態ごとに同じで，かつ入出力応答はもとの M_1 のそれとまったく変わらない M_1' が得られる．

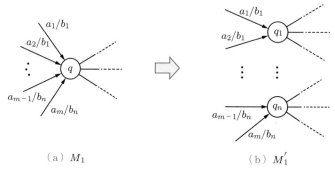

（a）M_1　　　　　　　　　（b）M_1'

図 2.9　ミーリー型順序機械 M_1 の変形

▶**例 2.5** 図 2.10（a）（図 2.2（17 ページ）の再掲）に示されるミーリー型順序機械 M_1 を考える．ここで，状態 q へ推移する途中に出される出力記号は 0 と 1 の 2 種類

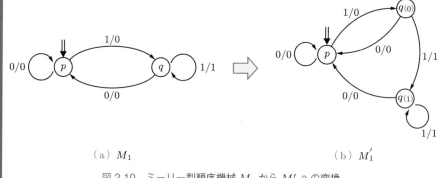

（a）M_1　　　　　　　　　（b）M_1'

図 2.10　ミーリー型順序機械 M_1 から M_1' への変換

である．そこで，状態 q を 2 個に分離し，0 を出力して到達するほうの新しい状態を $q_{(0)}$，1 を出力して到達するほうの新しい状態を $q_{(1)}$ として前記の操作を適用すると，図 2.10（b）のミーリー型順序機械 M_1' が得られる．これは，状態名 p，$q_{(0)}$，$q_{(1)}$ を r，s，t と付けかえれば，図 2.8（a）のものと同じになる．したがって，図 2.10 の操作に続いて図 2.8 の操作を行うと，ミーリー型順序機械 M_1 がムーア型順序機械 M_2 に変換されることになる．

(b)　ムーア型順序機械からミーリー型順序機械への変換

この変換は非常に簡単である．与えられたムーア型順序機械の各状態 q につき，それに対応する出力を出力記号 b としたとき，b が状態 q に至るすべての推移の途中に出されるように出力を前へずらす．すると，ただちに対応するミーリー型順序機械が得られる（図 2.7 の（b）から（a）への変換）．

▶**例 2.6**　図 2.8（b）（21 ページ）のムーア型順序機械 M_2 からは，前記のような変換により，図 2.8（a）のミーリー型順序機械 M_1' がただちに得られる（なお，2.1.4 項の最後の【**注**】（24 ページ）を参照）．

■ **2.1.4　順序機械の簡単化**

次の図 2.11（a）のミーリー型順序機械 M_1' を考察してみよう．いま，ある時点で M_1' は状態 s にあるとする．このとき入力 0 が加えられると，M_1' は出力 0 を出して状態 r へと推移する．一方，M_1' が状態 t にあるとして入力 0 が加えられた場合を考えると，M_1' はやはり出力 0 を出して先の場合と同じ状態 r へと推移する（図 2.12 の左側の推移）．したがって，M_1' が状態 s にある場合でも状態 t にある場合でも，そこへ 0 が入力された以後の推移はまったく同一となる．したがって，M_1' が状態

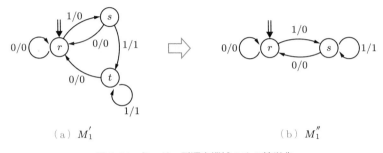

（a）M_1'　　　　　　　　　　　　　　　　（b）M_1''

図 2.11　ミーリー型順序機械 M_1' の簡単化

図 2.12　等価性の判定

s あるいは t にあり，そこへ 0 で始まる任意の入力記号列が加えられたときの出力記号列は，いずれの場合に対してもまったく同じとなる．

　次に，M_1' が状態 s あるいは t にあるときに入力 1 が加えられた場合を考えると，いずれの場合においても出力 1 が出されて同じ状態 t へと推移する（図 2.12 の右側の推移）．したがって，やはり M_1' が状態 s あるいは t にあるときに 1 で始まる任意の入力記号列が加えられたときの出力記号列は，いずれの場合に対してもまったく同じとなる．ところで，対象としている入力記号は 0 と 1 だけであるから，結局，M_1' が状態 s にあろうと t にあろうと，以降で加えられるいかなる入力記号列に対しても，その出力記号列はまったく同一となる．

　一般に，順序機械の二つの状態 s と t に対して，どのような入力記号列を加えても両者からまったく同じ出力記号列が出されるとき，二つの状態は**等価** (equivalent) であるという．このような等価な状態 s, t は機能的にはまったく区別する必要がないので，二つの状態を統合することができる．すなわち，一方の状態名 t を等価な状態名 s に付けかえ，両者をまったく同一化（統合）することにより，もとの状態 t を省略することができる．こうして得られる順序機械は，もとのものとまったく同じ入出力特性をもつ．たとえば，図 2.11 (a) の M_1' において等価な状態 s, t を統合して状態 t を省略すると，同図 (b) の順序機械 M_1'' が得られる．このように，与えられた順序機械の中に等価な状態が存在する場合，それらを統合して状態数のより少ない順序機械へと変換する操作を，順序機械の**簡単化** (simplification) という．

　以上のような概念は，ムーア型順序機械の場合に対しても，まったく同様に適用することができる．

注　図 2.11 において得られるミーリー型順序機械 M_1'' は，状態名 r, s をおのおの p, q に付けかえると，図 2.2（17 ページ）のミーリー型順序機械 M_1 と同じとなる．したがって，2.1.3 項 (b) ムーア型順序機械からミーリー型順序機械への変換 の操作に続いてこの簡単化の操作を適用すると，図 2.4（19 ページ）のムーア型順序機械 M_2 が図 2.2 のミーリー型順序機械 M_1 に変換されることになる．

2.2 有限オートマトン

　順序機械は，入力記号列を出力記号列へと変換するオートマトンであり，オートマトンのうちでも**変換器** (transducer) とよばれる部類に属するものである．ところで，順序機械が出力する出力記号をとくに 1 (yes)，0 (no) の 2 種類だけと限定し，この系として受け入れてよい入力記号列が入力され終わった時点では出力記号 1 (yes) を出し，それ以外の入力記号列が入力された時点では出力記号 0 (no) を出すようにする．このような順序機械は，受け入れてもよい入力記号列だけを認識する（すなわち，出力として 1 (yes) を出す）**認識機械** (recognizer) とみなすことができる（図 2.13 を参照）．

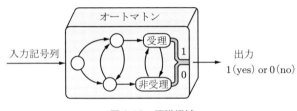

図 2.13　認識機械

　このような観点に立つときには，順序機械としてはとくに空入力記号列 ε に対する応答も出すことのできるムーア型のものを採用する．ここで，入力し終わった時点で出力 1 (yes) を出す状態へ到達させるような入力記号列はこの機械に**受理** (accept) されるという．また，出力 1 を出す状態を**受理状態** (accepting state) あるいは**最終状態** (final state) とよぶ．なお，順序機械への入力を開始する時点には，機械は**初期状態** (initial state) とよぶ特定の状態に設定する．このようにして受理される入力記号列の集合は，この系に対応した一つの言語を定義することになる．

　以上のような認識機械として見た場合のムーア型順序機械は，とくに，**有限オートマトン** (finite automaton: **FA**)，あるいは**有限状態オートマトン** (finite state automaton: **FSA**) とよばれる．ここで，この機械が記憶することのできる記憶の種類，すなわち状態の数は有限であることが，有限（状態）オートマトンの名前のゆえんである．なお，有限オートマトンにおいては，受理状態とそうでない状態（非受理状態）とを区別することにより，出力関数はもはや明示しない．

　形式的には，有限オートマトンは二つの有限集合 Q, Σ と，これらの関係を定める関数 δ, 特定の状態 q_0, および特定の状態集合 F を指定することにより定まる 5 項組 (5-tuple) のシステム

$$M = (Q, \Sigma, \delta, q_0, F)$$

である．ここで，各記号は以下のものを表す．

1. 状態の有限集合 Q,
2. 入力記号の有限集合 Σ,
3. 状態推移関数 (state transition function) δ: 現在の状態 p $(\in Q)$ とそれへの入力 a $(\in \Sigma)$ のすべての組み合わせに対して，次の時点にとるべき状態 (推移先状態) q $(\in Q)$ を $\delta(p, a) = q$ により一意的に定める規則 (関数),
4. 初期状態 q_0 $(\in Q)$,
5. 最終状態の集合 F $(\subseteq Q)$.

　これは，ムーア型順序機械の形式的定義において，出力記号の有限集合を $\Delta = \{0, 1\}$ と固定して省略し，かつ，$\lambda(p) = 1$ なる出力を出す状態 p の集合を最終状態の集合 F, すなわち $F = \{p \in Q \mid \lambda(p) = 1\}$ とし，さらに，出力関数 λ を省略したものに他ならない．なお，このような有限オートマトンにおいては，現在の状態とそれへの入力に対してその推移先状態は一意的に必ず定められるとしているので，このことを強調するときには**決定性有限オートマトン** (deterministic finite automaton: **DFA**) という．

　有限オートマトンに入力記号 $a_1, a_2, \ldots, a_n$ がこの順に刻々と入力されていくことを，次のように解釈できる．すなわち，テープ上にあらかじめ書き込まれた入力記号列 $a_1 a_2 \cdots a_n$ を，有限オートマトンが読み込みヘッドで 1 記号ずつ左から右へ逐次的に走査して読み込んでいくと考えることもできる．このようなときには，有限オートマトンは図 2.14 のようにも表される．なお，入力テープは同じ大きさの**区画** (cell) に分割されていて，1 区画に 1 記号だけ記入される．入力記号列がこのようにテープ上に与えられる場合には，一般的には，読み込みヘッドを左に戻して入力の読み直しができるような方式も考えられる．しかし，有限オートマトンの基本形式としては，ヘッドの動作は右方向へのみ動き得るものとし，そのことを強調するときには**一方向** (one-way) 有限オートマトンという．

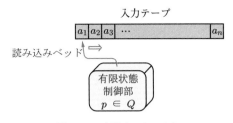

図 2.14 有限オートマトン

▶**例 2.7** 有限オートマトンの例として $M_2 = (Q_2, \Sigma_2, \delta_2, q_{02}, F_2)$ を考える．こ
こで，$Q_2 = \{r, s, t\}$，$\Sigma_2 = \{0, 1\}$，$\delta_2(r, 0) = r$，$\delta_2(r, 1) = s$，$\delta_2(s, 0) = r$，
$\delta_2(s, 1) = t$，$\delta_2(t, 0) = r$，$\delta_2(t, 1) = t$，$q_{02} = r$，$F_2 = \{t\}$ である．

(a) 状態推移表と状態推移図

例 2.7 の有限オートマトン M_2 は，表 2.3 のような**状態推移表** (state transition
table) によっても表される．ここで，初期状態は状態の欄の中で二重矢印 ⇒ で指
し示し，通常一番上の位置におく．また，最終状態であるものは二重丸で囲って明
示する．一般に，

$$\delta(r, a) = s$$

であるとき，状態が r である行と入力 a の列との交点に推移先状態 s を記入する．

表 2.3 M_2 の状態推移表

状態＼入力	0	1
⇒ r	r	s
s	r	t
Ⓣ	r	t

例 2.7 の有限オートマトン M_2 は，図 2.15 のような**状態推移図** (state transition
diagram) によっても表される．一般に状態推移図において，状態はその記号を丸で
囲ったもので表し，とくに，最終状態であるものは二重丸で囲ってそのことを明示
する．初期状態は，二重矢印 ⇒ で指し示す．また，

$$\delta(r, a) = s$$

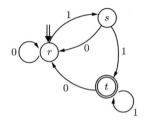

図 2.15 M_2 の状態推移図

であるとき，状態 r から状態 s へ向かう推移を表す矢印を引き，それに入力記号 a をラベルとして付ける．

有限オートマトン $M = (Q, \Sigma, \delta, q_0, F)$ は，最初にその状態を初期状態 q_0 に設定し，そこから入力記号の読み込みを開始する．有限オートマトン M のある時点における状態が p で，そのときに読み込んだ入力記号が a であり，状態推移関数 δ においては $\delta(p, a) = q$ であったとすると，M は次の時点で状態を p から q に一意的に変化させる．このことを，M が状態 p から状態 q へ入力記号 a により**状態推移** (state transition) を行うという．このことを，

$$p \underset{M}{\overset{a}{\Longrightarrow}} q$$

と表す．さらに，

$$p_1 \underset{M}{\overset{a_1}{\Longrightarrow}} p_2, \ p_2 \underset{M}{\overset{a_2}{\Longrightarrow}} p_3, \ldots, \ p_n \underset{M}{\overset{a_n}{\Longrightarrow}} p_{n+1}$$
$$(p_i \in Q, \ a_i \in \Sigma, \ 1 \leqq i \leqq n; \ p_{n+1} \in Q)$$

であるとき，このことを，

$$p_1 \underset{M}{\overset{a_1}{\Longrightarrow}} p_2 \underset{M}{\overset{a_2}{\Longrightarrow}} p_3 \cdots p_n \underset{M}{\overset{a_n}{\Longrightarrow}} p_{n+1}$$

あるいは，

$$p_1 \underset{M}{\overset{x}{\Longrightarrow}}{}^* p_{n+1} \quad (\text{ただし，} \ x = a_1 a_2 \cdots a_n)$$

と表す．これを，状態 p_1 から状態 p_{n+1} への入力記号列 x による状態推移という．

これは状態推移図上で見ると，

$$p_1 \xrightarrow{a_1} p_2 \xrightarrow{a_2} p_3 \quad \cdots \quad p_n \xrightarrow{a_n} p_{n+1}$$

のように状態 p_1 から出発して，$a_1, a_2, \ldots, a_n$ をラベルとする矢印を順次たどって

いくことにより状態 p_{n+1} へ到達することを意味する．特別な場合として，空入力記号列 ε に対しては，任意の状態 p に対して，

$$p \underset{M}{\overset{\varepsilon}{\Longrightarrow}}{}^{*} p$$

とする．

(b) 拡張状態推移関数 $\hat{\delta}$

前記のような状態推移は，状態推移関数 δ を Σ^* 上に拡張した関数 $\hat{\delta}$ を用いて表現することもある．関数 $\hat{\delta}$ は，以下のように定義される．

1. 任意の状態 p に対して，$\hat{\delta}(p, \varepsilon) = p$,
2. 任意の状態 p と入力記号列 w，入力記号 a に着目したとき，

$$\hat{\delta}(p, w) = q \ \text{かつ} \ \delta(q, a) = r \ \text{であるならば,}$$
$$\hat{\delta}(p, wa) = \delta\big(\hat{\delta}(p, w), a\big)$$
$$= \delta(q, a)$$
$$= r.$$

このようにして，短い入力記号列による状態推移の定義から出発して，順次長い入力記号列に対する状態推移が定義され，最終的に $\hat{\delta}$ は任意の長さの入力記号列に対する状態推移を一意的に定める．なお，長さが 1 の入力記号列，すなわち 1 個の入力記号に対して考えた $\hat{\delta}$ の状態推移は，従来の状態推移関数 δ による状態推移とまったく同じである．したがって，通常 $\hat{\delta}$ は単に δ と略記される．

このように拡張された状態推移関数 δ において，

$$\delta(p_1, x) = p_{n+1}$$

であるとき，かつそのときに限って，

$$p_1 \underset{M}{\overset{x}{\Longrightarrow}}{}^{*} p_{n+1}$$

であり，両者はまったく同一のことを表現している．

■2.2.1 正規言語
初期状態 q_0 に設定された有限オートマトン

$$M = (Q, \Sigma, \delta, q_0, F)$$

に入力記号列 x が与えられ，それをすべて読み込み完了したときの状態が r であったとする．すなわち，

$$q_0 \xRightarrow[M]{x}{}^* r$$

であるとする．このとき，もし r が最終状態の集合 F の中のものであるとき ($r \in F$) には，x は M に**受理** (accept) されるという．そうでないとき(すなわち，$r \notin F$)，x は M に受理されない，あるいは**非受理** (reject) であるという．たとえば，次の図 2.16 の有限オートマトン M_2 においては，初期状態は r で

$$r \xRightarrow[M_2]{11}{}^* t,\ r \xRightarrow[M_2]{111}{}^* t,\ r \xRightarrow[M_2]{1111}{}^* t,\ r \xRightarrow[M_2]{11011}{}^* t, \dots$$

であり，t は最終状態であるから，これらの入力記号列 11，111，1111，11011，… などは M_2 に受理される．一方，

$$r \xRightarrow[M_2]{0} r,\ r \xRightarrow[M_2]{1} s,\ r \xRightarrow[M_2]{01}{}^* s,\ r \xRightarrow[M_2]{10}{}^* r, \dots$$

であり，r，s は共に最終状態ではないから，これらの入力記号列 0，1，01，10，… などは M_2 に受理されない．

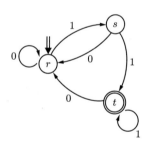

図 2.16　有限オートマトン M_2

　有限オートマトン $M = (Q, \Sigma, \delta, q_0, F)$ が受理する入力記号列全体の集合を $L(M)$，あるいは $L(q_0)$ で表し，M が**受理する言語** (language accepted (by M))，あるいは M が**認識する言語** (language recognized (by M)) という．
　すなわち，

$$L(M) = L(q_0) = \left\{ x \in \Sigma^* \ \middle|\ q_0 \xRightarrow[M]{x}{}^* r,\ r \in F \right\},$$

あるいは，拡張した状態推移関数 δ を用いて表すと，

$$L(M) = L(q_0) = \left\{ x \in \Sigma^* \mid \delta(q_0, x) \in F \right\}$$

である.

　有限オートマトンの受理する言語は, **正規言語**(または, **正則言語**)(regular language: **RL**), あるいは**有限状態言語** (finite state language) とよばれる.

　なお, 状態 q_0 を一般化し, 任意の状態 p に対しても,

$$L(p) = \left\{ y \in \Sigma^* \mid p \xRightarrow[M]{y}{}^* r, \ r \in F \right\}$$

とする.

▶**例 2.8** 図 2.17 の状態推移図により表される有限オートマトンが受理する正規言語を考える. これは,

$$\{\varepsilon, 0, 00, 111, 0111, 1011, 1101, 1110, 00111, \ldots, 111111, \ldots\}$$

なる無限集合であり, 言葉で述べると "0, 1 から成る入力記号列で, その中の 1 の個数が 3 の倍数 $(3n, n \geqq 0)$ であるようなもの全体の集合" である. したがって, この有限オートマトンは 3 進カウンタをモデル化したものである.

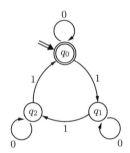

図 2.17　3 進カウンタ

注　ここで, 初期状態 q_0 は最終状態ともなっているので, 空入力記号列 ε も受理される.

■**2.2.2　等価性**

　有限オートマトン

$$M_1 = (Q_1, \Sigma_1, \delta_1, q_{01}, F_1), \quad M_2 = (Q_2, \Sigma_2, \delta_2, q_{02}, F_2)$$

のおのおのの受理する言語 $L(M_1), L(M_2)$ が等しいとき, すなわち, $L(M_1) = L(M_2)$

であるとき，M_1 と M_2 とは**等価** (equivalent) であるといい，$M_1 \equiv M_2$ と表す．$L(M_1) \neq L(M_2)$ であるとき，すなわち，一方には受理されるが他方には受理されない入力記号列が存在するときには，M_1，M_2 は等価でないといい，$M_1 \not\equiv M_2$ と表す．このような概念は，有限オートマトン以外の一般のオートマトンに対しても同様に用いる．

　また，有限オートマトンの等価性の概念を，個々の状態に対しても一般化して用いる．すなわち，任意の 2 状態 p, q に対して $L(p) = L(q)$ であるとき，二つの状態は等価であるといい，$p \equiv q$ と表す．そうでないとき，$p \not\equiv q$ と表す．

　有限オートマトン $M = (Q, \Sigma, \delta, q_0, F)$ の状態 p に対し，初期状態 q_0 から出発してそこへ至るような推移が可能であるとき，すなわち，適当な入力記号列 x が存在して

$$q_0 \xRightarrow[M]{x} {}^{*} p$$

であるとき，この状態 p は（初期状態から）**到達可能** (reachable) であるという．そうでないような状態は，（初期状態から）到達不可能であるという．

　たとえば，図 2.18 (a) の有限オートマトン M_1 において，状態 q_0, r, t はすべて到達可能であり，一方，状態 s だけは到達不可能である．

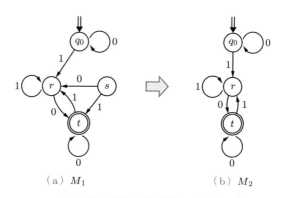

（a） M_1 　　　　　　　　（b） M_2

図 2.18 到達不可能状態 s の除去

　到達不可能状態は有限オートマトンの動作にまったく関与しない冗長なものであり，その状態およびそれから出る推移を除いても，もとのオートマトンと等価である．たとえば，図 2.18 (a) の M_1 から到達不可能状態 s およびそれから出る推移を除くと同図（b）の簡単化された有限オートマトン M_2 が得られ，$M_1 \equiv M_2$ である．

とくに，与えられた有限オートマトンにおけるどの最終状態も到達不可能状態であるときには，それの受理する言語は**空** (empty) であることになる.

さて，このような到達不可能状態は，到達可能状態だけを次のようにして逐次拾いあげていった後に残されたものとして検出することができる. その手順を，図 2.18（a）の有限オートマトン M_1 を例として説明する.

(1) M_1 の初期状態 q_0 を自明な到達可能状態としてとりあげる（図 2.19, ⓪ q_0）.

(2) ⓪ q_0 から入力記号 0, 1 により推移する先の状態を求めると q_0, r であり，これらを前の ⓪ q_0 の下へ加える（図 2.19, ①, ②）.

(3) ② r だけが新たな到達可能状態であるので，ここから (2) と同様にして入力記号 0, 1 により推移する先の状態を求めると t, r であり，これらを ② r の下へ加える（図 2.19, ③, ④）.

(4) さらに③ t だけが新たな到達可能状態であるので，そこから入力記号 0, 1 により推移する先の状態を求めると t, r であり，もはや新たな到達可能状態は出ない（図 2.19, ⑤, ⑥）.

このようにして構成された 図 2.19 の木を"到達可能状態検出木"と名付ける. そこで，q_0，あるいは r, t から一つの入力記号により推移する先は，やはり q_0，あるいは r, t のうちのいずれかに留まる. したがって，以下続いてどのように逐次入力記号を加えていっても，その推移先の状態はやはり q_0，あるいは r, t のうちのいずれかに留まる. ゆえに，初期状態から到達可能な状態はこれら q_0, r, t だけであり，この中に入っていない状態 s は到達不可能状態である（以上の手法の正当性の証明は，演習問題 2.4）.

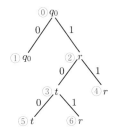

図 2.19 到達可能状態検出木

■ **2.2.3　等価性判定アルゴリズム**

与えられた二つの有限オートマトン M_1, M_2 に対し，両者が等価 ($M_1 \equiv M_2$) であるか否かを判定する方法について考察する．

さて，対象の有限オートマトンを

$$\left.\begin{array}{l} M_1 = (Q_1, \Sigma, \delta_1, q_{01}, F_1), \\ M_2 = (Q_2, \Sigma, \delta_2, q_{02}, F_2) \end{array}\right\} \quad (\text{入力記号の有限集合 } \Sigma \text{ は共通})$$

とする．ここで，$M_1 \equiv M_2$，すなわち $L(M_1) = L(M_2)$ が成立するためには，いかなる入力記号列 x についても，

$$q_{01} \underset{M_1}{\overset{x}{\Longrightarrow}}{}^* p_1$$

かつ，

$$q_{02} \underset{M_2}{\overset{x}{\Longrightarrow}}{}^* p_2$$

によって定まる状態対 $p_1 (\in Q_1)$, $p_2 (\in Q_2)$ に対して，p_1, p_2 は共に最終状態である ($p_1 \in F_1$, $p_2 \in F_2$) か，あるいは 共に非最終状態である ($p_1 \notin F_1$, $p_2 \notin F_2$) かが満たされなければならない．なぜならば，もしある入力記号列 x に対し，初期状態 q_{01}, q_{02} からの推移後として定まる状態対 p_1, p_2 の一方のみが最終状態となるならば，M_1, M_2 の一方のみがその x を受理して，$L(M_1) \neq L(M_2)$，すなわち $M_1 \not\equiv M_2$ となるからである．したがって，M_1, M_2 の等価性を判定するためには，M_1, M_2 が共通の入力記号列によって到達する状態対で，一方のみが最終状態となるようなことが起こり得るか否かをチェックすればよい．ここで，M_1, M_2 おのおのの状態数を $|Q_1|$, $|Q_2|$ としたとき，このようなチェック対象となる状態対は高々 $|Q_1| \times |Q_2|$ 種類であるから，以下のようにしてそれを次々と求めあげ，チェックを完遂することができる．

その手順を，図 2.20 の有限オートマトン M_1, M_2 を対象として具体的に説明する．なお，M_1, M_2 が共通の入力記号列によって到達した状態対を p_1, p_2 としたとき，もし $M_1 \equiv M_2$ であるならば $p_1 \equiv p_2$ でもあるから，このような状態対を以下では $p_1 \equiv p_2$ なる等価式の形で表す．

(1) M_1, M_2 おのおのの初期状態 q_0, r_0 から成る対 $q_0 \equiv r_0$ を作る (図 2.21，⓪)．ここで，q_0, r_0 は共に非最終状態であることが確認できる．

(2) ⓪ $q_0 \equiv r_0$ の各状態から入力記号 0 による推移先を求めると q_2, r_0 であるので，その状態対 $q_2 \equiv r_0$ を ⓪ $q_0 \equiv r_0$ の下に付け加える (図 2.21，①)．同

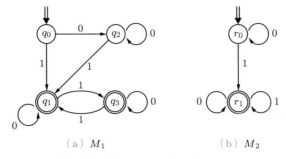

（a）M_1　　　　　　　（b）M_2

図 2.20　有限オートマトン M_1, M_2

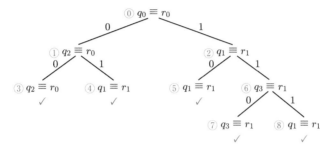

図 2.21　等価性判定木（"$M_1 \equiv M_2$" と判定）

じく，$q_0 \equiv r_0$ の各状態から入力記号 1 による推移先を求めると q_1, r_1 であるので，$q_1 \equiv r_1$ も ⓪$q_0 \equiv r_0$ の下に付け加える（図 2.21, ②）．入力記号は 0，1 だけであるのでこの段階は終了する．

(3) ①$q_2 \equiv r_0$ の各状態に着目すると，これらは共に非最終状態であることが確認できる．そこで (2) と同様にして，この各状態から入力記号 0 および 1 による推移先の状態対を求め，その結果，③$q_2 \equiv r_0$ および ④$q_1 \equiv r_1$ を ①$q_2 \equiv r_0$ の下に付け加える．

(4) (3) と同様にして，②$q_1 \equiv r_1$ の各状態は共に最終状態であることが確認できるので，それらから入力記号 0 および 1 による推移先の状態対を求め，その結果，⑤$q_1 \equiv r_1$，⑥$q_3 \equiv r_1$ を ②$q_1 \equiv r_1$ の下に付け加える．

(5) 状態対 ③$q_2 \equiv r_0$ に着目すると，これはすでに①でチェックしたものと同一であるので，これはただちにチェック済み（✓）とする．④，⑤についても，すでに②でチェックしたものと同一であるので，同様である．

(6) ⑥の状態対 $q_3 \equiv r_1$ は新たに出されたものであるのでチェックすると，各状態は共に最終状態であることが確認できる．したがって，さらに q_3, r_1 から入

力記号 0 および 1 による推移先を求め，⑦ $q_3 \equiv r_1$，⑧ $q_1 \equiv r_1$ を ⑥ $q_3 \equiv r_1$ の下に付け加える.

(7) (6) で加えられた状態対はすでに⑥，②でチェックしたものと同一であることがわかるので，これらはただちにチェック済みとする.

さて，以上において現れた状態対は，$q_0 \equiv r_0$，$q_2 \equiv r_0$，$q_1 \equiv r_1$，および $q_3 \equiv r_1$ であるが，このうちのどの状態対から出発する 0 あるいは 1 の入力記号による推移先を求めても，その状態対はやはり前出の状態対のうちのいずれかに入る．したがって，以降どのように共通の入力記号を逐次加えていっても，その推移先に現れる状態対は前出のものの範囲を出ない．すなわち，これら 4 種類の状態対は，M_1，M_2 が共通の入力記号列によって到達する状態対のすべてである．ところで，これら状態対のおのおのは共に最終状態であるか，共に非最終状態であることが確認されている．したがって，この M_1，M_2 に対しては，本項の最初の部分に示した，$M_1 \equiv M_2$ が成立するための条件を満足していることになる．ゆえに，"$M_1 \equiv M_2$" と判定をくだし，操作を終了する．なお，図 2.21 は**等価性判定木** (comparison tree) とよばれ，初期状態対 ⓪ $q_0 \equiv r_0$ をその根としている（この等価性判定アルゴリズムの正当性の証明は，演習問題 2.15）.

次に，もう一つの例として，図 2.20 の有限オートマトン M_2 と次の図 2.22 の有限オートマトン M_3 とを対象として等価性判定を行う．まず，⓪ $r_0 \equiv s_0$ を根とし，前と同様にして等価性判定木を構成していくと，図 2.23 が得られる．ここで，① $r_0 \equiv s_1$ に着目すると，r_0 は非最終状態であり，他方 s_1 は最終状態である．したがって，"$M_2 \not\equiv M_3$" と判定をくだし，操作を終了する．なお，$0 \notin L(M_2)$，$0 \in L(M_3)$ である.

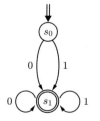

図 2.22　有限オートマトン M_3

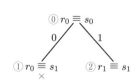

図 2.23　等価性判定木
（"$M_2 \not\equiv M_3$" と判定）

■ 2.2.4 状態対の等価性判定法

有限オートマトンの対に対しては，初期状態の対を根とした等価性判定木を構成していくことによりその等価性判定を行えた．ここではこの考えを一般化して，根として任意の状態対を採用すれば，同様の手順で有限オートマトン内での状態対の等価性も判定することができる．たとえば，図 2.24 の有限オートマトン M_1 における非最終状態どうしの q_0, q_2 に対して等価性判定木を構成すると，図 2.25 (a) のようになる．ここで，① $q_2 \equiv q_2$ において左右の状態は同一であり，これ以上先のチェックをする必要はない．そこで，① $q_2 \equiv q_2$ はただちにチェック済みとする．② $q_1 \equiv q_1$ についても同様である．したがって，"$q_0 \equiv q_2$" は成立すると判定をくだす．また，同オートマトン M_1 における最終状態どうしの q_1, q_3 に対しては，図 2.25 (b) のような等価性判定木が得られる．ここで，②の状態対 $q_3 \equiv q_1$ に対するチェックは，その対称性から状態対 $q_1 \equiv q_3$ に対するチェックと考えても同じである．そこで，すでにチェック済みの ⓪ $q_1 \equiv q_3$ の存在により，② $q_3 \equiv q_1$ はただちにチェック済みとする．したがって，"$q_1 \equiv q_3$" は成立すると判定をくだす．

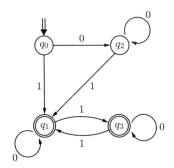

図 2.24　有限オートマトン M_1

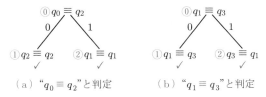

（a）"$q_0 \equiv q_2$" と判定　　　（b）"$q_1 \equiv q_3$" と判定

図 2.25　状態対の等価性判定木

■**2.2.5 有限オートマトンの最簡形**

次の図 2.26 の有限オートマトン M_0 を考察してみよう.

まず, 状態 q_0, q_1, q_2, q_3 は初期状態から到達可能であるが, 状態 q_4 は到達不可能でむだなものである. そこで, q_4 をそこから出る推移と共に取り除くと, 図 2.27 (a) の有限オートマトン M_1 が得られる. これは図 2.24 のオートマトンと同じものであり, 前項における考察より, 非最終状態 q_0 と q_2 とは等価 ($q_0 \equiv q_2$) であることがわかる. したがって, M_1 と同じ言語を受理する働きのためには q_0 と q_2 とは別々に考える必要はなく, 一緒に統合することができる. すなわち, M_1 中の q_2 は q_0 で置き換えて, q_0 と同一視する. こうして M_1 は, その受理言語を変化させないで状態数を 1 個減少させることができる.

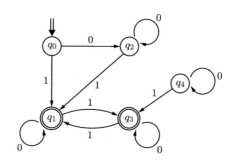

図 2.26 有限オートマトン M_0

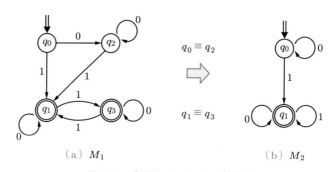

（a）M_1 （b）M_2

図 2.27 有限オートマトンの簡単化

同様に, 最終状態 q_1 と q_3 も等価である. そこで q_3 も q_1 で置き換えて, q_1 と統合することができる. 以上の操作の最終結果として, 最初の M_0 と等価でより簡単化された図 2.27 (b) の有限オートマトン M_2 が得られる.

なお, この M_2 に対しては, 以上の操作をさらに適用しても, もはや変化はない.

この M_2 のように，すべての状態が初期状態より到達可能であり，かつ，どの状態対をとっても，互いに等価でないような有限オートマトンは，**最簡形** (minimal form, あるいは reduced form) であるという．任意の有限オートマトンに対し，それと等価で最簡形のものは，前記のような手順によって求めることができる．なお，最簡形有限オートマトンは，等価な有限オートマトンのうちで状態数が最小のものである．ところで，図 2.26 の有限オートマトン M_0 に対して，図 2.28 のオートマトンも等価な最簡形有限オートマトンである．しかしこれは，M_0 と等価な図 2.27（b）の有限オートマトン M_2 の非最終状態名 q_0 を r_0 に，最終状態名 q_1 を r_1 に付けかえることによりただちに得られるものであり，両者に本質的な差異はない．このように，状態の名前付けだけが異なるような有限オートマトンは**同型** (isomorphic) であるという．同型な有限オートマトンを同じものと見れば，任意の有限オートマトンに対してその最簡形のものはただ 1 個だけ存在する．

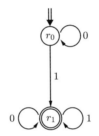

図 2.28　最簡形有限オートマトン

したがって，二つの決定性有限オートマトン M_1，M_2 が等価であるか否かは，2.2.3 項の等価性判定アルゴリズムを直接適用して判定する以外にも，M_1，M_2 それぞれの最簡形を求め，両者が同型であるか否かによって判定することもできる．

■ 2.2.6　k-等価性分類法

有限オートマトンの最簡形を求めるための簡単な方法として，前記のような手順による以外にも，以下の別法が知られている．

ここでも，$M = (Q, \Sigma, \delta, q_0, F)$ の最簡形

$$M' = (Q', \Sigma, \delta', [p_0], F') \quad （[p_0] \text{ は } p_0 \text{ と等価な状態の集合を表す}）$$

における状態の集合 Q' は，Q における等価なすべての状態を（統合して）同一視することによって得られるものであるから，前項と同様に，最簡形を求めることは，

等価な状態をいかにして求めるかということに他ならない．ところで，二つの状態 q_i, q_j が等価であるということは，任意の記号列 x $(\in \Sigma^*)$ によるおのおのからの推移先状態が（同時に最終状態であるか，または同時に非最終状態である，というように）区別不可能であるとき，であった．この条件は，"任意の記号列 x による…"という意味で強い条件であり，自明な方法によってではこの条件を調べつくすことはできない．

そこで，この条件を記号列の長さによって"緩和する"ことを考える．すなわち，$k \geqq 0$ を任意の自然数とするとき，状態対 $q_i, q_j \in Q$ において，「長さ k 以下のすべての $x \in \Sigma^*$ に対しては，"$\delta(q_i, x) \in F$ かつ $\delta(q_j, x) \in F$" であるか，あるいは "$\delta(q_i, x) \notin F$ かつ $\delta(q_j, x) \notin F$" である，のいずれかが成り立つ」とき，"q_i と q_j は **k-等価** (k-equivalent) である"といい，"$q_i \equiv_k q_j$" と記すことにする．そうでないときは，"$q_i \not\equiv_k q_j$" と記す（このように，$\equiv_k$ は $\equiv$ の近似的な概念であり，k が大きくなればなるほど $\equiv$ により近づき，$\equiv_\infty$ は $\equiv$ に一致する）．定義より，以下の性質が成り立つことがわかる．

1. "q_i, q_j のうちの一方だけが最終状態"のとき，かつそのときに限って "$q_i \not\equiv_0 q_j$" である．また，

2. "$\delta(q_i, a) = q_i'$, $\delta(q_j, a) = q_j'$, かつ $q_i' \not\equiv_k q_j'$ であるようなある $a \in \Sigma$ が存在する"とき，"$q_i \not\equiv_{k+1} q_j$" である．$q_i \equiv_k q_j$ であり，かつ前記のような $a \in \Sigma$ が存在しないときには，$q_i \equiv_{k+1} q_j$ である．

3. 任意の k $(\geqq 0)$ に対して，$p \not\equiv_k q$ ならば $p \not\equiv_{k+1} q$ である．

このような性質を用いて，k の値が小さい方から状態集合を分類していき，最簡形を求める方法を，**k-等価性分類法**（ハフマン-ミーリーの簡単化法）[Hu54], [Me55] という．本手法における $q_i \equiv_k q_j$ の判定法は，木の高さ（k の値）の小さい順序で判定木を下から上へと積みあげて構成していく"ボトムアップ"方式である（これに対して，前項の判定法は，等価性判定木を上から下へと少しずつ拡張しながら調べていく"トップダウン"方式であった）．

さて，図2.29（a）の有限オートマトン

$$M = (Q, \{a, b\}, \delta, q_0, F) \qquad (Q = \{q_0, q_1, q_2, q_3, q_4\},\ F = \{q_2, q_3\})$$

を例にとって話を進めよう（M は，すでに到達可能な状態だけを含むものとして与

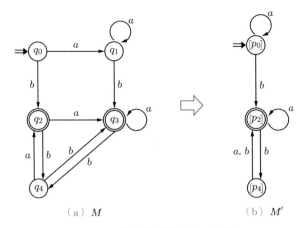

（a）M　　　　　　（b）M'

図 2.29　k-等価性分類法による簡単化

えられていることに留意）．ここで，$k = 0, 1, 2, \ldots$ に対して，前記の "k-等価性" によって Q の状態を分類して得られる Q の状態の分割を Q_k とする．まず，q_0，q_1，q_4 は非最終状態，q_2，q_3 は最終状態であるので，

$$Q_0 = \big\{\{q_0, q_1, q_4\}, \{q_2, q_3\}\big\} \quad \big(= \{[p_0], [p_2]\}\big)$$

である．次に，$q_0 \equiv_1 q_1$，$q_2 \equiv_1 q_3$，であるが，$\delta(q_0, a) = q_1$，$\delta(q_4, a) = q_2$，かつ $q_1 \not\equiv_0 q_2$ であることより，$q_0 \not\equiv_1 q_4$ が得られ，

$$Q_1 = \big\{\{q_0, q_1\}, \{q_4\}, \{q_2, q_3\}\big\} \quad \big(= \{[p_0], [p_4], [p_2]\}\big)$$

となる．さらに，$q_0 \equiv_2 q_1$，$q_2 \equiv_2 q_3$ であるから，

$$Q_2 = \big\{[p_0], [p_4], [p_2]\big\} = Q_1$$

となる．このとき，$k = 3, 4, \ldots$ に対しても，$q_0 \equiv_k q_1$，かつ $q_2 \equiv_k q_3$ が成立し，$Q_k = Q_{k-1}$ であることがわかる．すなわち，$q_0 \equiv q_1$，$q_2 \equiv q_3$ であり，したがって，

$$Q_1 = Q_2 = Q' = \big\{[p_0], [p_2], [p_4]\big\}$$

かつ，

$$F' = \big\{[p] \in Q' \mid [p] \cap F \neq \emptyset\big\} = \big\{[p_2]\big\}$$

が得られる．さらに，δ' は，

$$\delta'([p_0], a) = [p_0], \quad \delta'([p_0], b) = [p_2],$$

$$\delta'([p_2], a) = [p_2], \quad \delta'([p_2], b) = [p_4],$$

$$\delta'([p_4], a) = [p_2], \quad \delta'([p_4], b) = [p_2]$$

で定義される（図 2.29（b）を参照）.

　このとき，任意の $x \in \{a, b\}^*$ に対して「$\delta(q_0, x) \in F$ であるとき，かつそのときに限り $\delta'([p_0], x) \in F'$」が成り立つことが（x の長さに関する帰納法で）示せる（演習問題 2.16 を参照）. すなわち，$L(M) = L(M')$ である. さらに，M' の構成法から，Q' （$= Q_1 = Q_2 = \cdots$）の中には互いに等価な状態は存在しないことがわかる. したがって，M' は M の最簡形になっている.

　なお，さらに効率的な最簡化アルゴリズム[Ho71] が考案されており，それによると，状態数 n の有限オートマトンに対して，高々 $n \log n$ に比例する手数でその最簡形を求めることができる.

　なお，有限オートマトンあるいはその状態対の等価性判定は，最簡形を求める際の基礎となるだけでなく，それ自体非常に重要な概念である. たとえば，手元にある機械が正常な機械と同じ動作をするか否かをチェックすることは，等価性判定操作に他ならない. また，ある言語を規定している不完全な文法（オートマトン）から，あるいはいくつかのサンプル文だけから，その言語に対する完全な文法（オートマトン）を "学習" する過程においても，等価性判定（あるいは，"非等価性" の判定）は重要な位置付けをもっている[ET77], [SKY01], [TTW04].

■ 2.2.7　正規言語の特徴付け定理

　任意の言語 L （$\subseteq \Sigma^*$）に対して，以下のように定義される Σ^* 上の二項関係 R_L を考える.

　二つの要素 x, y （$\in \Sigma^*$）に関して，$x R_L y$ であるのは 「すべての z （$\in \Sigma^*$）に対して，"$xz \in L$ と $yz \in L$ とが共に成り立つ" か，あるいは "$xz \notin L$ と $yz \notin L$ が共に成り立つ"」 ときをいう. このとき，R_L は同値関係となる.

　任意の $x \in \Sigma^*$ に対して，"R_L に関して x と同値なすべての要素 y の集合" を $[x]_{R_L}$ で表し，x を代表元とする R_L の同値類とよぶ. すなわち，

$$[x]_{R_L} = \{y \in \Sigma^* \mid x R_L y\}$$

である. このとき，Σ^* はこれらの同値類の和集合として表せる.

▶例 **2.9**（1） 言語

$$L = \{w \in \{0,1\}^* \mid w \text{ は（0 個以上の）偶数個の 1 を含む}\}$$

を考えよう．この言語に関して，同値関係 R_L を考えると，たとえば $\varepsilon, 0, 00, 11, 101,$ $0011, \ldots$ などは「偶数個の 1 を含む」ので同じ同値類に含まれる．一方，$1, 01, 001000,$ $111, 010110, \ldots$ などは「奇数個の 1 を含む」ので，別の同じ同値類に属する．このとき，同値類を用いて表すと，たとえば前者の同値類の代表元 ε と後者の代表元 1 とによって，

$$\{0,1\}^* = [\varepsilon]_{R_L} \cup [1]_{R_L}$$

となっている．なお，$L = [\varepsilon]_{R_L}$ が成り立つ．

（2） 図 2.30（a）に示されている決定性有限オートマトン

$$M = (\{q_0, q_1, q_2\}, \{0,1\}, \delta, q_0, \{q_0, q_2\})$$

を考えよう．ここで，$\{0,1\}^*$ 上の二項関係 R_M を次のように定義する．すなわち，任意の要素 $x, y \, (\in \{0,1\}^*)$ に関して，$xR_M y$ であるのは「$\delta(q_0, x) = \delta(q_0, y)$ であるとき」とする．このとき，R_M は同値関係となる．この R_M に関する同値類は，「すべての $x \in \{0,1\}^*$ に関して，$\delta(q_0, x)$ は三つの状態 q_0, q_1, q_2 のうちのただ一つをとる」ことから，$\{0,1\}^*$ を三つの同値類に分割する．すなわち，各同値類の代表元を（たとえば）ε, 1, 11 とすると，

$$\{0,1\}^* = [\varepsilon]_{R_M} \cup [1]_{R_M} \cup [11]_{R_M}$$

となっている．重要なポイントは，三つの状態 q_0, q_1, q_2 はおのおの同値類 $[\varepsilon]_{R_M}$, $[1]_{R_M}$, $[11]_{R_M}$ に 1 対 1 に対応していることである．

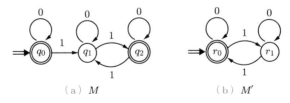

（a） M　　　　　　（b） M'

図 2.30　言語 L を受理するオートマトン M とその最簡形 M'

（3） さらに，$xR_M y$ である（すなわち，$\delta(q_0, x) = \delta(q_0, y)$ である）と仮定するとき，任意の $z \in \{0, 1\}^*$ に対して，

$$\delta(q_0, xz) = \delta\big(\delta(q_0, x), z\big) = \delta\big(\delta(q_0, y), z\big) = \delta(q_0, yz)$$

となり，$xzR_M yz$ が成り立つ．このような性質をもつ同値関係は**右不変** (right invariant) であるといわれる．

（4） 言語 L はまた図 2.30（b）の M' によって受理される．このとき，同値類 $R_{M'}$ に関する同値類の代表元 ε と 1 を考えると，

$$\{0, 1\}^* = [\varepsilon]_{R_{M'}} \cup [1]_{R_{M'}}, \quad \text{かつ} \quad L = L(M') = [\varepsilon]_{R_{M'}}$$

となっている．このとき，二つの同値類 R_M と $R_{M'}$ の間の関係として，

$$[\varepsilon]_{R_M} \cup [11]_{R_M} = [\varepsilon]_{R_{M'}}, \quad \text{かつ} \quad [1]_{R_M} = [1]_{R_{M'}}$$

が成り立つ．このように，「R_M の各同値類が $R_{M'}$ のある同値類に含まれる」とき，一般に R_M は $R_{M'}$ より**細かい** (finer)（R_M は $R_{M'}$ の**細分**）とよばれる．

さて，次の定理は言語 L が正規言語であるための必要十分条件を与えている．

マイヒル-ネローデの定理 (Myhill-Nerode's theorem)[My57], [Ne58]

任意の言語 L $(\subseteqq \Sigma^*)$ に対して，R_L を本項の最初で定義された Σ^* 上の同値関係とする．このとき，次の命題は互いに同値である．

1. 言語 L $(\subseteqq \Sigma^*)$ は正規言語である．

2. ある右不変な同値関係 R で，その同値類の個数が有限なものが存在して，L はいくつかの同値類の和として表される．

3. 同値関係 R_L の同値類の個数は有限である．

証明 1. を仮定すると，ある決定性有限オートマトン $M = (Q, \Sigma, \delta, q_0, F)$ によって $L = L(M)$ である．ここで例 2.9 の（2），（3）で見たように，M によって定義された二項関係 R_M は右不変な同値関係であり，その同値類の個数は M の状態数であるから有限である．さらに，それぞれの $q \in F$ に対応する同値類の代表元を x_q $(\in \Sigma^*)$ とすると，

$$L = \bigcup_{q \in F} \{w \in \Sigma^* \mid x_q \, R_M \, w\} = \bigcup_{q \in F} [x_q]_{R_M}$$

となっている（$R = R_M$ として，2. が成り立つ）．

　2. を満たす R が存在すると仮定する．このとき，xRy とすると，R は右不変であることからすべての $z \in \Sigma^*$ に対して $xzRyz$ である．ここで，$xz \in L$ ならば（$[xz]_R = [yz]_R$ であるから）$yz \in L$ である．逆に，$yz \in L$ ならば（同様にして）$xz \in L$ であるから，結局 xR_Ly が成り立つ（すなわち，xRy ならば xR_Ly，が成り立つ）．したがって，R の各同値類は R_L の同値類のどれかに含まれることになり，R による同値類の個数は R_L による同値類の個数より少なくない．R の同値類の個数が有限であるので，R_L の同値類の個数も有限である（3. が成り立つ）．

　3. を仮定する．xR_Ly とすると，定義より任意の $u \in \Sigma^*$ に対して「$xu \in L$ であるとき，かつそのときに限り，$yu \in L$」である．ここで u は任意であるから，任意の $z \in \Sigma^*$ に対し改めて u を uz とみなすと，「$xuz \in L$ であるとき，かつそのときに限り，$yuz \in L$」である．したがって，xuR_Lyu が成り立ち，R_L は右不変である．ここで，次のような決定性有限オートマトン $M' = (Q', \Sigma, \delta', [\varepsilon]_{R_L}, F')$ を考える：Q' は R_L の同値類全体（有限個）であり，任意の $x \in \Sigma^*$ と $a \in \Sigma$ に対して，$\delta'([x]_{R_L}, a) = [xa]_{R_L}$ と定義する（R_L は右不変ゆえ，xR_Ly ならば xaR_Lya が成り立つので，δ' は正しく定義される）．さらに，$F' = \{[w]_{R_L} \mid w \in L\}$ とする．このとき，任意の x に対して $\delta'([\varepsilon]_{R_L}, x) = [x]_{R_L}$ であるから，$[x]_{R_L} \in F'$ であるとき，かつそのときに限り $x \in L$ となり，$L(M') = L$ がいえる．ゆえに，L は正規言語である（1. が成り立つ）．　　　　□

　マイヒル–ネローデの定理を適用すれば，与えられた言語が正規言語ではないことを簡単に示せる（演習問題 2.17 を参照）．例 2.9 で見たように，正規言語 L に対してそれを受理する決定性有限オートマトンを M とすると，一般に同値関係 R_L による同値類の個数は同値関係 R_M による同値類の個数以下であり，M が最簡形のオートマトンであるとき等しくなる．

2.3 非決定性有限オートマトン

　決定性有限オートマトンにおいては，その各状態と各入力記号のすべての組み合わせに対して，その推移先状態を必ず1個指定しなければならず，かつ，1個より多

く指定することはできない．しかし，このような条件を緩めて，現在の状態と入力
記号との組み合わせによってはそれから先の推移を許さなかったり，あるいは，い
くつかの異なった推移の可能性を許したりすることにより，より自然で簡潔に目的
のシステムを構成できることが期待できる．

ここで，$\{0,1\}$ なる入力記号集合の上で，$\varepsilon, 01, 0101, 010101, \ldots$ のように 01 が
0 回以上繰り返される入力記号列だけから成る集合，すなわち

$$L_1 = \{(01)^i \mid i \geqq 0\}$$

なる言語をとりあげてみよう．この言語を受理する最簡な決定性有限オートマトン
は，図 2.31（a）の M_1 のようになる．これに対し，同図（b）の M_2 のように表され
るシステムを考え，状態と入力記号の組み合わせに対して推移の矢印が描かれてい
ないところは，その推移が許されていないとしよう．たとえば，入力記号列 00111
に対しては，M_2 は最初の 0 に対して状態 p_1 へ推移するが，それに続く入力記号
0 に対しては推移が許されていない．したがって，この入力記号列 00111 の全体を
読み込むことはできず，その時点でただちに 00111 は M_2 に受理されないと判断さ
れる．

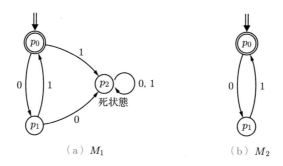

（a）M_1 （b）M_2

図 2.31　決定性有限オートマトン M_1 と等価なシステム M_2

このように考えると，M_2 が受理することのできる言語は M_1 と同じ $L_1 = \{(01)^i \mid$
$i \geqq 0\}$ であり，しかも M_1 と比べて本質的な推移だけに限られた，より単純なシス
テムとなっているといえよう．なお，M_1 における状態 p_2 のように，そこから出発
して最終状態へ至る推移が存在しないような状態は**死状態** (dead state) とよばれ，
受理推移には関与しない（$L(p_2) = \emptyset$）．M_2 は，M_1 からこの死状態 p_2 とそこへ出
入りする推移を除いたものに他ならないが，推移先が定まらない状態と入力の対が
存在する点で，従来の決定性有限オートマトンの定義からははずれる（しかし，この

ようなものも含めて(広い意味での)決定性有限オートマトンとよぶこともある).

次に, もう一つの例として, {0,1} なる入力記号集合の上で, $\cdots 11$, $\cdots 110$, $\cdots 1100, \ldots$ のように終わりの部分が 11 に 0 が 0 個以上続いた入力記号列だけから成る言語

$$L_2 = \{x110^i \mid x \in \{0,1\}^*,\ i \geqq 0\}$$

を考えよう. これを受理する決定性有限オートマトンとしては, 図 2.32 (a) の M_3 が得られる.

これに対し, 同図 (b) の M_4 のように, 状態 r_0 に入力記号 1 が加えられたときには r_0 へも r_1 へも推移できるようなシステムを考えてみよう. そうすると, たとえば入力記号列 110110 が加えられたときの M_4 の状態推移は, 図 2.33 に示すように, いくつもの可能性をもつことになる. ここで, 状態 r_1 に入力記号 0, および, 状態 r_2 に入力記号 1 が加えられたときの推移は許されず, 11 を読み込んで状態 r_1 へ到達した後, および 110 を読み込んで状態 r_2 へ到達した後の推移は停止している. さて, この 110110 をすべて読み込んで到達できる状態としては, 図 2.33 の右

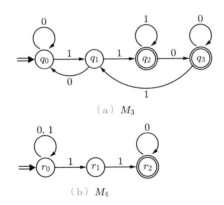

(a) M_3

(b) M_4

図 2.32 決定性有限オートマトン M_3 と, 等価なシステム M_4

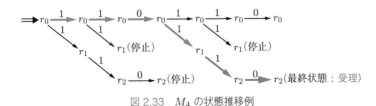

図 2.33 M_4 の状態推移例

端の r_0, r_2 が得られるが，このうちで r_2 は最終状態である．このように，入力記号列全体が初期状態から最終状態へと至る推移（図2.33において，青い矢印の部分）を1通りでも可能とする場合には，その入力記号列は受理されるとする．そうすると，このシステム M_4 は，入力記号列の先頭の適当な部分の読み込み中では状態を r_0 に留め，続いて11が現れると状態を r_1, r_2 へと変え，さらに続く入力が0だけから成るものであると，状態を最終状態 r_2 に留めたままでその部分を読みつくし，結局それを受理する．

このように考えると，言語 L_2 を受理するシステムとしては，決定性有限オートマトン M_3 よりも，このシステム M_4 のほうがより自然に言語の構造を反映しており，直接的に構成しやすいものといえよう．なお，決定性有限オートマトンの状態推移表に対応してこの M_4 を表すと，表2.4のような表にすることができる．すなわちこの場合には，状態と入力記号との組み合わせに対する推移先は，必ずしも1個の状態ではないので，全状態のうちの部分集合として表す．ここで，$\emptyset$（空集合）も状態の部分集合の特別なものであり，これを交点にもつ状態・入力記号の組み合わせに対する推移は許されていないことを意味する．

表2.4 M_4 の状態推移表

状態 ＼ 入力	0	1
⇒ r_0	$\{r_0\}$	$\{r_0, r_1\}$
r_1	$\emptyset$	$\{r_2\}$
ⓡ₂	$\{r_2\}$	$\emptyset$

以上のようなシステム M_2, M_4 は，**非決定性**有限オートマトンとよばれ，状態推移の仕方に柔軟性を許した以外は，決定性有限オートマトンとまったく同じものである．ところで，任意の非決定性有限オートマトンに対しては，部分集合構成法とよばれる方法により，それが受理するのとまったく同じ言語を受理する決定性有限オートマトンを構成することができる（2.3.1項）．したがって，言語の受理能力だけに限っていえば，決定性有限オートマトンと非決定性有限オートマトンとは同じである．それゆえ，非決定性有限オートマトンにより受理される言語もやはり正規言語である．

さて形式的には，**非決定性有限オートマトン** (nondeterministic finite automaton: **NFA**)[RS59] は，二つの有限集合 Q, Σ と，これらの関係を定める関数 δ，特定の状

態 q_0，および特定の状態集合 F を指定することにより定まるシステム

$$M = (Q, \Sigma, \delta, q_0, F)$$

として定義される．ここで，各記号は以下のものを表す．

1. 状態の有限集合 Q，
2. 入力記号の有限集合 Σ，
3. 状態推移関数 (state transition function) δ: 現在の状態 p ($\in Q$) とそれへの入力 a ($\in \Sigma$) の各すべての組み合わせに対して，次の時点にとり得る推移先状態の集合 Q_i ($\subseteq Q$) を $\delta(p, a) = Q_i$ により一意的に定める規則（関数），
4. 初期状態 q_0 ($\in Q$)，
5. 最終状態の集合 F ($\subseteq Q$)．

ここで，$Q = \{q_0, q_1, \ldots, q_{n-1}\}$ としたとき，状態推移関数 δ の定める推移先状態の集合 Q_i ($\subseteq Q$) としてとり得るのは，

$$\emptyset, \{q_0\}, \{q_1\}, \ldots, \{q_{n-1}\}, \{q_0, q_1\}, \{q_0, q_2\}, \ldots, \{q_{n-2}, q_{n-1}\},$$

$$\{q_0, q_1, q_2\}, \ldots, \{q_1, q_2, \ldots, q_{n-1}\}, \ldots, \{q_0, q_1, \ldots, q_{n-1}\}$$

なる 2^n 個の状態集合のうちのいずれかである．それが，とくに $\{q_0\}, \{q_1\}, \ldots, \{q_{n-1}\}$ のような，要素数が 1 個だけのもののうちのいずれかに限定されていれば，この非決定性有限オートマトンは決定性有限オートマトンと本質的に同じである．

▶**例 2.10** 非決定性有限オートマトンの例として $M_4 = (Q_4, \Sigma_4, \delta_4, q_{04}, F_4)$ を考える．ここで，$Q_4 = \{r_0, r_1, r_2\}$，$\Sigma = \{0, 1\}$，$\delta_4(r_0, 0) = \{r_0\}$，$\delta_4(r_0, 1) = \{r_0, r_1\}$，$\delta_4(r_1, 0) = \emptyset$，$\delta_4(r_1, 1) = \{r_2\}$，$\delta_4(r_2, 0) = \{r_2\}$，$\delta_4(r_2, 1) = \emptyset$，$q_{04} = r_0$，$F_4 = \{r_2\}$ である．

前記 M_4 は，図 2.32（47 ページ）（b）の M_4 と同じものであり，同図（b）は非決定性有限オートマトン M_4 の**状態推移図** (state transition diagram) とよばれる．一般に，$\delta(p, a) = \{q_1, q_2, \ldots, q_m\}$ であるとき，状態推移図においては状態 p から状態 $q_1, q_2, \ldots, q_m$ のおのおのへ向かう矢印を引き，それに入力記号 a をラベルとして付ける．また，$\delta(p, a) = \emptyset$ であるときには，状態 p からラベル a の付いた矢印は出さない．その他は決定性有限オートマトンの場合と同様である．なお，この非決定性有限オートマトン M_4 の**状態推移表** (state transition table) による表現は，

表 2.4 に示されているとおりである.

(a)　非決定性有限オートマトンの状態推移

　非決定性有限オートマトン $M = (Q, \Sigma, \delta, q_0, F)$ は, 最初にその状態を初期状態 q_0 に設定し, そこから入力記号の読み込みを開始して可能な限りの状態推移を行う. そこで, 入力記号列による状態推移を形式的に記述するために, 状態推移関数 δ を次のように拡張した関数 $\hat{\delta}$ を用いる.

拡張状態推移関数 $\hat{\delta}$:

1.　任意の状態 p に対して $\hat{\delta}(p, \varepsilon) = \{p\}$,

2.　任意の状態 p と入力記号列 w, 入力記号 a に着目したとき,

$$\hat{\delta}(p, w) = \{q_1, q_2, \ldots, q_n\},\ \delta(q_i, a) = Q_i \quad (\subseteq Q)$$

であるならば, 以下の式が成り立つ.

$$\hat{\delta}(p, wa) = \delta(q_1, a) \cup \delta(q_2, a) \cup \cdots \cup \delta(q_n, a)$$
$$= Q_1 \cup Q_2 \cup \cdots \cup Q_n.$$

　このようにして, 短い入力記号列による状態推移の定義から出発して, 順次長い入力記号列に対する状態推移が定義され, 結局, $\hat{\delta}(q, x)$ は状態 q から出発して入力記号列 x により到達可能な状態のすべてを集めたものを表す (なお, $x \in \Sigma$ の場合には $\hat{\delta}(q, x) = \delta(q, x)$ である). 通常 (そして, 以下では), $\hat{\delta}$ は単に δ と略記される.

　さらに, 状態集合からの推移を記述するために, δ を次のように拡張する.

3.　任意の状態集合 $\{p_1, p_2, \ldots, p_m\}$ $(\subseteq Q)$ と入力記号列 w に対して, 次のように定める.

$$\delta(\{p_1, p_2, \ldots, p_m\}, w) = \delta(p_1, w) \cup \delta(p_2, w) \cup \cdots \cup \delta(p_m, w).$$

▶**例 2.11**　(1)　図 2.34 (a) の非決定性有限オートマトン $M_2 = (\{p_0, p_1\}, \{0, 1\},$ $\delta_2, p_0, \{p_0\})$ における状態推移の例を考える.

$$\delta_2(p_0, 00111) = \delta_2(p_1, 0111) = \emptyset \quad (非受理).$$

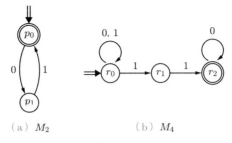

（ａ）M_2　　　　　　（ｂ）M_4

図 2.34　非決定性有限オートマトン M_2, M_4

（２）　次に，図 2.34（ｂ）の非決定性有限オートマトン $M_4 = (\{r_0, r_1, r_2\}, \{0, 1\},$ $\delta_4, r_0, \{r_2\})$ における状態推移例を考えてみよう（図 2.33 参照）.

$$\delta_4(r_0, 1) = \{r_0, r_1\} \quad (\text{非受理}),$$

$$\delta_4(r_0, 11) = \delta_4\big(\delta_4(r_0, 1), 1\big)$$

$$= \delta_4(\{r_0, r_1\}, 1)$$

$$= \delta_4(r_0, 1) \cup \delta_4(r_1, 1)$$

$$= \{r_0, r_1\} \cup \{r_2\}$$

$$= \{r_0, r_1, r_2\} \quad (\text{受理}),$$

$$\delta_4(r_0, 110) = \delta_4\big(\delta_4(r_0, 11), 0\big)$$

$$= \delta_4(\{r_0, r_1, r_2\}, 0)$$

$$= \{r_0\} \cup \emptyset \cup \{r_2\}$$

$$= \{r_0, r_2\} \quad (\text{受理}),$$

$$\delta_4(r_0, 1101) = \delta_4\big(\delta_4(r_0, 110), 1\big)$$

$$= \delta_4(\{r_0, r_2\}, 1)$$

$$= \{r_0, r_1\} \quad (\text{非受理}),$$

$$\delta_4(r_0, 11011) = \delta_4\big(\delta_4(r_0, 1101), 1\big)$$

$$= \delta_4(\{r_0, r_1\}, 1)$$

$$= \{r_0, r_1, r_2\} \quad (\text{受理}).$$

(b) 非決定性有限オートマトンによる受理

初期状態 q_0 に設定された非決定性有限オートマトン $M = (Q, \Sigma, \delta, q_0, F)$ に入力記号列 x が加えられたとき,M がそれをすべて読み込んで最終状態へ到達するような状態推移が1通りでも可能なとき,その x は M に受理されるという.すなわち,x により到達する状態の集合 $\delta(q_0, x)$ が最終状態の集合 F の要素を含むとき $(\delta(q_0, x) \cap F \neq \emptyset)$,$x$ は M に受理される.ここでとくに,$\delta(q_0, x) = \emptyset$ である場合には,x がすべて読み込まれる途中で状態推移が不可能となって停止し,したがって,x は非受理となる.

非決定性有限オートマトン M により受理される言語 $L(M)$ は,前記のようにして受理される入力記号列全体から成る集合である.すなわち,

$$L(M) = \left\{ x \in \Sigma^* \;\middle|\; \delta(q_0, x) \cap F \neq \emptyset \right\}$$

と表される.次項で示されるように,この $L(M)$ は正規言語である.

▶**例 2.12**　（1）　図 2.34（a）の非決定性有限オートマトン M_2 に関しては,$\delta_2(p_0, 00111) = \emptyset$ であるから,00111 は受理されない.
（2）　図 2.34（b）の非決定性有限オートマトン M_4 に関しては,最終状態の集合が $\{r_2\}$ であるから,11,110,11011 は受理される.一方,1,1101 は受理されない.

■ 2.3.1　部分集合構成法

非決定性有限オートマトンの状態推移は,入力記号列により到達可能な状態の集合から新しい同様の集合への推移と考えることができ,しかも,ある入力記号列により初期状態から到達可能な状態全体の集合は一意的に定まる.さらに,非決定性有限オートマトンの状態数を n としたとき,推移中にとり得る到達可能な状態集合の種類は高々 2^n で有限である.したがって,これらの各状態集合を新しく一つの状態とみなすと,非決定性有限オートマトンの推移は,この新しい高々 2^n 個の状態の間において,決定性有限オートマトンにおけるのと同様のものとなる.ここで,もとの到達可能状態集合が最終状態を含んでいる場合には,それに対して割り当てた新しい状態は最終状態とする.

このようにして,任意の非決定性有限オートマトン M_1 に対し,それと等価な,すなわち $L(M_1) = L(M_2)$ が成り立つ決定性有限オートマトン M_2 が得られる.前記

の概念により非決定性有限オートマトンから等価な決定性有限オートマトンへと変換する方法が，**部分集合構成法** (subset construction)[RS59] とよばれるものである．

以下，図 2.35 (a)の非決定性有限オートマトン M_4 に対してその方法を説明する．

(1) 初期状態 r_0 から空入力記号列 ε により到達する状態の集合は $\{r_0\}$ であるので，これを出発点としてとりあげる (図 2.36, ⓪)．

(2) $\delta_4(\{r_0\}, 0) = \{r_0\}$ であるので，⓪ $\{r_0\}$ から出るラベルが 0 の矢印の先に $\{r_0\}$ を置く(図 2.36, ①)．同じく，$\delta_4(\{r_0\}, 1) = \{r_0, r_1\}$ であるので，⓪ $\{r_0\}$ から出るラベルが 1 の矢印の先に $\{r_0, r_1\}$ を置く (図 2.36, ②)．ここで，①

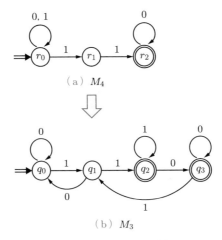

(a) M_4

(b) M_3

図 2.35 非決定性有限オートマトン M_4 から決定性有限オートマトン M_3 への変換

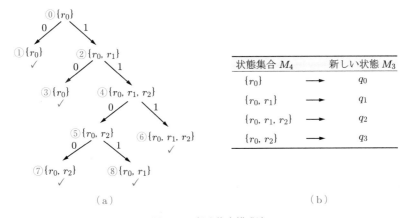

(a)

(b)

図 2.36 部分集合構成法

に置かれた状態集合 $\{r_0\}$ は⓪ですでに出ている $\{r_0\}$ と同じであるので，あらためて考慮する必要はない．

(3)　②の状態集合 $\{r_0, r_1\}$ は新しく現れたものであり，$\delta_4(\{r_0, r_1\}, 0) = \{r_0\}$，$\delta_4(\{r_0, r_1\}, 1) = \{r_0, r_1, r_2\}$ である．したがって，前と同様に，これらの $\{r_0\}$，$\{r_0, r_1, r_2\}$ を，② $\{r_0, r_1\}$ から出るラベルが 0，1 の各矢印の先に置く（図 2.36，③，④）．

(4)　④の状態集合 $\{r_0, r_1, r_2\}$ は新しく現れたものであり，$\delta_4(\{r_0, r_1, r_2\}, 0) = \{r_0, r_2\}$，$\delta_4(\{r_0, r_1, r_2\}, 1) = \{r_0, r_1, r_2\}$ である．これより，図 2.36 の⑤，⑥の部分を得る．

(5)　⑤の状態集合 $\{r_0, r_2\}$ は新しく現れたもので，$\delta_4(\{r_0, r_2\}, 0) = \{r_0, r_2\}$，$\delta_4(\{r_0, r_2\}, 1) = \{r_0, r_1\}$ であるので，さらに，図 2.36 の⑦，⑧の部分を得る．

(6)　状態集合⑦ $\{r_0, r_2\}$，⑧ $\{r_0, r_1\}$ は共にすでに出現しているものである．そこで，これまでに現れている 4 種類の到達可能状態集合 $\{r_0\}$，$\{r_0, r_1\}$，$\{r_0, r_1, r_2\}$，$\{r_0, r_2\}$ のいずれかに入力記号が一つ読み込まれたときの推移先状態の集合は，再びこれらの状態集合のいずれかになる．

したがって，初期状態より到達可能な状態集合はこれらですべてであり，その間の推移関係は図 2.36（a）の矢印で示されるとおりである．最終的に，これらの状態集合 $\{r_0\}$，$\{r_0, r_1\}$，$\{r_0, r_1, r_2\}$，$\{r_0, r_2\}$ のおのおのに新しい状態名 q_0，q_1，q_2，q_3 を割り当てると，図 2.35（b）の決定性有限オートマトン M_3 が得られる．ここで，M_4 の初期状態だけから成る集合 $\{r_0\}$ に対応した状態 q_0 は M_3 の初期状態であり，M_4 の最終状態 r_2 を含む状態集合 $\{r_0, r_1, r_2\}$，$\{r_0, r_2\}$ に対応した各状態 q_2，q_3 は，M_3 の最終状態である．以上の構成法より，$L(M_3) = L(M_4)$ であることは容易に理解できよう（部分集合構成法の正当性は，2.2.2 項 等価性 における，図 2.19（33 ページ）上の到達可能状態検出手法の正当性とまったく同様にして証明することができる．演習問題 2.4 を参照）．

■ 2.3.2　 ε-動作をもつ非決定性有限オートマトン

非決定性有限オートマトンの基本的定義においては，空入力記号列 ε を読み込んだときの推移は許されず，同じ状態（集合）に留まるだけである．ところが，空入力記号列 ε による推移を許す，すなわち，入力記号を読み込まないでも他の状態へ推移する

ことを許すと，より柔軟に目的とするシステムの設計を考えることができる．このような空入力記号列 ε による推移は **ε-動作** (ε-move) あるいは **ε-推移** (ε-transition) とよばれる．

たとえば，入力記号集合 $\{0, 1, 2\}$ の上で，

$$\varepsilon, 0, 1, 2, 01, 02, 12, 012, 00\cdots011\cdots122\cdots2, \ldots$$

のように，最初の部分は 0 が 0 個以上続き，次の部分に 1 が 0 個以上続き，最後の部分に 2 が 0 個以上続く入力記号列だけから成る言語

$$L = \{0^i 1^j 2^k \mid i \geqq 0,\ j \geqq 0,\ k \geqq 0\}$$

を受理する非決定性有限オートマトンとしては，ε-動作を許すと，次の図 2.37 の状態推移図の M_1 がきわめて直接的に考えられる．この M_1 は，初期状態 q_0 から入力記号を読み込まないで状態 q_1 へ推移することができ，さらにまた，入力記号を読み込まないで状態 q_2 へ推移することもできる．したがって，M_1 を表現する**状態推移表**としては，入力として入力記号 0，1，2 を考えるだけでなく，空入力記号列 ε も形式的に入力記号と同様に考えて加え，表 2.5 のように表す．

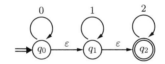

図 2.37　ε-動作をもつ非決定性有限オートマトン M_1

表 2.5　M_1 の状態推移表

状態 ＼ 入力	0	1	2	ε
$\Rightarrow q_0$	$\{q_0\}$	$\emptyset$	$\emptyset$	$\{q_1\}$
q_1	$\emptyset$	$\{q_1\}$	$\emptyset$	$\{q_2\}$
q_2	$\emptyset$	$\emptyset$	$\{q_2\}$	$\emptyset$

ε-動作をもつ非決定性有限オートマトン (nondeterministic finite automaton with ε-moves) は，状態の有限集合 Q，入力記号の有限集合 Σ，下記のような状態推移関数 δ，初期状態 q_0 ($\in Q$)，最終状態の集合 F ($\subseteqq Q$) を指定することにより定まるシステム

$$M = (Q, \Sigma, \delta, q_0, F)$$

として定義される.

　ここで，状態推移関数 δ は，現在の状態 p $(\in Q)$ とそれへの入力 a $(\in \Sigma \cup \{\varepsilon\})$ の各すべての組み合わせに対して，次の時点にとり得る推移先状態の集合 Q_i $(\subseteq Q)$ を $\delta(p, a) = Q_i$ により一意的に定める規則（関数）である.

▶**例 2.13**　ε-動作をもつ非決定性有限オートマトンの例として $M_1 = (Q_1, \Sigma_1, \delta_1,$ $q_{01}, F_1)$ を考える．ここで，$Q_1 = \{q_0, q_1, q_2\}$，$\Sigma = \{0, 1, 2\}$，$\delta_1(q_0, 0) = \{q_0\}$，$\delta_1(q_0, \varepsilon) = \{q_1\}$，$\delta_1(q_1, 1) = \{q_1\}$，$\delta_1(q_1, \varepsilon) = \{q_2\}$，$\delta_1(q_2, 2) = \{q_2\}$，$\delta_1(q_0, 1) = \delta_1(q_0, 2) = \delta_1(q_1, 0) = \delta_1(q_1, 2) = \delta_1(q_2, 0) = \delta_1(q_2, 1) = \delta_1(q_2, \varepsilon) = \emptyset$，$q_{01} = q_0$，$F_1 = \{q_2\}$ である.

　この M_1 の状態推移図，状態推移表が，おのおの図 2.37，表 2.5 に示されている.

(a)　ε-動作をもつ非決定性有限オートマトンの状態推移

　ε-動作をもつ非決定性有限オートマトン $M = (Q, \Sigma, \delta, q_0, F)$ は，最初にその状態を初期状態 q_0 に設定し，そこから入力記号列を読み込んで，あるいは読み込まずに，可能な限りの状態推移を行う．ここで，入力記号列 x に対するすべての推移先状態を求めるためには，x の中の任意の位置に任意個数の ε が挿入されているものとして考えなければならない．このような ε-動作を含めた推移を記述するため，まず次の定義を与える.

　各状態 p に対し，p から ε による状態推移だけによって到達可能な状態全体の集合を p の **ε-閉包** (ε-closure) といい，

$$\varepsilon\text{-閉包}(p)$$

と表す．とくに，任意の状態 p に対し，$p \in \varepsilon$-閉包(p) である.

　たとえば，図 2.37 の非決定性有限オートマトン M_1 の場合，$\delta_1(q_2, \varepsilon) = \emptyset$ であるから，ε-閉包$(q_2) = \{q_2\}$．また，$\delta_1(q_1, \varepsilon) = \{q_2\}$ であるから，ε-閉包$(q_1) = \{q_1, q_2\}$．したがって，前記結果と $\delta_1(q_0, \varepsilon) = \{q_1\}$ より，ε-閉包$(q_0) = \{q_0, q_1, q_2\}$.

　さらに，状態集合 $\{p_1, p_2, \ldots, p_m\}$ に対し，

$$\varepsilon\text{-閉包}(\{p_1, p_2, \ldots, p_m\}) = \varepsilon\text{-閉包}(p_1) \cup \varepsilon\text{-閉包}(p_2) \cup \cdots \cup \varepsilon\text{-閉包}(p_m)$$

と定義する.

　これより，状態推移関数 δ を拡張して，次のような関数 $\hat{\delta}$ を定義する.

1. 任意の状態 p に対して，以下のように定める．

$$\hat{\delta}(p, \varepsilon) = \varepsilon\text{-閉包}(p).$$

2. 任意の状態 p と入力記号列 w，入力記号 a に着目したとき，

$$\hat{\delta}(p, w) = \{q_1, q_2, \ldots, q_n\}, \, \delta(q_i, a) = Q_i \quad (\subseteq Q)$$

であるならば，

$$\hat{\delta}(p, wa) = \varepsilon\text{-閉包}(Q_1 \cup Q_2 \cup \cdots \cup Q_n)$$

とする．さらに，δ, $\hat{\delta}$ を次のように拡張する．

3. $\delta(\{p_1, p_2, \ldots, p_m\}, a) = \delta(p_1, a) \cup \delta(p_2, a) \cup \cdots \cup \delta(p_m, a),$
4. $\hat{\delta}(\{p_1, p_2, \ldots, p_m\}, a) = \hat{\delta}(p_1, a) \cup \hat{\delta}(p_2, a) \cup \cdots \cup \hat{\delta}(p_m, a).$

したがって，とくに，任意の入力記号 a に対し，

$$\hat{\delta}(p, a) = \varepsilon\text{-閉包}(\delta(\hat{\delta}(p, \varepsilon), a))$$

$$= \varepsilon\text{-閉包}(\delta(\varepsilon\text{-閉包}(p), a))$$

であり，$\hat{\delta}(p, a)$ と $\delta(p, a)$ とは一般に異なる（それゆえ，ε-動作をもつ非決定性有限オートマトンの場合においては，δ と $\hat{\delta}$ とは同一視できない）．

一般に，与えられた状態 p と入力記号 a に対して，その推移先の状態集合 $\hat{\delta}(p, a)$ を求める手続きを図示すると，図 2.38 のようになる．

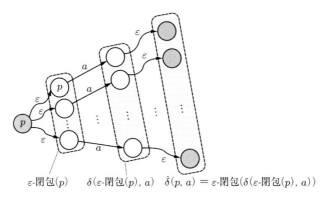

図 2.38　状態 p から入力記号 a による推移先 $\hat{\delta}(p, a)$ の計算

▶**例2.14** 例2.13における ε-動作をもつ非決定性有限オートマトン M_1 に対する状態推移を考えてみよう. たとえば,

$$\hat{\delta}_1(q_0, \varepsilon) = \varepsilon\text{-閉包}(q_0) = \{q_0, q_1, q_2\},$$

$$\hat{\delta}_1(q_0, 0) = \varepsilon\text{-閉包}(\delta_1(\hat{\delta}_1(q_0, \varepsilon), 0))$$

$$= \varepsilon\text{-閉包}(\delta_1(\{q_0, q_1, q_2\}, 0))$$

$$= \varepsilon\text{-閉包}(\delta_1(q_0, 0) \cup \delta_1(q_1, 0) \cup \delta_1(q_2, 0))$$

$$= \varepsilon\text{-閉包}(\{q_0\} \cup \emptyset \cup \emptyset)$$

$$= \varepsilon\text{-閉包}(\{q_0\}) = \{q_0, q_1, q_2\}$$

が成り立つ. 同様にして,

$$\hat{\delta}_1(q_0, 1) = \{q_1, q_2\}, \ \hat{\delta}_1(q_0, 2) = \{q_2\},$$

$$\hat{\delta}_1(q_1, 0) = \emptyset, \ \hat{\delta}_1(q_1, 1) = \{q_1, q_2\}, \ \hat{\delta}_1(q_1, 2) = \{q_2\},$$

$$\hat{\delta}_1(q_2, 0) = \emptyset, \ \hat{\delta}_1(q_2, 1) = \emptyset, \ \hat{\delta}_1(q_2, 2) = \{q_2\}$$

となる. また, 連続する入力に対しては, 次式のようになる.

$$\hat{\delta}_1(q_0, 12) = \varepsilon\text{-閉包}(\delta_1(\hat{\delta}_1(q_0, 1), 2))$$

$$= \varepsilon\text{-閉包}(\delta_1(\{q_1, q_2\}, 2))$$

$$= \varepsilon\text{-閉包}(\{q_2\}) = \{q_2\}.$$

(b) ε-動作をもつ非決定性有限オートマトンによる受理

ε-動作をもつ非決定性有限オートマトン $M = (Q, \Sigma, \delta, q_0, F)$ に対し, 入力記号列 $x \ (\in \Sigma^*)$ は,

$$\hat{\delta}(q_0, x) \cap F \neq \emptyset$$

であるとき M に受理される. また, M が受理する言語 $L(M)$ は, このような記号列 x の全体として, 次のように定義される.

$$L(M) = \{x \in \Sigma^* \mid \hat{\delta}(q_0, x) \cap F \neq \emptyset\}.$$

▶**例2.15** 図2.37の ε-動作をもつ非決定性有限オートマトン M_1 について考える. M_1 において, 最終状態の集合 $= \{q_2\}$ であるから, たとえば ε, 0, 1, 2, 12

は，おのおの受理される．

(c) 非決定性有限オートマトンにおける ε-動作の除去

ε-動作をもつ非決定性有限オートマトン

$$M = (Q, \Sigma, \delta, q_0, F)$$

に対しては，次のようにして，それと等価で ε-動作を除去した非決定性有限オートマトン

$$M' = (Q, \Sigma, \delta', q_0, F')$$

を構成することができる．

ここで，状態 $p\,(\in Q)$ と入力記号 $a\,(\in \Sigma)$ の各すべての組み合わせに対して，

$$\delta'(p, a) = \hat{\delta}(p, a)$$

であり，また，

$$F' = \begin{cases} F \cup \{q_0\} & (\varepsilon\text{-閉包}(q_0) \cap F \neq \emptyset \text{ のとき}), \\ F & (\varepsilon\text{-閉包}(q_0) \cap F = \emptyset \text{ のとき}) \end{cases}$$

である．こうして得られる M' が M と等価 $(L(M) = L(M'))$ であることは，$\hat{\delta}$ の定義より容易に理解できよう．

▶**例 2.16** 表 2.6 (a) の ε-動作をもつ非決定性有限オートマトン M_1 に対しては，同表 (b) に示す ε-動作なし非決定性有限オートマトン M_1' が得られる．この M_1' の状態推移図も図 2.39 に示す（なお，$\hat{\delta}_1$ の導出は，本項 (a) ε-動作をもつ非決定性有限オートマトンの状態推移の例 2.14 を参照）．

表 2.6　M_1，M_1' の状態推移表

(a) M_1

状態 ＼ 入力	0	1	2	ε
⇒ q_0	$\{q_0\}$	$\emptyset$	$\emptyset$	$\{q_1\}$
q_1	$\emptyset$	$\{q_1\}$	$\emptyset$	$\{q_2\}$
$ⓠ_2$	$\emptyset$	$\emptyset$	$\{q_2\}$	$\emptyset$

(b) M_1'

状態 ＼ 入力	0	1	2
⇒ $ⓠ_0$	$\{q_0, q_1, q_2\}$	$\{q_1, q_2\}$	$\{q_2\}$
q_1	$\emptyset$	$\{q_1, q_2\}$	$\{q_2\}$
$ⓠ_2$	$\emptyset$	$\emptyset$	$\{q_2\}$

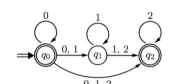

図 2.39 ε-動作をもたない非決定性有限オートマトン M_1'

 以上の結果と，任意の ε-動作なし非決定性有限オートマトンはそれと等価な決定性有限オートマトンに変換できることとを合わせると，次の結論が得られる．すなわち，任意の ε-動作をもつ非決定性有限オートマトンは，それと等価な決定性有限オートマトンに変換できる．したがって，ε-動作をもつ非決定性有限オートマトンにより受理される言語も，やはり正規言語である．

▶**例 2.17** 図 2.39 の ε-動作をもたない非決定性有限オートマトン M_1' と等価な最簡形決定性有限オートマトンは，次の図 2.40 の M_1'' のようになる（演習問題 2.9）.

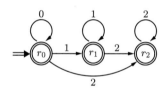

図 2.40 M_1' と等価な最簡形決定性有限オートマトン M_1''

(d) 拡張した部分集合構成法

 ε-動作をもつ非決定性有限オートマトンと等価な決定性有限オートマトンを得ることは，前述のように，まず ε-動作をもたない等価な非決定性有限オートマトンを求め，それに部分集合構成法を適用することにより達成できる．さらに，部分集合構成法を拡張することにより，途中で ε-動作をもたない等価な非決定性有限オートマトンを介することなく，直接的に目的の等価な決定性有限オートマトンを得ることもできる．

 この方法を，図 2.37（55 ページ）の ε-動作をもつ非決定性有限オートマトン M_1 に対する操作過程を表す木の構成法として説明する（図 2.36 も参照）.

 (1) 拡張した部分集合構成法の出発点として，初期状態 q_0 から Σ 中の入力記号を読み込むことなく到達可能な状態の集合である，ε-閉包$(q_0) = \{q_0, q_1, q_2\}$

を求める．

(2) $\{q_0, q_1, q_2\}$ から出るラベルが 0 の矢印の先に $\hat{\delta}(\{q_0, q_1, q_2\}, 0) = \{q_0, q_1, q_2\}$ を置く．さらに，$\{q_0, q_1, q_2\}$ から出るラベルが 1 および 2 の矢印の先に，それぞれ，$\hat{\delta}(\{q_0, q_1, q_2\}, 1) = \{q_1, q_2\}$，および $\hat{\delta}(\{q_0, q_1, q_2\}, 2) = \{q_2\}$ を置く．

(3) 以下同様にして，初期状態から到達可能な新しい状態集合が出現したときに限り，その到達可能状態集合に対して，入力記号 0，1，2 に対する拡張した推移関数 $\hat{\delta}$ による推移先の状態集合を求めて，操作木の子節点として付け加える，という操作を繰り返す．

図 2.37 の ε-動作をもつ非決定性有限オートマトン M_1 に対するこの操作結果は，図 2.41（a）の木として表される．ここで，同図（b）に示すように，M_1 における到達可能状態集合のそれぞれを新しい一つの状態として表し直すと，例 2.17 の結果による決定性有限オートマトン M_1''（図 2.40）が得られる．

注　非決定性有限オートマトンに関しても（最小状態数の）最簡形が考えられるが，決定性有限オートマトンと異なり，ただ一つに定まるとは限らない．したがって，二つの異なる非決定性有限オートマトンの等価性の判定には，おのおのを等価な決定性有限オートマトンに変換した後に，等価性判定アルゴリズムを適用する必要がある．

（a）

状態集合 M_1		新しい状態 M_1''
$\{q_0, q_1, q_2\}$	→	r_0
$\{q_1, q_2\}$	→	r_1
$\{q_2\}$	→	r_2

（b）

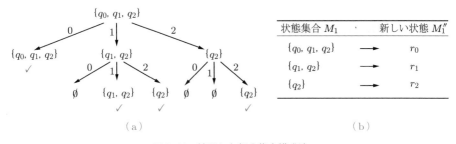

図 2.41　拡張した部分集合構成法

2.4 言語演算

■ 2.4.1 連接

　言語は，記号の有限集合 Σ 上の記号列より成る集合であるから，その言語を定義
するオートマトンあるいは文法を経ないで，直接的に集合としてその表現や諸演算
を考えることもしたい．ここで，一般の集合に対する演算の他に，とくに言語ある
いはその要素の記号列に対する基本的で特徴的な演算として，連接が定義される[1]．

　まず，Σ 上の記号列 x，y に対し，x の後に y をつなぎ合わせてできる記号列
$x \cdot y$ を x と y との**連接** (concatenation) という．まぎらわしくない場合には，$x \cdot y$
は単に xy と表す．たとえば，$\Sigma = \{0, 1\}$ で，$x = 10$，$y = 111$ としたとき，
$xy = 10 \cdot 111 = 10111$ である．とくに，長さが 0 の記号列，すなわち空記号列 ε に
関しては，任意の記号列 x に対して，

$$x\varepsilon = \varepsilon x = x$$

とする．

　次に，連接の概念を Σ 上の言語に対して拡張する．すなわち，L_1，L_2 を Σ 上の
言語としたとき，$L_1 \cdot L_2$ あるいは単に $L_1 L_2$ を，L_1 中の記号列と L_2 中の記号列
とをこの順に連接してできる記号列全体の集合と定義し，これを **L_1 と L_2 との連
接**という．すなわち，

$$L_1 L_2 = \{xy \mid x \in L_1, \text{ かつ } y \in L_2\}$$

である．たとえば，$\Sigma = \{0, 1\}$ で，$L_1 = \{1, 01\}$，$L_2 = \{0, 11, 101\}$ としたとき，

$$L_1 L_2 = \{10, 111, 1101, 010, 0111, 01101\}$$

となる．また，このことを有限オートマトン上で考えてみると，L_1，L_2 を受理す
る各（非決定性）有限オートマトン M_1，M_2 をこの順に図 2.42 のように直列接続
したものが，$L_1 L_2$ を受理する有限オートマトンとなる．

　とくに，空記号列 ε のみから成る集合 $\{\varepsilon\}$ に関しては，任意の言語 L に対して，

$$L\{\varepsilon\} = \{\varepsilon\}L = L$$

である．一方，空集合 $\emptyset$ に関しては，

---

1) 基礎的事項に関しては，1.1.2 項 形式言語とは を参照．

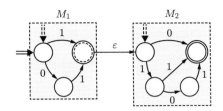

図 2.42 $L_1 L_2$ を受理する有限オートマトン

$$L\emptyset = \emptyset L = \emptyset$$

とする.

■ 2.4.2 スター閉包

連接と同様に,スター閉包の概念も言語に対して拡張する. いま,ある言語 L に対し L を n 回続けて連接したものを L^n と表す. すなわち,

1. $L^0 = \{\varepsilon\}$,
2. $n \geq 1$ である任意の n に対して $L^n = LL^{n-1}$

とする. このとき,L の**スター閉包** (star closure),または,**クリーネ閉包** (Kleene closure),あるいは単に**閉包** (closure) L^* を

3. $L^* = \displaystyle\bigcup_{n=0}^{\infty} L^n = \{\varepsilon\} \cup L \cup L^2 \cup L^3 \cup \cdots$

と定義する. つまり,L^* は L に属する任意個の記号列を任意回数,任意の順序で並べて得られる記号列のすべてから成る無限集合である. したがって,とくに L として記号の有限集合 Σ を考えたとき,Σ^* は Σ 上のすべての記号列の集合を表す(1.1.2 項を参照).

たとえば,$L = \{1, 00\}$ であるとき,以下のようになる.

$$L^2 = \{11, 100, 001, 0000\},$$

$$L^3 = \{111, 1100, 1001, 10000, 0011, 00100, 00001, 000000\},$$

$$L^* = \{\varepsilon, 1, 00, 11, 100, 001, 0000, 111, 1100, 1001, 10000, 0011, 00100,$$
$$00001, 000000, \ldots\}.$$

また，このことを有限オートマトン上で考えてみると，L を受理する（非決定性）有限オートマトン M を図 2.43 のようにループ状の推移を成すように接続したものが，L^* を受理する有限オートマトンとなる．このように，閉包はループ状推移をもつ有限オートマトンの受理言語を表すときに有効となる．

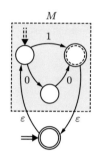

図 2.43　L^* を受理する有限オートマトン

ここで，とくに空記号列 ε のみから成る集合 $\{\varepsilon\}$ に関しては，$\{\varepsilon\}^* = \{\varepsilon\} \cup \{\varepsilon\} \cup \{\varepsilon\}^2 \cup \{\varepsilon\}^3 \cup \cdots$ で，かつ，$\{\varepsilon\}^n = \{\varepsilon\}$ であるから，

$$\{\varepsilon\}^* = \{\varepsilon\}$$

となる．一方，空集合 $\emptyset$ に関しては，定義より $\emptyset^* = \{\varepsilon\} \cup \emptyset \cup \emptyset^2 \cup \emptyset^3 \cup \cdots$ で，かつ $\emptyset^n = \emptyset \ (n \geqq 1)$ であるから，

$$\emptyset^* = \{\varepsilon\}$$

である．また，言語 L に対して，

$$L^+ = \bigcup_{n=1}^{\infty} L^n = L \cup L^2 \cup L^3 \cup \cdots$$

と定義し，これを L の**正スター閉包** (positive star closure) とよぶ．したがって，次式が成り立つ．

$$L^* = \{\varepsilon\} \cup L^+.$$

2.5 正規表現

　記号の有限集合 Σ 上の言語は，ちょうどそれだけを受理するオートマトンを指定することにより正確に定めることができる．しかし，そのような表現は，言語自体の特徴を必ずしも直接的に表すものとはいえない．ところが，Σ を入力記号集合とする有限オートマトンの受理する言語に限っていうと，これは次に述べるような Σ 上の正規集合あるいはそれを表現する"正規表現"として，正確かつ直接的に表現することが可能である（2.5.2 項）．また逆に，Σ^* の部分集合のうちでも，正規表現として表される正規集合に対しては，ちょうどそれだけを受理する有限オートマトンを構成することができる（2.5.3 項）．ここで，ある記号の有限集合 Σ 上の正規集合は Σ^* の部分集合である．したがって，Σ 上の正規集合は Σ 上の言語に他ならない．このため，正規集合は正規言語ともよばれる．なお，有限オートマトンの受理する言語も正規言語とよぶのは，前述の対応関係に由来する．

　さて，Σ をある記号の有限集合としたとき，Σ 上の**正規集合**（または，**正則集合**）(regular set) は次の 1.～5. のように段階的に定義される．

1. $\emptyset$（空集合）は Σ 上の正規集合である．
2. $\{\varepsilon\}$（空記号列 ε だけから成る集合）は Σ 上の正規集合である．
3. $\{a\}$（Σ 中のある 1 要素 a だけから成る集合）は Σ 上の正規集合である．
4. R, S をおのおの Σ 上の正規集合としたとき，次の (ⅰ)～(ⅲ) も Σ 上の正規集合である．
   - (ⅰ) $R \cup S$（和）
   - (ⅱ) RS（連接）
   - (ⅲ) R^*（スター閉包）
5. 上記 1.～3. の正規集合から出発して，4. における演算を<u>有限回</u>施して得られる集合のみが，Σ 上の正規集合である．

　ここで，5. の条件は本質的であり，これにより正規集合の範囲が限定される．また，正規集合の記述は有限ですまされる．なお，集合の記述にあたり，演算子の結合の強さは * (スター閉包) が最も強く，次が · (連接)，最後が $\cup$ (和) であるとする．

▌▶**例 2.18** $\Sigma = \{0, 1\}$ としたとき，$\{0\}$，$\{1\}^*$，$\{0\}\{1\}^*$，$\{0\}(\{0\}\{1\}^* \cup \{11\})^*$

などはすべて正規集合である．また，$\{01^i \mid i \geq 0\} = \{0\}\{1\}^*$ であるから，$\{01^i \mid i \geq 0\}$ もやはり正規集合である．一方，$\{0^i1^i \mid i \geq 0\}$ は正規集合でないことが証明される（2.7節 非正規言語 を参照）．

ところで，同一の集合を示すのにもいろいろな記述の仕方があり，たとえ正規集合であっても，それが前記の正規集合の定義に沿った表現になっていない場合には，正規集合としての特徴が自明でないこともあり得る．そのため，先ほどの正規集合の定義に素直に沿って，正規表現という表現形式が定義される．

Σ をある記号の有限集合としたとき，Σ 上の**正規表現**（または**正則表現**，regular expression）[K156], [Br62] は次の1.〜5.のように定義される．

1. $\emptyset$ を，$\emptyset$（空集合）を表す Σ 上の正規表現とする．
2. ε を，$\{\varepsilon\}$ を表す Σ 上の正規表現とする．
3. $\mathbf{a}$ を，$\{a\}$（ただし，$a \in \Sigma$）を表す Σ 上の正規表現とする．
4. $\mathbf{R}$, $\mathbf{S}$ をおのおの Σ 上の正規集合 R, S を表す正規表現としたとき，
   （ⅰ）$(\mathbf{R}+\mathbf{S})$ を，$R \cup S$ を表す Σ 上の正規表現とする．
   （ⅱ）$(\mathbf{RS})$ を，RS を表す Σ 上の正規表現とする．
   （ⅲ）$(\mathbf{R}^*)$ を，R^* を表す Σ 上の正規表現とする．
5. 上記1.〜3.の正規表現から出発して，4.における演算を有限回施して得られる表現のみが，Σ 上の正規表現である．

ここで，あいまいさが生じない限り，正規表現中の括弧は省略してよいものとする（結合の強さは，強いものから，*，・，+ の順）．

▶**例2.19**　例2.18における正規集合の四つの例に対する正規表現は，順に $\mathbf{0}$，$(\mathbf{1}^*) = \mathbf{1}^*$，$(\mathbf{0}(\mathbf{1}^*)) = \mathbf{01}^*$，$(\mathbf{0}(((\mathbf{0}(\mathbf{1}^*))+(\mathbf{11}))^*)) = \mathbf{0}(\mathbf{01}^*+\mathbf{11})^*$ となる．また，$\{01^i \mid i \geq 0\}$ は正規集合であるが，それに対して $\{01^i \mid i \geq 0\}$，あるいは $\mathbf{0}+\mathbf{01}+\mathbf{011}+\cdots$ は共に前定義に従っていないので正規表現ではない．非正規集合 $\{0^i1^i \mid i \geq 0\}$ に対する正規表現は存在しない．

なお，一つの正規集合を表す正規表現は上記の形式に従った範囲内でも一般にいく通りもあり得る．たとえば，正規集合 $\{0,1\}^*$ を表す正規表現としては $(\mathbf{0}+\mathbf{1})^*$，さらに $(\mathbf{0}^*\mathbf{1}^*)^*$ などが存在する．

ここで，正規表現 $\mathbf{R}$ の表す正規集合（正規言語）を $L(\mathbf{R})$ とする．また，二つの正

規表現 **R**, **S** において，$L(\mathbf{R}) = L(\mathbf{S})$ であるとき，**R** と **S** とは**等価** (equivalent) であるといい，$\mathbf{R} = \mathbf{S}$ と表す．たとえば，$L((\mathbf{0}+\mathbf{1})^*) = L((\mathbf{0}^*\mathbf{1}^*)^*) = \{0,1\}^*$ であるから，$(\mathbf{0}+\mathbf{1})^* = (\mathbf{0}^*\mathbf{1}^*)^*$ である．

　一般に，与えられた正規表現をより簡単で等価な表現に変換したいとき，表 2.7 にまとめられた等式が簡便に利用できる場合がある（表において，$\boldsymbol{\alpha}$, $\boldsymbol{\beta}$, $\boldsymbol{\gamma}$ には仕意の正規表現を考えてよく，等式は常に成り立つ）．

表 2.7　正規表現に関して成り立つ等号関係

$\emptyset^* = \varepsilon$	$\alpha + \alpha = \alpha$	$\emptyset^*\alpha = \alpha$
$\alpha^*\alpha + \emptyset^* = \alpha^*$	$(\alpha^*)^* = \alpha^*$	$\alpha^*\alpha^* = \alpha^*$
$\alpha + \beta = \beta + \alpha$	$\alpha\beta + \alpha\gamma = \alpha(\beta+\gamma)$	$\alpha\gamma + \beta\gamma = (\alpha+\beta)\gamma$
$(\alpha^*\beta^*)^* = (\alpha+\beta)^*$	$(\alpha^*\beta)^*\alpha^* = (\alpha+\beta)^*$	$(\alpha^*\beta)^* + (\beta^*\alpha)^* = (\alpha+\beta)^*$
$\alpha^*\beta + \beta = \alpha^*\beta$	$\alpha\beta^* + \alpha = \alpha\beta^*$	$(\alpha+\beta)^*\beta + \emptyset^* = (\alpha^*\beta)^*$

■ 2.5.1　有限オートマトンから正規表現への変換（その 1: MY 法）

　任意に与えられる決定性有限オートマトン

$$M = (Q, \Sigma, \delta, q_1, F)$$

に対して，それの受理する言語を正規表現で表すことができる．

　まず，マクノートン-山田 (McNaughton-Yamada) による方法[MY60] を示す．この方法を **MY 法**とよぶ．ここで，状態集合は

$$Q = \{q_1, q_2, \ldots, q_n\} \quad (q_1 \text{ が初期状態}),$$

最終状態集合は

$$F = \{q_{i_1}, q_{i_2}, \ldots, q_{i_m}\}$$

とする．

　さて，問題は M の初期状態 q_1 から出発して最終状態へ至るあらゆる状態推移経路の入力記号列の集合を求めることである．それを正規表現で表すためには，その定義に対応して，個々の最小部分の状態推移の表現から始め，それらを和，連接，閉包の組み合わせを用いて，より大きい部分の状態推移を表現していくようにする．

　以下，図 2.44 の決定性有限オートマトン M_1 を例にとり，その方法を説明する．まず最小の状態推移部分として，図 2.45 (a) のように，各状態対 q_i, q_j に関し，

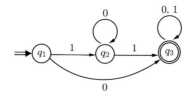

図 2.44　決定性有限オートマトン M_1

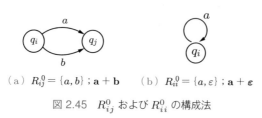

（ a ）$R_{ij}^0 = \{a, b\}$; $\mathbf{a + b}$　　（ b ）$R_{ii}^0 = \{a, \varepsilon\}$; $\mathbf{a + \boldsymbol{\varepsilon}}$

図 2.45　R_{ij}^0 および R_{ii}^0 の構成法

q_i から q_j へ直接状態推移をさせる入力記号の集合を求め，それを R_{ij}^0 と表す（上付き添字の 0 は，推移の途中で通過する状態がないことを意味する）．ただし，同図（b）のように，R_{ii}^0 には空記号列 ε も加える．すなわち，

$$R_{ij}^0 = \big\{ a \in \Sigma \mid \delta(q_i, a) = q_j \big\} \qquad (i \neq j),$$
$$R_{ii}^0 = \big\{ a \in \Sigma \mid \delta(q_i, a) = q_i \big\} \cup \{\varepsilon\}$$

とする．

これらはすべて有限集合，したがって正規集合であり，正規表現の定義 1.～3. および 4.（ i ）により正規表現として表現可能である．たとえば，図 2.44 の有限オートマトンの場合の各集合およびその正規表現は，次のようになる．

$$\begin{aligned}
&R_{11}^0 = \{\varepsilon\};\ \ \boldsymbol{\varepsilon} \quad &&R_{12}^0 = \{1\};\ \ \mathbf{1} \quad &&R_{13}^0 = \{0\};\ \ \mathbf{0}\\
&R_{21}^0 = \emptyset;\ \ \boldsymbol{\emptyset} \quad &&R_{22}^0 = \{0, \varepsilon\};\ \ \mathbf{0 + \boldsymbol{\varepsilon}} \quad &&R_{23}^0 = \{1\};\ \ \mathbf{1}\\
&R_{31}^0 = \emptyset;\ \ \boldsymbol{\emptyset} \quad &&R_{32}^0 = \emptyset;\ \ \boldsymbol{\emptyset} \quad &&R_{33}^0 = \{0, 1, \varepsilon\};\ \ \mathbf{0 + 1 + \boldsymbol{\varepsilon}}.
\end{aligned}$$

続いて，状態 q_i から q_j へ至る状態推移として，その<u>途中</u>で状態 q_1 だけは通過を許すように範囲を拡大し，そのような状態推移を引き起こす入力記号列の集合 R_{ij}^1 を求める．このような状態推移は，状態 q_i から q_j へ（R_{ij}^0 の要素により）直接到達するものであるか，あるいは，最初に状態 q_i から q_1 へ（R_{i1}^0 の要素により）直接状態推移し，次に状態 q_1 から再び q_1 へ直接至る（R_{11}^0 の要素による）状態推移を 0 以上の任意回繰り返し，最後に状態 q_1 から q_j へ直接到達する（R_{1j}^0 の要素による）状

態推移をつなぎ合わせたものである. したがって, R_{ij}^1 は前段階の結果を用いて,

$$R_{ij}^1 = R_{ij}^0 \cup R_{i1}^0 (R_{11}^0)^* R_{1j}^0$$

と表すことができ, かつ, その正規表現も並行して求められる. 図 2.44 の例の場合には, $i = 1$ に対して,

$$R_{1j}^1 = R_{1j}^0 \cup R_{11}^0 (R_{11}^0)^* R_{1j}^0$$
$$= R_{1j}^0 \cup \{\varepsilon\}\{\varepsilon\}^* R_{1j}^0 = R_{1j}^0 \qquad (j = 1, 2, 3)$$

となる. また, $i = 2, 3$ に対しては, 次式が成り立つ.

$$R_{ij}^1 = R_{ij}^0 \cup R_{i1}^0 (R_{11}^0)^* R_{1j}^0$$
$$= R_{ij}^0 \cup \emptyset \{\varepsilon\}^* R_{1j}^0 = R_{ij}^0 \qquad (j = 1, 2, 3).$$

以上のようにして, 途中で通過してもよい状態を逐次拡大して, より広い範囲の状態推移を引き起こす入力記号列集合を求めていく. 一般に, ある k $(1 \leqq k \leqq n)$ に対して, R_{ij}^k は, 状態 q_i から q_j へ至る状態推移を引き起こす入力記号列の集合のうちで推移の途中に通過してもよい状態を $q_1, q_2, \ldots, q_k$ の範囲内だけに限ったものとする. このような状態推移は, 次の 1., 2. のうちのいずれかである (図 2.46 を参照).

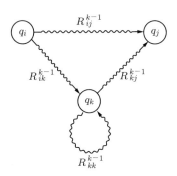

図 2.46 R_{ij}^k の構成法

1. 状態 q_i から出発し, 途中では高々状態 $q_1, q_2, \ldots, q_{k-1}$ しか通過しないで q_j へ到達する.
2. 最初, 状態 q_i から出発し, 途中で高々状態 $q_1, q_2, \ldots, q_{k-1}$ しか通過しないで q_k へ到達する. 次に, 状態 q_k から出発し, 途中では高々状態 $q_1, q_2, \ldots, q_{k-1}$

しか通過しないで q_k へ戻るというループ状の状態推移を 0 以上の任意回繰り返す．最後に状態 q_k から出発し，途中では高々状態 $q_1, q_2, \ldots, q_{k-1}$ しか通過しないで q_j へ到達する．

したがって，R_{ij}^k は次のように表すことができる．

$$R_{ij}^k = R_{ij}^{k-1} \cup R_{ik}^{k-1}(R_{kk}^{k-1})^* R_{kj}^{k-1}.$$

ここで，最初 $k = 0$ に対する集合 R_{ij}^0 およびその正規表現が具体的に求められることはすでに保証されており，一般に，ある $k\ (1 \leqq k \leqq n)$ に対して，集合 R_{ij}^{k-1} およびその正規表現 $\mathbf{R}_{ij}^{k-1}$ がすべて求められていれば，集合

$$R_{ij}^k = R_{ij}^{k-1} \cup R_{ik}^{k-1}(R_{kk}^{k-1})^* R_{kj}^{k-1}$$

およびその正規表現

$$\mathbf{R}_{ij}^k = \mathbf{R}_{ij}^{k-1} + \mathbf{R}_{ik}^{k-1}(\mathbf{R}_{kk}^{k-1})^* \mathbf{R}_{kj}^{k-1}$$

はただちに得られる．

このようにして，対象の有限オートマトン $M = (\{q_1, q_2, \ldots, q_n\}, \Sigma, \delta, q_1, \{q_{i_1}, q_{i_2}, \ldots, q_{i_m}\})$ に対し，すべての集合 R_{ij}^n およびその正規表現 $\mathbf{R}_{ij}^n$ が求めあげられたとき，M の受理言語 $L(M)$ は正規集合

$$R_{1i_1}^n \cup R_{1i_2}^n \cup \cdots \cup R_{1i_m}^n$$

として与えられ，その正規表現は

$$\mathbf{R}_{1i_1}^n + \mathbf{R}_{1i_2}^n + \cdots + \mathbf{R}_{1i_m}^n$$

となる．

以下，図 2.44 の決定性有限オートマトン M_1 を例とし，最終結果

$$L(M_1) = R_{13}^3 = R_{13}^2 \cup R_{13}^2(R_{33}^2)^* R_{33}^2$$

を得るのに必要な部分を求める．まず，

$$
\begin{aligned}
R_{13}^2 &= R_{13}^1 \cup R_{12}^1(R_{22}^1)^* R_{23}^1 \\
&= \{0\} \cup \{1\}\{0, \varepsilon\}^*\{1\} \\
&= \{0\} \cup \{1\}\{0\}^*\{1\};\ \mathbf{0 + 10^*1},
\end{aligned}
$$

$$R_{33}^2 = R_{33}^1 \cup R_{32}^1 (R_{22}^1)^* R_{23}^1$$

$$= \{0, 1, \varepsilon\} \cup \emptyset \{0, \varepsilon\}^* \{1\}$$

$$= \{0, 1, \varepsilon\};\ \mathbf{0 + 1 + \varepsilon}$$

である．ゆえに，M_1 の受理する言語は，次のように与えられる．

$$L(M_1) = (\{0\} \cup \{1\}\{0\}^*\{1\}) \cup (\{0\} \cup \{1\}\{0\}^*\{1\})\{0, 1, \varepsilon\}^*\{0, 1, \varepsilon\}$$

$$= (\{0\} \cup \{1\}\{0\}^*\{1\})\{0, 1\}^*.$$

また，これを表す正規表現は，

$$\mathbf{(0 + 10^*1) + (0 + 10^*1)(0 + 1 + \varepsilon)^*(0 + 1 + \varepsilon)}$$

$$= \mathbf{(0 + 10^*1)(0 + 1)^*}$$

となる．

■2.5.2　有限オートマトンから正規表現への変換（その 2: 状態除去法）

任意に与えられた決定性有限オートマトン (DFA) に対して，それが受理する言語を表す正規表現を求める第 2 の方法を示そう．

状態除去法とよばれるこの方法は，二つのステップから成る．第 1 ステップでは与えられた DFA M をそれと等価な，ある特殊な性質をもつ非決定性有限オートマトン (NFA) M_g に変換する．第 2 ステップではその NFA から等価性を保存しつつ状態数を減らすある手続きを繰り返し実行することによって，目的の正規表現を求める．特殊な性質をもつ NFA M_g は**一般化された非決定性有限オートマトン** (generalized nondeterministic finite automaton: **GNFA**) とよばれ，以下の性質を満たす．

1. M_g の初期状態へ入る推移はない．
2. M_g は（初期状態とは異なる）ただ一つの最終状態をもつ．
3. M_g の最終状態から出る推移はない．
4. M_g の各推移には正規表現が付与されている．

（一般に M_g における状態の推移は，付与されている各正規表現によって表される記号列を入力として処理することで実行される，と考える）．

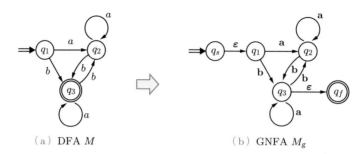

図 2.47　［ステップ 1］における，DFA M から GNFA M_g への等価変換

　以下では，図 2.47 の（a）に示される DFA $M = (\{q_1, q_2, q_3\}, \{a, b\}, \delta, q_1, \{q_3\})$ を例にとり，M が与えられたとき，それと等価な正規表現を求める手続きを説明する．

変換の手続き

［ステップ 1］　M_g の初期状態 q_s および唯一の最終状態 q_f は新しい状態として M に追加する．このとき，M_g は q_s から（M の初期状態）q_1 へ入力 ε による推移をもち，また（M のすべての最終状態，この例では）q_3 から q_f への入力 ε による推移をもつようにする．ここで M_g において，状態 p から状態 q へと入力記号 $a_1, \ldots, a_k$ $(k \geqq 1)$ による直接推移があるとき，状態 p から状態 q への推移を表す矢印のラベルは，その入力（集合）を表す正規表現 $\mathbf{a}_1 + \cdots + \mathbf{a}_k$ に書き換える（$k = 1$ で $a_1 = \varepsilon$ の場合も含む）．すなわち，次の図のようにする．

$$\underset{p}{\bigcirc} \xrightarrow{\mathbf{a}_1 + \cdots + \mathbf{a}_k} \underset{q}{\bigcirc}$$

図 2.47（a）の DFA M に対する GNFA M_g は，同図（b）のようになる．

　一般にこの段階で，もとの M と変形された M_g とが等価であることは明らかであろう．

［ステップ 2］　M_g の初期状態 q_s および最終状態 q_f 以外のすべての状態を以下の手続きによって一つずつ除去していく．一般に，M_g においては各推移には（入力記号というよりは）正規表現が付与されていると考えていることに留意しよう．M_g の（q_s でも q_f でもない）任意の状態 q を選ぶ．

　　状態 q の除去　状態 q は，正規表現 $\mathbf{y}$ に属する記号列によって推移する自己ループをもつとしてよい（そのような自己ループが存在しないときは，$\mathbf{y} = \emptyset$ と考える．ここで，$\emptyset^* = \varepsilon$ であることに留意しよう）．このとき，正規表現 $\mathbf{x}\,(\neq \emptyset)$ に

属する記号列で q に推移する推移元の状態 q_- と，q から $\mathbf{z}$ $(\neq \emptyset)$ に属する記号列で推移する推移後の状態 q_+ を考える．さらに，正規表現 $\mathbf{u}$ に属する記号列による状態 q_- から状態 q_+ への直接的な推移も存在すると仮定する（そのような推移がないときは $\mathbf{u} = \emptyset$ と考える）．このときの状況を6項組 $(q_-, \mathbf{x}, \mathbf{y}, \mathbf{z}, \mathbf{u}, q_+)$ で表すとする．このような q に関するすべての6項組に対して，図 2.48 のような置き換えにより M_g から状態 q を除去する．ここで重要な事項として，q_- と q_+ は同一の場合もあり得ることに注意しよう．

図 2.48　状態 q を除去する等価変換

　ここで，もし上記のような q に関する6項組が一つもなければ（q は到達不可能な状態か，あるいは最終状態に推移できない状態のいずれかであるから）状態 q と q に関わるすべての推移を削除する．

前記［ステップ2］の変換手続きを繰り返し用いて，初期状態 q_s および最終状態 q_f 以外のすべての状態が取り除かれたとする．その結果得られる M_g はただ一つの推移から成り，その上に付与された正規表現が求めるものになっている．

図 2.47 (a) における状態 q_1 を選択して除去する手続きと，その結果として得られるオートマトンを図 2.49 (a), (b-1) に示す．

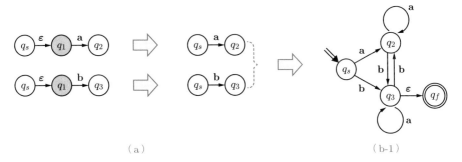

（a）　　　　　　　　　　　　　　　　（b-1）

図 2.49　［ステップ2］における，状態 q_1 の除去手続き

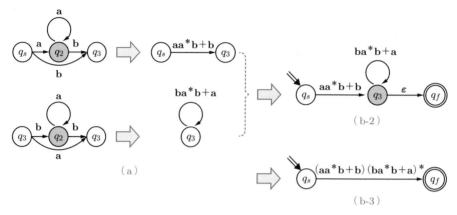

図 2.50　[ステップ 2] における，状態 q_2 および q_3 の除去手続き

　さらに，同様の方法によって状態 q_2 を除去する手順とその結果を，図 2.50（a），（b-2）に示す．最後に状態 q_3 を除去した結果を，同図（b-3）に示す．

　したがって，求める正規表現は図 2.50（b-3）より，

$$(\mathbf{aa}^*\mathbf{b} + \mathbf{b})(\mathbf{ba}^*\mathbf{b} + \mathbf{a})^*$$

となる．

　上述した変換手続きによる正規表現を求める方法の正しさは，次のようにして確認できる．

変換手続きの正当性の証明　変換手続きの正当性を示すには，[ステップ 2] において，状態 q を除去する前のオートマトン M_g とその変形によって得られる M_g' とが等価であることを示せばよいことは明らかであろう．

　入力記号列 w が M_g によって受理されるとすると，受理に至る状態列：$q_s, q_1, \ldots, q_n, q_f$ $(n \geqq 1)$ が存在する．いま，この状態列の中に状態 q が現れていないと仮定する．ここで，この状態列にもし状態 q_- から直接 q_+ へ至る（$\mathbf{u}$ に属する部分入力記号列による）推移が使われているならば，状態 q の除去の仕方から M_g' においては正規表現 $\mathbf{xy}^*\mathbf{z} + \mathbf{u}$ の $\mathbf{u}$ により推移可能である．したがって，w は M_g' によって受理される．次に，状態列の中に q が現れていて，その前後の状態を q_- と q_+ とする．このとき，状態 q_- から q を経由して q_+ へ至る部分入力記号列は正規表現 $\mathbf{xy}^*\mathbf{z}$ に含まれている．すなわち，M_g' においては，

$$q_- \xrightarrow{\ \mathbf{xy^*z}\ } q_+$$

によって状態推移が実現でき，M'_g は w を受理できる．

　逆に，w が M'_g によって受理されるとする．このとき w を受理する M'_g の状態列において，もし q_- から q_+ へ至る推移が使われているならば，そのときの部分入力記号列は付与されている正規表現 $\mathbf{xy^*z} + \mathbf{u}$ に含まれている．この正規表現は M_g において状態 q_- から q_+ への直接的な推移であるか，状態 q を経由する推移かのいずれかである．したがって，この部分入力記号列は M においても推移が可能であり，w は M_g によって受理される．ゆえに，

$$L(M_g) = L(M'_g)$$

が示される．　　　　　　　　　　　　　　　　　　　　　　　　　　　　□

　このように，得られた正規表現は与えられた DFA と等価であることが示される．

■2.5.3　正規表現から有限オートマトンへの変換

　任意の正規表現 $\mathbf{R}$ に対し，それが表す正規集合をちょうど受理するような有限オートマトンが構成できることを示す[MY60], [OF61]．ここで，正規表現はある記号の有限集合 Σ 上のものであるとし，したがって，構成する有限オートマトンの入力記号集合も Σ とする．

　ここでは，有限オートマトンとしては最も柔軟な推移が許される，ε-動作をもつ非決定性有限オートマトンを考え，それが正規表現の段階的定義に対応して段階的に構成していけることを示す．

（a）　基本手法

　まず，正規表現の定義の出発点における（1）$\emptyset$，（2）ε，（3）$\mathbf{a}$ の表す正規集合 $\emptyset$，$\{\varepsilon\}$，$\{a\}$（$a \in \Sigma$）をちょうど受理する有限オートマトンは，図 2.51 の（1）〜（3）のように，おのおの最終状態を 1 個に限定したものとして構成することができる（q_0

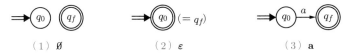

（1）$\emptyset$　　　　　　　　（2）ε　　　　　　　　（3）$\mathbf{a}$

図 2.51　正規表現 $\emptyset$，ε，$\mathbf{a}$ に対応する有限オートマトン

が初期状態, q_f が最終状態).

　次に, 正規表現の定義の 4. に対応し, 正規表現 **R**, **S** の表す正規集合 $R = L(\mathbf{R})$, $S = L(\mathbf{S})$ をおのおのちょうど受理する有限オートマトンで, 最終状態が各 1 個のもの

$$M_R = \big(Q_1, \Sigma, \delta_1, q_{01}, \{q_{f_1}\}\big),$$

$$M_S = \big(Q_2, \Sigma, \delta_2, q_{02}, \{q_{f_2}\}\big)$$

が構成できたとする. このとき,

(ⅰ) $L(\mathbf{R} + \mathbf{S}) = R \cup S$

(ⅱ) $L(\mathbf{RS}) = RS$

(ⅲ) $L(\mathbf{R}^*) = R^*$

をちょうど受理する有限オートマトンは, 図 2.52(ⅰ), (ⅱ), (ⅲ) のように, 最終状

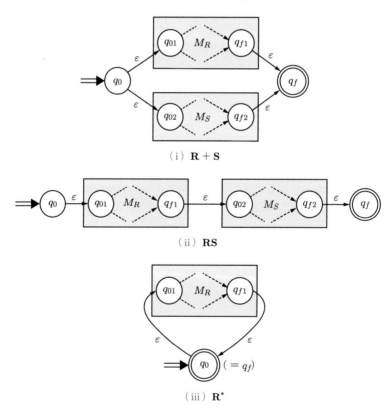

(ⅰ) **R** + **S**

(ⅱ) **RS**

(ⅲ) **R***

図 2.52　正規表現 **R** + **S**, **RS**, **R*** に対応する有限オートマトン

態を 1 個に限定したものとしてただちに構成することができる（q_0 が初期状態，q_f が最終状態）.

　ところで正規表現は，66 ページに与えられたその定義中の条件 5. により，同定義の 1.～3. から出発し，4. の規則を有限回施して得られるものだけである．したがって，正規表現 **Q** に対しては，まずその中の ∅，ε および各 **a** の各出現位置ごとに，それに対応した有限オートマトンを 1.～3. に関して前述したように構成し，続いて，4. に対応した構成を有限回繰り返していくことにより，$L(\mathbf{Q}) = L(M)$ なる有限オートマトン M が得られる.

▶**例 2.20**　正規表現 $(\mathbf{0} + \mathbf{10^*1})(\mathbf{0} + \mathbf{1})^*$ に対し，前記方法により ε-動作をもつ非決定性有限オートマトン M_1' を構成すると，図 2.53 のようになる．なお，さらにこの M_1' を最簡な決定性有限オートマトンに変換すると，図 2.54 の M_1 が得られる.

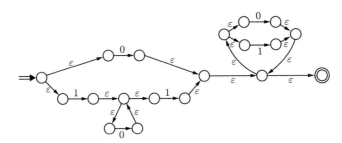

図 2.53　正規表現 $(\mathbf{0}+\mathbf{10^*1})(\mathbf{0}+\mathbf{1})^*$ に対応する有限オートマトン M_1'

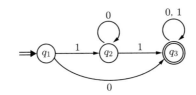

図 2.54　最簡な決定性有限オートマトン M_1

（b）　冗長な ε-動作の除去

　前記のように，ε-動作を用いることにより，小さい部分（正規表現の細かいパーツ）から始めて大きい部分へと，きわめて単純・機械的にオートマトンの構成を進めていくことができ，ε-動作導入の有効性が理解できるであろう．ただし，（a）基本手法 において導入した ε-動作は必ずしもすべてが必要というわけではなく，（最終

的に決定性有限オートマトンを求めるために）除去すべき ε-動作のうち，次のように
して，明らかに最初の段階から導入を除去しておくことのできる ε-動作もある．
図 2.52 における（ⅰ），（ⅱ），（ⅲ）に対して説明する．

(ⅰ) M_R において q_{01} に関する推移は出る推移だけである場合，q_0 と q_{01} 間の
ε-動作は除去し，状態 q_{01} は状態 q_0 に統合することができる．同様に，M_S
において q_{02} に関する推移は出る推移だけである場合，q_0 と q_{02} 間の ε-動作
は除去し，状態 q_{02} は状態 q_0 に統合することができる．また，M_R におい
て q_{f1} に関する推移は入る推移だけである場合，q_{f1} と q_f 間の ε-動作は除去
し，状態 q_{f2} は状態 q_f に統合することができる．同様に，M_S において q_{f2}
に関する推移は入る推移だけである場合，q_{f2} と q_f 間の ε-動作は除去し，状
態 q_{f2} は状態 q_f に統合することができる．

(ⅱ) q_0 と q_{01} 間の ε-動作は除去し，状態 q_{01} は状態 q_0 に統合することができる．
同様に，q_{f2} と q_f 間の ε-動作は除去し，状態 q_{f2} は状態 q_f に統合すること
ができる．さらに，q_{f1} に関する推移は入る推移だけである，あるいは，q_{02}
に関する推移は出る推移だけである場合には，q_{f1} と q_{02} 間の ε-動作は除去
し，状態 q_{f1} と状態 q_{02} は統合することができる．

(ⅲ) M_R において q_{01} に関する推移は出る推移だけである場合，q_0 と q_{01} 間の
ε-動作は除去し，状態 q_{01} は状態 q_0 に統合することができる．また，M_R に
おいて q_{f1} に関する推移は入る推移だけである場合，q_{f1} と q_0 間の ε-動作は
除去し，状態 q_{f1} は状態 q_0 に統合することができる．

正規表現 $(\mathbf{0} + \mathbf{10^*1})(\mathbf{0} + \mathbf{1})^*$ に対する有限オートマトンを求める過程において，
上記のような冗長な ε-動作の除去をすべて考慮に入れると，図 2.54 の決定性有限
オートマトン M_1 が容易に得られる（演習問題 2.14）．なお，正規表現から有限オー
トマトンへの変換は，あくまでも（a）の方法が基本であり，慣れないうちは，冗長な
ε-動作の除去は，部分的にでも無理のない範囲で逐次適用することが無難であろう．
　一般に，一つの正規言語に対して複数の正規表現が存在する．したがって，二つ
の異なる正規表現の等価性判定は，おのおのを本項で述べた手続きにより等価な決定
性有限オートマトンに変換した後に，等価性判定アルゴリズムを適用することによっ
て行う．同じ正規言語についても，対応する非決定性有限オートマトンや正規表現は
複数存在し得るのに対し，"最簡決定性有限オートマトンは一意に定まる"（2.2.5 項，

39 ページ）という強力な性質を，いま一度思い起こしておこう．

正規言語族の演算に関する閉包性

　前述したように，言語は集合であり，したがって和集合，共通集合，差集合，補集合などの集合演算が言語に対して定義できる（1.2 節　基礎的な数学的準備　を参照）．

　記号の有限集合 Σ 上のある性質を満たす言語全体からなる集合族を（Σ 上の）**言語族** (family of languages) という．$\mathcal{F}_\Sigma$ を Σ 上のある言語族とする．このとき，$\mathcal{F}_\Sigma$ の任意の要素 A, B に対して，その和集合 $A \cup B$（あるいは，共通集合 $A \cap B$, 連接 AB）がまた $\mathcal{F}_\Sigma$ の要素となっているとき，$\mathcal{F}_\Sigma$ は和集合（あるいは，共通集合，連接）の演算に関して**閉じている** (closed) といい，そうでないとき**閉じていない**という．

　同様に，$\mathcal{F}_\Sigma$ の任意の要素 A に対して，その補集合 $\overline{A}$ $(= \Sigma^* - A)$（あるいは，スター閉包 A^*）がまた $\mathcal{F}_\Sigma$ の要素となっているとき，$\mathcal{F}_\Sigma$ は補集合（あるいは，スター閉包）の演算に関して**閉じている**といい，そうでないとき**閉じていない**という．

　一般に，言語族 $\mathcal{F}$ がある演算に関して閉じているか否かという性質を，$\mathcal{F}$ のその演算に関する**閉包性** (closure property) という（2.4.2 項における言語演算子としての “スター閉包” と混同しないように注意されたい）．

　さて，正規表現の定義を思い起こしてみよう．そこでは，任意の正規表現は和，連接，スター閉包によって次々と構成され，その途中に現れるすべての表現もまた正規表現であった．したがって，正規言語の族は “和集合，連接，スター閉包の各演算に関して閉じている” ことが容易にわかる．補集合演算に関しては，正規言語 R を受理する決定性有限オートマトン $M = (Q, \Sigma, \delta, p_0, F)$ $(L(M) = R)$ において，最終状態の集合 F をその Q に関する補集合 $Q - F$ で置き換えたオートマトン $\overline{M}$ を考えると $L(\overline{M}) = \Sigma^* - L(M)$ であることから，“補集合演算に関して閉じている” ことが示せる．したがって，（和集合と補集合演算に関して閉じていることから）ド・モルガン則

$$A \cap B = \overline{(\overline{A} \cup \overline{B})}$$

により，“共通集合演算に関しても閉じている” ことがわかる．

　このように，正規言語族は “和集合，共通集合，補集合の各演算（これらを**ブール**

演算 (Boolean operation) という），および連接，スター閉包演算に関して閉じている”ことが確かめられる．

正規言語の族を $\mathcal{RL}$ (RL) で表し，以上をまとめると表 2.8 を得る（○は閉じていることを示す）．

表 2.8　演算に関する閉包性

言語族 ＼ 演算	和集合	連接	スター閉包	共通集合	補集合
正規 ($\mathcal{RL}$)	○	○	○	○	○

一般に，言語族 $\mathcal{F}$ の各演算に関する閉包性は，ある特定の言語 L が $\mathcal{F}$ に属さない，ということを示すのにしばしば用いられる（演習問題 2.17 を参照）．

2.7　非正規言語

ある有限オートマトンによって（ちょうど正確に）受理される言語は，“正規言語（または，正則言語）”とよばれることはすでに学んだ．したがって，いかなる有限オートマトンによってもちょうどそれだけを受理することは不可能であるような言語は，**非正規言語** (non-regular language) とよばれる．このような言語の例を理解することは，有限オートマトンの能力の限界を認識する上で重要である．

さて，非正規言語としてよく知られた例として，$\{0,1\}$ 上の言語

$$L_1 = \{0^i 1^i \mid i \geq 1\}$$

をあげることができる．この言語 L_1 に属する記号列は，前半と後半において，おのおのちょうど同じ個数の 0 および 1 が続いたものだけである．したがって，そのようなものだけを受理し，それ以外は非受理とするためには，最初の部分の 0 の個数を何らかの方法で記憶しておく必要がある．ところで，有限オートマトンにおける記憶機構は状態だけであり，しかも，それはあらかじめ定められた有限個数だけである．そこで，もしその状態数よりも多い多数個の 0 が先頭部分に続いた入力記号列が入力されたときには，もはやその個数を正確に記憶しきれなくなり，したがって，後に続く 1 の個数との照合が正確にはできなくなってしまう．

実際，もし $L(M) = L_1$ なる有限オートマトン M が存在したと仮定すると，以下のようにして矛盾が導かれる．

L_1 の非正規性の証明　いま，背理法による証明のため，$L(M) = L_1$ なる有限オートマトン

$$M = (Q, \{0, 1\}, \delta, q_0, F)$$

が存在したと仮定し，その状態数は n であったとしよう．そこで，とくに記号列 $0^n 1^n\ (\in L_1)$ に注目すると，仮定より，

$$0^n 1^n \in L(M)\quad (= L_1)$$

である．したがって，M においては次のような状態推移が存在する．

$$q_0 \xrightarrow[M]{0^n 1^n}{}^* q_f, \quad \text{かつ}\ q_f \in F.$$

この状態推移の前半部を，さらに次のように分解して解析する．

$$q_0 \xrightarrow[M]{0} q_1 \xrightarrow[M]{0} q_2 \cdots q_{n-1} \xrightarrow[M]{0} q_n \xrightarrow[M]{1^n}{}^* q_f,$$

ただし，

$$q_0 \xrightarrow[M]{0^i}{}^* q_i \quad (0 \le i \le n)$$

である．ところで，M の状態数は n 個としているので，推移経過中のこれら $(n+1)$ 個の状態 $q_0, q_1, q_2, \ldots, q_{n-1}, q_n$ のうち，少なくとも 1 個の状態は重複して出現している．そのような重複出現の状態を $q_j = q_k\ (0 \le j < k \le n)$ とする．これは，前記の状態推移中に，次式と図 2.55 で表されるようなループが存在することを意味する．

$$q_j \xrightarrow[M]{0^{k-j}}{}^* q_k \qquad (q_j = q_k).$$

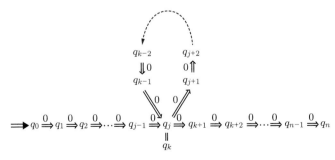

図 2.55　状態推移の状況

したがって，状態 q_0 から q_f へ至る状態推移としては，このループ状推移を経ない，次のようなより短いものも可能である．

$$q_0 \xRightarrow[M]{0} q_1 \xRightarrow[M]{0} q_2 \cdots q_j \xRightarrow[M]{0} q_{k+1} \xRightarrow[M]{0} q_{k+2} \cdots q_{n-1} \xRightarrow[M]{0} q_n \xRightarrow[M]{1^n} q_f,$$

すなわち，

$$q_0 \xRightarrow[M]{0^{n-(k-j)}}{}^* q_n \xRightarrow[M]{1^n}{}^* q_f$$

である．したがって，$0^{n-(k-j)}1^n \in L(M)$ となる．ところが，$n-(k-j) \neq n$ であるから，L_1 の定義より $0^{n-(k-j)}1^n \notin L_1$ である．これは $L(M) = L_1$ であるという仮定に反する．ゆえに，$L(M) = L_1 = \{0^i1^i \mid i \geqq 1\}$ であるような有限オートマトンは存在し得ない．すなわち，$\{0,1\}$ 上の言語 $L_1 = \{0^i1^i \mid i \geqq 1\}$ は正規言語ではない．　□

　なお，この L_1 は文脈自由言語とよばれるものである（4.1 節　文脈自由文法　の例 4.1 を参照）．

Coffee Break

☕ パターンオートマトン

　有限な状態集合とその状態間の推移関係をモデル化した有限オートマトンは，情報処理におけるさまざまな分野に応用されている．パターン照合アルゴリズムはそのような重要な応用例の一つである．

　われわれが日常的に利用しているインターネットでは，キーワードによる検索がしばしば行われるが，これには**パターン照合**（あるいは**文字列照合**）(pattern matching) とよばれる基本的な情報処理の技法が用いられている．すなわち，パターンとよばれる比較的短い記号列 p と，テキストとよばれる非常に膨大な長さの記号列 t が与えられているとき，t 上に出現する p の位置をすべて調べる技法である．これは，（テキストに対応する）インターネット上におけるすべての URL を含んだファイルから（パターンに対応する）キーワードが出現している箇所をすべて検索するという状況をモデル化したものである．

　たとえば，パターン p として "*crick*"（"クリック"）が与えられているとする．このとき図 2.56 のような状態推移図で表現される決定性有限オートマトン

$$M_p = \big(\{q_0, q_1, \ldots, q_5\}, \Sigma, \delta, q_0, \{q_5\}\big)$$

を考える．ここで，アルファベット Σ は $\{c, i, k, r\}$ を部分集合として含む．これは**パターンオートマトン** (pattern automaton) とよばれる．

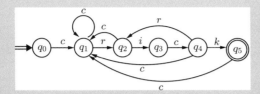

図 2.56 パターン $p = crick$ に対するパターンオートマトン M_p

注 図に描かれていない他の遷移は，どの入力記号に関してもすべて状態 q_0 へ移る
とする.

　一般に，パターン p の長さが l のとき，M_p は $(l+1)$ 個の状態をもつように構成
する（この例の場合，$l = 5$ であることに留意しよう）．状態推移関数 δ はすべての
$0 \leqq i \leqq 5$ と $a \in \Sigma$ に対して，

$$\delta(q_i, a) = q_{f(p(i)a)}$$

と定義される. ここで，$p(i)$ は "パターン p の長さ i の接頭辞" を表し，$f(\alpha)$ は「記
号列 α の接頭辞でありかつ接尾辞でもあるような α の部分記号列の最大長」を表す.
　たとえば，$i = 2$ のとき状態 q_2 において，入力記号 c による推移先の状態を計算した
いとする．$p(2) = cr$ であり，$p(2)c = crc$ の接頭辞であり接尾辞でもある最大長の部
分記号列は "c" であるから，この記号列の長さは $f(p(2)c) = 1$ となり，$\delta(q_2, c) = q_1$
と求まる. 同様に，$i = 4$ のとき状態 q_4 において入力記号 r を考えると，$p(4)r = \overline{cr}ic\underline{r}$
の接頭辞かつ接尾辞で最長の部分記号列は（上線と下線で示されている部分記号列の）
"cr" であり，この語の長さは $f(p(4)r) = 2$ であるから，$\delta(q_4, r) = q_2$ となる.
　このオートマトンは「入力記号列 w に現れているパターン p を読み終わったそのと
き，受理状態に入る」ように設計されている（すなわち，p は w の接尾辞となっている）.
このことを確認するには，任意のテキスト $t = a_1 \cdots a_n$ に対して，$t(i) = a_1 \cdots a_i$
（すなわち，$t(i)$ はテキスト t の最初の i 文字から成る記号列）とする．このとき，

$$\delta(q_0, t(i)) = q_{f(t(i))} \quad \cdots \quad (*)$$

が成り立つことを示せばよい. なぜならば，$q_{f(t(i))}$ が受理状態，すなわち $f(t(i)) = 5$
であるとき，（5 はパターン p の全長であるから）δ の定義より p は $t(i)$ の接尾辞であ
り，したがって，$t(i)$ を入力記号列 w とすると「p は w の接尾辞になっている」こと
がわかる. なお，等式 $(*)$ は i に関する数学的帰納法によって示すことができる.
　上述の有限オートマトン M_p を用いて文字列照合のアルゴリズムを設計してみよう.
テキスト $t = a_1 \cdots a_n$ に対して，アルゴリズムは以下のように「t を入力記号列とし
て M_p を動作させる」だけでよい.

(1) $i = 1$ とする.

(2) i 番目の記号 a_i を読み込んだとき受理状態 q_5 に入ったならば, 値 $(i - 5 + 1)$ を "パターン p の出現位置" として出力する. i の値を一つ増やす.

(3) 推移先が受理状態でなければ, 単に i の値を一つ増やす.

(4) t をすべて読み終わるまで (2)〜(3) を繰り返す.

アルゴリズムの正しさは, 等式 $(*)$ が成り立つことから明らかである.

例として, テキスト $t = did\ \check{c}rick\ get\ a\ \check{c}rick\ in\ the\ neck?$ (クリックは寝違えた?) を入力したとする (t 上の 2 箇所のチェック ($\check{}$) は, おのおの p の出現位置を表す. また, 空白は読みやすさのために入れてあるだけである). すると M_p は, テキスト上の 8 番目の記号 k を読み込んだとき, $\delta(q_0, didcrick) = q_5$ となり, 最初の受理状態に入る. そこで, 値 $4\ (= 8 - 5 + 1)$ を最初の出現位置として出力する. そして次の 9 番目の記号 g を読み込んだとき初期状態 q_0 になる (【注】にあるように, 図 2.56 ではこの推移は省略されていることに留意). さらに読み進んで 17 番目の記号 k を読み込んだとき 2 度目の受理状態に入るので, ここで, 値 $13\ (= 17 - 5 + 1)$ を出現位置として出力する.

このように, 有限オートマトンはインターネットにおけるキーワード検索の基盤を成す "文字列照合" アルゴリズムに効果的に用いられる.

演習問題

2.1 順序機械における出力記号の有限集合 Δ を $\{y, n\}$ に固定し, 入力し終わった時点での最後の出力記号が y であるような入力記号列全体の集合を, その順序機械によって受理される言語という (2.2 節の導入部の説明を参照). 言語

$$L = \{w \in \{0, 1\}^* \mid w\ \text{の接尾辞は}\ 00\ \text{か}\ 11\ \text{である}\}$$

を受理する最小状態ミーリー型順序機械 M_e と, 最小状態ムーア型順序機械 M_o を構成せよ. また, M_e と M_o の状態数を比較せよ.

2.2 ある駅から A 駅までの 150 円の乗車券と, B 駅までの 200 円の乗車券を売る券売機を設計したい. 使用できる硬貨は 50 円と 100 円のみとし, 200 円を超えると無効とする. この販売機の設計図をミーリー型順序機械によって示せ. ただし, 入力アルファベットは $\{¥50, ¥100, A, B\}$, 出力アルファベットは $\{\emptyset, \boxed{150\ \text{円切符}}, \boxed{150\ \text{円切符} + 釣\ 50\ \text{円}}, \boxed{200\ \text{円切符}}\}$ とし, 記号 $\emptyset$ は「何も出力しない」を意味する.

2.3 図 2.57 に与えられた非決定性有限オートマトン M に対して, M の到達不可能状態の集合 $\text{NR}(M)$, および死状態の集合 $\text{D}(M)$ を求めよ.

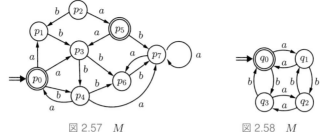

図 2.57　*M*　　　　　　　図 2.58　*M*

2.4 2.2.2 項 等価性 の後半における手法による "到達可能状態検出木"（図 2.19 参照）の構成が完了すると，対象とする決定性有限オートマトンの到達可能状態はすべて検出される．このことを一般的に証明せよ（ヒント：帰納法による）．

2.5 図 2.58 に与えられる有限オートマトン M によって受理される言語を $L(M)$ とする．
  (1) M によって受理される長さ 4 以下の記号列をすべて書き出せ．
  (2) $L(M)$ がどのような言語であるか，正確に記述せよ．またその正しさを示せ（ヒント：帰納法による）．

2.6 図 2.31（46 ページ）（b）の非決定性有限オートマトン M_2 に対し，部分集合構成法を適用して，同図（a）の決定性有限オートマトン M_1 を求めよ．

2.7 以下の問に答えよ．
  (1) ab で始まり，ab で終わる長さ 4 以上の記号列から成る，$\Sigma = \{a, b\}$ 上の言語 L を受理する非決定性の有限オートマトン M を求めよ．
  (2) M と等価な最簡形の決定性有限オートマトン M_d を求めよ．

2.8 演習問題 2.3 で考察された，M から NR(M)，D(M) に属する状態をすべて除いた非決定性有限オートマトンを M' とする．このとき，M' と等価で最簡形の決定性有限オートマトン M'' を構成せよ（これ以降，決定性有限オートマトンは "広い意味での" 定義を許すものとする）．

2.9 部分集合構成法により，図 2.39（60 ページ）の ε-動作をもたない非決定性有限オートマトン M_1' と等価な最簡形の（広い意味での）決定性有限オートマトン M_1'' を求めよ．

2.10 以下で与えられる，アルファベット $\{a, b\}$ 上の言語 L_i $(i = 1, 2, 3)$ を受理する，最簡形の決定性有限オートマトン M_i $(i = 1, 2, 3)$ を求めよ．
  (1) a を 3 個含み，かつ b を 2 個含む記号列全体 L_1．
  (2) a を奇数個含み，かつ b を偶数個含む記号列全体 L_2．
  (3) bb を部分記号列として含まないような記号列全体 L_3（ヒント：補集合を考えよ）．

2.11 図 2.59（1）および（2）で与えられた有限オートマトン M_1 と M_2 が等価であるか否かを，等価判定木を用いて調べよ．

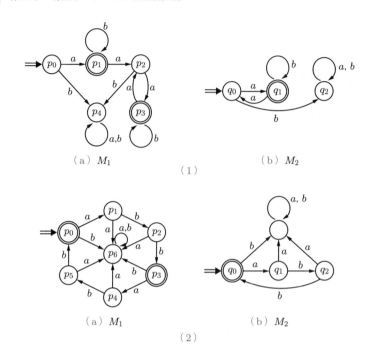

（a）M_1

（b）M_2

（1）

（a）M_1

（b）M_2

（2）

図 2.59

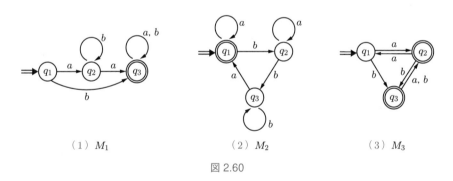

（1）M_1

（2）M_2

（3）M_3

図 2.60

2.12 図 2.60 の状態推移図によって表される有限オートマトン M_1，M_2，および M_3 に対して，言語 $L(M_1)$，$L(M_2)$，および $L(M_3)$ を表現する正規表現 $\mathbf{E}_1$，$\mathbf{E}_2$，および $\mathbf{E}_3$ を求めよ．

2.13 以下の各正規表現 $\mathbf{E}_i$ $(i = 1, 2, 3)$ で表される言語を受理する最簡形の決定性有限オートマトン M_i $(i = 1, 2, 3)$ を求めよ．

　(1) $\mathbf{E}_1 = \mathbf{a}^*\mathbf{b}\mathbf{a}^*\mathbf{a}\mathbf{b}^*$

　(2) $\mathbf{E}_2 = \mathbf{a}^*\mathbf{b}\mathbf{b}^*(\mathbf{a} + \mathbf{b})\mathbf{a}\mathbf{b}^*$

(3) $\mathbf{E}_3 = ((\mathbf{a}^*\mathbf{b})^*\mathbf{b}\mathbf{a}^*)^*$

2.14 正規表現 $(\mathbf{0} + \mathbf{10}^*\mathbf{1})(\mathbf{0} + \mathbf{1})^*$ に対する最簡決定性有限オートマトンを求めよ．ここで，冗長な ε-動作の除去手法を適宜有効に用いること．

2.15 2.2.3 項の "等価性判定アルゴリズム" は必ず正しい判定結果をくだすことを証明せよ（ヒント：帰納法による．演習問題 2.4 を参照）．

2.16 $M = (Q, \Sigma, \delta, p_0, F)$ を到達可能な状態のみをもつ決定性有限オートマトンとする．2.2.6 項で論じられた k-等価性分類法において，ある $k \geqq 1$ が存在して，$Q_k = Q_{k-1}$ が成り立っているとする．いま，

$$M' = (Q', \Sigma, \delta', [p_0], F')$$

を以下のように構成する：

$$Q' = Q_k \,(= Q_{k-1}), \quad F' = \{[p] \in Q' \mid [p] \cap F \neq \emptyset\}, \quad \delta'([p], a) = [\delta(p, a)].$$

このとき，M' は M の最簡形であることを示せ．

2.17 正規言語族の閉包性を用いて，言語

$$L = \left\{ w \in \{a, b\}^* \mid \#_a(w) = \#_b(w) \right\}$$

は正規言語でないことを示せ（ここで，$\#_s(w)$ は，w に含まれる記号 s の個数を表す）．

3 言語と形式文法

▶ 本章では，形式言語を規定する新たな手法として形式文法があること，そして形式文法の中でも最も基本的な"正規文法"について詳説する．正規文法と有限オートマトンとの間に単純で直接的な対応関係が成り立つことを理解し，オートマトンと形式文法が表裏一体であることを学ぶ．
本章は，前章から次章以降への，重要な橋渡しを果たす章でもある．

3.1 形式文法

たとえば，英語の正しい文を書くときの規則は英文法として与えられる．1950 年代の中ごろ，アメリカの言語学者チョムスキー (Chomsky, N.)[Ch56] は，英語などの自然言語の研究に関連し，その文法の形式的モデルとして形式文法を定式化した．この形式文法に従って記述される言語は，形式言語とよばれる．なお，形式言語のうちでも最も基礎的なものである正規言語に対しては，正規表現による直接的な言語の表現が可能である．しかし，さらに一般的な形式言語に対しては，表現したい言語をちょうど受理するような受理システムであるオートマトンを指定することにより，その言語を規定できる．これに対し，以下で扱う形式文法は，そのような特定の言語を，ちょうどその言語だけを生成するような規則を指定することにより規定する生成システムである．

さて，英語，日本語などの文は，構成要素であるいくつかの単語がその文法規則に従って並べられて作られるものである．たとえば，"Still waters run deep."（音

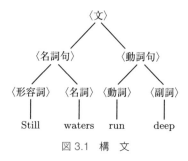

図 3.1 構 文

なし川は水深し，能ある鷹は爪を隠す）という英語の文は，図 3.1 のような構文より成り立っており，文法的に正しい文であることが確認される.

これを，全体的構造から，すなわち図では上のほうから下のほうへと向かって解釈していくと，この文は上端の〈文〉から出発して下記の規則が逐次適用されることにより生成されていると考えられる.

$$\langle 文 \rangle \rightarrow \langle 名詞句 \rangle \langle 動詞句 \rangle$$
$$\langle 名詞句 \rangle \rightarrow \langle 形容詞 \rangle \langle 名詞 \rangle$$
$$\langle 動詞句 \rangle \rightarrow \langle 動詞 \rangle \langle 副詞 \rangle$$
$$\langle 形容詞 \rangle \rightarrow \mathrm{Still}$$
$$\langle 名詞 \rangle \rightarrow \mathrm{waters}$$
$$\langle 動詞 \rangle \rightarrow \mathrm{run}$$
$$\langle 副詞 \rangle \rightarrow \mathrm{deep}$$

ここで，矢印の左側の項は右側の項により書き換えられることを意味する. たとえば最初の規則は，この〈文〉をより細かいレベルで表し直すと，〈名詞句〉の後に〈動詞句〉が続くものであることを意味する. また 4 番目の規則は，形容詞の具体的なものとして 'Still' を書けることを意味する. このような文法に従って文を解析し，あるいは文を生成することができる.

以上のような生成文法の中心的概念を抽象化し，形式的に表したものが**形式文法** (formal grammar) である. 形式文法においては，**文** (sentence) を構成する最小単位の要素は抽象的に 0, 1, ... などの記号で表し，これらを**終端記号** (terminal symbol) とよぶ. たとえば前記英文においては，'Still'，'waters'，'run'，'deep' の単語を，おのおの 1 個の終端記号とみなしている. 個々の文法について，それが対象とする終端記号はあらかじめ定められたある有限のものとし，$\Sigma = \{0, 1\}$ などとして明示される. これは，オートマトンにおいては入力記号の有限集合 Σ にあたる. これに対し，先の例における，〈文〉，〈名詞句〉，〈形容詞〉, ... など，文の生成の中間過程にのみ現れる文法概念を示す記号は**非終端記号** (nonterminal symbol) あるいは**構文変数** (syntactic variable) とよび，対象とする非終端記号の集合 N も有限のものとして明示される. なお，終端記号の集合と非終端記号の集合とは共通部分をもたない. とくに上記の例における〈文〉のような，非終端記号のうちで文の生成の出発点となるものは**開始記号** (start symbol) あるいは**初期記号** (initial symbol) とよばれ，個々の文法に対して 1 個だけ指定される. さらに，文の生成の仕方を表す

〈文〉 → 〈名詞句〉〈動詞句〉，〈名詞句〉 → 〈形容詞〉〈名詞〉，... などの規則は**生成規則** (production) あるいは**書き換え規則** (rewriting rule) とよばれる．ここで，生成規則の左側の項は，少なくとも 1 個の非終端記号を含むものとする．

　形式文法は，生成規則の型に従って，正規（正則）文法，文脈自由文法，文脈依存文法，句構造文法などと階層的に分類される．対象とする非終端記号の有限集合 N，終端記号の有限集合 Σ（ただし，$N \cap \Sigma = \emptyset$），生成規則の有限集合 P，および開始記号 S $(\in N)$ を具体的に定めることにより形式文法は特定され，

$$G = (N, \Sigma, P, S)$$

のように，それら 4 項目を順に並べたものとして表される．

　ちなみに，上記の自然言語（英語）の文を生成する形式文法は

$$G_e = (N, \Sigma, P, \langle 文 \rangle)$$

である．ここで，

$$N = \{\langle 文 \rangle, \langle 名詞句 \rangle, \langle 動詞句 \rangle, \langle 形容詞 \rangle, \langle 名詞 \rangle, \langle 動詞 \rangle, \langle 副詞 \rangle\}$$

$$\Sigma = \{\text{Still, waters, run, deep}\}$$

$$P = \{\langle 文 \rangle \to \langle 名詞句 \rangle \langle 動詞句 \rangle, \ \langle 名詞句 \rangle \to \langle 形容詞 \rangle \langle 名詞 \rangle,$$

$$\langle 動詞句 \rangle \to \langle 動詞 \rangle \langle 副詞 \rangle, \ \langle 形容詞 \rangle \to \text{Still},$$

$$\langle 名詞 \rangle \to \text{waters}, \ \langle 動詞 \rangle \to \text{run}, \ \langle 副詞 \rangle \to \text{deep}\}$$

となり，これは文脈自由文法とよばれる．文脈自由文法に関する詳細は第 4 章で，さらに，文脈依存文法，句構造文法に関しては第 5 章で述べる．また，正規文法については次の 3.2 節で論じる．

　このように，形式文法は自然言語の形式モデルとして提案され，研究されていたが，一方，形式文法はまた，ある種のプログラミング言語の構文を規定するための方法としても利用可能であることが知られている．

　次のような形式文法を考えよう：

$$G_p = (N, \Sigma, P, \langle 式 \rangle),$$

ここで，

$$N = \{\langle 式 \rangle, \langle 演算子 \rangle\} \qquad （2 個の非終端記号から成る）$$

$$\Sigma = \{(,), +, -, *, /, \uparrow, \text{id}\} \qquad （8 個の終端記号から成る）$$

であり，P は以下で与えられる.

$$\langle 式 \rangle \rightarrow \langle 式 \rangle \langle 演算子 \rangle \langle 式 \rangle$$

$$\langle 式 \rangle \rightarrow (\, \langle 式 \rangle \,)$$

$$\langle 式 \rangle \rightarrow -\langle 式 \rangle$$

$$\langle 式 \rangle \rightarrow \mathrm{id}$$

$$\langle 演算子 \rangle \rightarrow +$$

$$\langle 演算子 \rangle \rightarrow -$$

$$\langle 演算子 \rangle \rightarrow *$$

$$\langle 演算子 \rangle \rightarrow /$$

$$\langle 演算子 \rangle \rightarrow \uparrow$$

この文法 G_p によると，たとえば，id*(id+id) のような算術式が初期記号 $\langle 式 \rangle$ から生成される（図 3.2 はその構文を表している）.

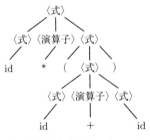

図 3.2　id*(id+id) の構文

文法 G_p も文脈自由文法とよばれる型に属し，"演算子として +, -, *, /, ↑ を含む算術式全体"を規定（生成）する.

一般に，Pascal 系のプログラミング言語をはじめ，多くの言語処理系の構文のほとんどは**バッカス-ナウア記法**，または**バッカス標準形** (Backus-Naur form, Backus normal form: **BNF**)[Ba59], [Na60] とよばれる形式によって定義される．たとえば，上記の定義式 "$\langle 式 \rangle \rightarrow \langle 式 \rangle \langle 演算子 \rangle \langle 式 \rangle$" を BNF で記述すると，

$$\langle 式 \rangle ::= \langle 式 \rangle \langle 演算子 \rangle \langle 式 \rangle$$

のようになるが，これは文脈自由文法の生成規則に他ならない.

このように，当初は自然言語を研究するための数理モデルとして提案された"形式文法"（とくに，文脈自由文法）は，そのプログラミング言語との密接な関連が指摘されて以来，新たなプログラミング言語の構文設計・構文解析などの諸段階における研究・開発に非常に役立っている．

3.2 正規文法

正規文法（または**正則文法**, regular grammar: **RG**) は，非終端記号の有限集合 N，終端記号の有限集合 Σ，生成規則の有限集合 P，および開始記号 S $(\in N)$ を指定することにより規定される形式文法

$$G = (N, \Sigma, P, S)$$

のうち，とくに，生成規則（P の要素）が次の形式となっているものである：

$$A \to aB \text{ あるいは, } A \to a$$

ただし，$A, B \in N; a \in \Sigma$ であり，開始記号 S に関しては，例外として生成規則

$$S \to \varepsilon$$

も許される．正規文法は，**3型文法** (type 3 grammar) ともよばれる．

▶**例3.1** 次の形式文法 G_1 を考える．

$$G_1 = (N_1, \Sigma_1, P_1, S_1),$$

ここで，

$$N_1 = \{S_1, A\}, \ \Sigma_1 = \{0, 1\},$$
$$P_1 = \{S_1 \to \varepsilon, \ S_1 \to 0A, \ A \to 1, \ A \to 1A\}$$

である．この各生成規則は前記の形式にあてはまるものだけであるから，G_1 は正規文法である．

上記文法 G_1 において，開始記号 S_1 を左辺にもつ生成規則を探すと，生成規則 $S_1 \to \varepsilon$ があるから，S_1 は ε に書き換えることができ，したがって，文法 G_1 は空記号列 ε を生成することができる．また，生成規則 $S_1 \to 0A$ を最初に適用すると，S_1 は $0A$ に書き換えられて，$0A$ が導出される．続いて，この右端の A に対しては，

たとえば生成規則 $A \to 1$ を適用して A を 1 に書き換えると，$0A$ から 01 が導出される．ここで，終端記号は生成規則の左辺にはなり得ないので，この終端記号列 01 からこれ以上書き換えを行うことはできない．先ほどの $0A$ の右端の A に対しては，もう一方の生成規則 $A \to 1A$ を適用することもでき，その結果として $0A$ から $01A$ が導出される．この $01A$ 中の A に対しても，やはり前と同様にして生成規則 $A \to 1$，あるいは $A \to 1A$ を適用することができ，その結果としておのおの 011，あるいは $011A$ が導出される．一般には，$0A$ から始まって，逐次現れる記号列右端の A に生成規則 $A \to 1A$ を繰り返し n 回 $(n \geqq 1)$ 適用すると，その結果として $01^n A$ が導出される．最後に，この右端の A に対して生成規則 $A \to 1$ を適用すると，終端記号列 $01^n 1 = 01^{n+1}$ が得られる．

したがって，正規文法 G_1 は，終端記号列 $\varepsilon, 01, 011, 0111, 01111, \ldots$ を生成する．たとえば，0111 の生成過程は図 3.3 のように表される（4.2 節 導出木 を参照）．

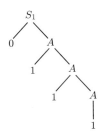

図 3.3　G_1 における 0111 の生成

このような終端記号列生成の過程を形式的に記述するため，以下の定義を与える．

ある終端記号列 $x\ (\in \Sigma^*)$ と非終端記号 $A\ (\in N)$ から成る記号列 xA に対し，正規文法 G が

$$A \to aB \qquad (A, B \in N;\ a \in \Sigma)$$

なる生成規則をもつとき，この生成規則により xA は xaB を**直接に導出** (directly derive) するといい，

$$xA \underset{G}{\Longrightarrow} xaB$$

と表す．同様に，G が

$$A \to a \qquad (A \in N;\ a \in \Sigma \cup \{\varepsilon\})$$

なる生成規則をもつときも，この生成規則により xA は xa を直接に導出するといい，

$$xA \underset{G}{\Longrightarrow} xa$$

と表す．さらに，

$$x_1A_1 \underset{G}{\Longrightarrow} x_2A_2, \ x_2A_2 \underset{G}{\Longrightarrow} x_3A_3, \ldots, x_nA_n \underset{G}{\Longrightarrow} x_{n+1}A_{n+1}$$

$$\left(\begin{array}{l} \text{ここで，} A_1, A_2, \ldots, A_n \in N; \ A_{n+1} \in N \cup \{\varepsilon\}; \\ x_1, x_2, \ldots, x_{n+1} \in \varSigma^*; \ n \geqq 1 \end{array} \right)$$

という直接の導出の繰り返しが可能であるとき，x_1A_1 は $x_{n+1}A_{n+1}$ を**導出する**
(derive) といい，

$$x_1A_1 \underset{G}{\overset{*}{\Longrightarrow}} x_{n+1}A_{n+1}$$

と表す．ここで，任意の $x \ (\in \varSigma^*), \ A \ (\in N \cup \{\varepsilon\})$ に対して，

$$xA \underset{G}{\overset{*}{\Longrightarrow}} xA$$

とする[1]．なお，これら二重矢印 $(\Rightarrow)$ の下の G は，対象の文法 G が明らかな場合
には省略することもある．

　とくに，開始記号 S から記号列 $xA \ (x \in \varSigma^*, \ A \in N \cup \{\varepsilon\})$ が導出されるとき，
すなわち，

$$S \underset{G}{\overset{*}{\Longrightarrow}} xA$$

であるとき，記号列 xA は文法 G が導出する**文形式** (sentential form) であるとい
う．さらに，文形式 w が非終端記号を1個も含まないとき，すなわち，

$$S \underset{G}{\overset{*}{\Longrightarrow}} w \qquad (w \in \varSigma^*)$$

であるとき，このような文形式 w を**文** (sentence) といい，w は文法 G により**導出**
(derive)，あるいは**生成** (generate) されるという．ここで，正規文法により導出される
文形式はその右端に高々1個の非終端記号をもち，いったん $A \to a \quad (A \in N, a \in \varSigma)$
なる形式の生成規則が適用されて文が生成されると，それより先の導出は不可能と

なり，終了する．

　文法 G が生成する文の全体を $L(G)$ で表し，G の**生成する言語** (language generated (by G)) という．すなわち，次式で表される．

$$L(G) = \left\{ w \in \Sigma^* \;\middle|\; S \underset{G}{\overset{*}{\Longrightarrow}} w \right\}.$$

例 3.1 の正規文法 G_1 を再考すると，

$$S_1 \underset{G_1}{\Longrightarrow} \varepsilon$$

あるいは，

$$S_1 \underset{G_1}{\Longrightarrow} 0A \underset{G_1}{\Longrightarrow} 01A \underset{G_1}{\Longrightarrow} 011A \underset{G_1}{\Longrightarrow} \cdots \underset{G_1}{\Longrightarrow} 01^n A \underset{G_1}{\Longrightarrow} 01^{n+1} \quad (n \geqq 0)$$

である．文法 G_1 の導出はこのような形式のものだけであるから，G_1 により生成される言語は

$$L(G_1) = \{\varepsilon\} \cup \{01^i \mid i \geqq 1\}$$

のように表される．

　以下で示されるように，任意の正規文法 G が生成する言語 $L(G)$ に対しては，

$$L(G) = L(M)$$

であるような有限オートマトン M が存在し（3.2.1 項），逆に任意の有限オートマトン M が受理する言語 $L(M)$ に対しては，

$$L(M) = L(G)$$

であるような正規文法 G が存在する（3.2.2 項）．したがって，言語の定義能力に関しては正規文法と有限オートマトンとは同じであり，正規文法の生成する言語も**正規言語**とよぶ．なお一般に，任意の形式文法 G_1，G_2 について，それらの生成する言語 $L(G_1)$，$L(G_2)$ が等しいとき，両者は（弱）**等価** (equivalent) であるという．また，文法 G が生成する言語 $L(G)$ とオートマトン M が受理する言語 $L(M)$ とが等しいときにも，G と M とは等価であるという．

■3.2.1　正規文法から有限オートマトンへの変換

　任意の正規文法に対し，それと等価な有限オートマトンが存在する．このような有限オートマトンとしては，与えられる文法

$$G = (N, \Sigma, P, S)$$

に対して,(ε-動作をもつ) 非決定性有限オートマトン

$$M = (Q, \Sigma, \delta, q_0, F)$$

を,以下のようにして構成すればよい.

1. 状態の有限集合 $Q = N \cup \{q_f\}$ (ただし,$q_f \notin N$),
2. 初期状態 $q_0 = S$,
3. 最終状態の有限集合 $F = \{q_f\}$,
4. 状態推移関数 δ: まず,生成規則の有限集合 P に対し,次のように修正した規則集合 P' を定める.

$$P' = \{A \to aB \mid A \to aB \in P;\ A, B \in N, a \in \Sigma\}$$
$$\cup \{A \to aq_f \mid A \to a \in P;\ A \in N, a \in \Sigma \cup \{\varepsilon\}\}.$$

そこで,$A\ (\in Q)$ と $a\ (\in \Sigma \cup \{\varepsilon\})$ の各組み合わせに対して,$\delta(A, a)$ は次のように定める.

$$\delta(A, a) = \{B' \in Q \mid A \to aB' \in P';\ B' \in N \cup \{q_f\}\}.$$

このような (ε-動作をもつ) 非決定性有限オートマトン M は,$L(M) = L(G)$ を満足する.

▶**例 3.2** 例 3.1 の正規文法 G_1 (92 ページ) に対し,等価な ε-動作をもつ非決定性有限オートマトン M_1 は,図 3.4 のようになる.

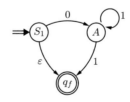

図 3.4 正規文法 G_1 と等価な (ε-動作をもつ) 非決定性有限オートマトン M_1

■3.2.2 有限オートマトンから正規文法への変換

任意に与えられる有限オートマトンに対し,それと等価な正規文法が存在する.ここで,対象とする有限オートマトンは,決定性有限オートマトン

$$M = (Q, \Sigma, \delta, q_0, F)$$

で，$Q \cap \Sigma = \emptyset$ であるものとしても一般性を失わない（もし $Q \cap \Sigma \neq \emptyset$ であったら，Q の要素の名前の付けかえを行えばよい）．これに対して等価な正規文法

$$G = (N, \Sigma, P, S)$$

は，次のように構成すればよい.

1. 非終端記号の集合 $N = Q$,

2. 開始記号 $S = q_0$,

3. 生成規則の集合 P: $\delta(A, a) = B$ なる規則ごとに生成規則 $A \to aB$ を作り，ここでとくに $B \in F$ である場合には生成規則 $A \to a$ も作る.

    このようにして得られる生成規則の集合を P_0 とする. すなわち,

$$P_0 = \bigl\{ A \to aB \mid \delta(A, a) = B \bigr\}$$
$$\cup \bigl\{ A \to a \mid \delta(A, a) = B, \ \text{かつ} \ B \in F \bigr\}$$

である. そこで,

$$P = \begin{cases} P_0 & (q_0 \notin F \ \text{のとき}), \\ P_0 \cup \{S \to \varepsilon\} & (q_0 \in F \ \text{のとき}) \end{cases}$$

として P は定められる.

このような正規文法 G は，$L(G) = L(M)$ を満足する.

▶**例 3.3** 図 3.5 の決定性有限オートマトン $M_2 = (\{q_0, q_f\}, \{0, 1\}, \delta_2, q_0, \{q_f\})$ に対し，それと等価な正規文法 G_2 は次のようになる.

$$G_2 = (\{q_0, \ q_f\}, \ \{0, 1\}, \ P_2, \ q_0),$$
$$P_2 = \{q_0 \to 0q_0, \ q_0 \to 1q_f, \ q_0 \to 1, \ q_f \to 0q_f, \ q_f \to 0, \ q_f \to 1q_0\}.$$

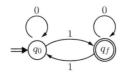

図 3.5 有限オートマトン M_2

以上をまとめると，正規文法と有限オートマトンとの対応関係は次の図 3.6 のようになる．

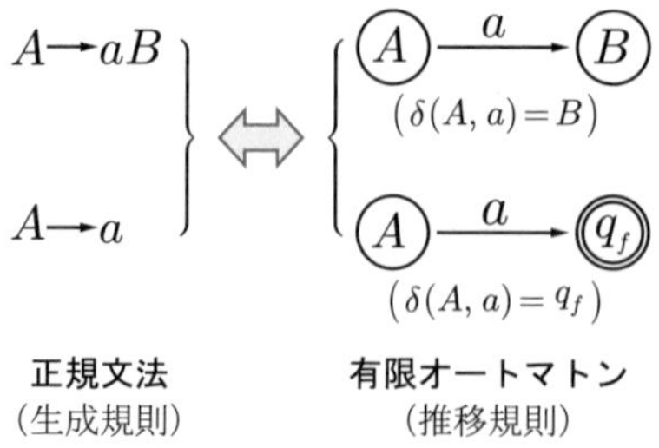

$$A \rightarrow aB$$

$$A \rightarrow a$$

（$\delta(A, a) = B$）

（$\delta(A, a) = q_f$）

正規文法 **有限オートマトン**
（生成規則） （推移規則）

図 3.6 正規文法と有限オートマトンとの対応関係

■ 3.2.3 右（左）線形文法

N を非終端記号の有限集合，Σ を終端記号の有限集合，P を生成規則の有限集合，S を開始記号とする形式文法

$$G = (N, \Sigma, P, S)$$

について考える．P に属する生成規則が次の形式となっているとき，G は**右線形文法** (right-linear grammar) とよばれる．

$$A \rightarrow uB, \quad \text{あるいは} \quad A \rightarrow u \quad (A, B \in N; u \in \Sigma^*).$$

右線形文法に対しても，正規文法の場合と同じようにして導出，文形式，文，言語が定義される．また，右線形文法により生成される文形式も，その中の非終端記号は右端に高々 1 個あるだけである．一般に，正規文法は右線形文法の特殊な場合であるが，逆に右線形文法はそれと等価な正規文法へと変換することができる．したがって，右線形文法の生成する言語はやはり正規言語である．

▶**例 3.4** 右線形文法 $G_3 = (\{S_3, A\}, \{0, 1\}, \{S_3 \rightarrow 0A, A \rightarrow 11A, A \rightarrow 00\}, S_3)$ は，新しい非終端記号 B，C を導入して，それと等価な正規文法

$$G_3' = (\{S_3, A, B, C\}, \{0, 1\}, \{S_3 \rightarrow 0A, A \rightarrow 1B, B \rightarrow 1A, A \rightarrow 0C,$$
$$C \rightarrow 0\}, S_3)$$

に変換できる．

なお，右線形文法の場合と左右対称的に，文法 G の生成規則が次の形式となっているとき，G は**左線形文法** (left-linear grammar) とよばれる.

$$A \to Bu, \text{ あるいは } A \to u \quad (A, B \in N;\ u \in \Sigma^*).$$

左線形文法に対しても，それと等価な正規文法が存在する.

▶ 例 **3.5** 左線形文法 $G_4 = (\{A\}, \{0,1\}, \{A \to A1, A \to 0\}, A)$ に対しては，正規文法

$$G_4' = (\{A, Z\}, \{0,1\}, \{A \to 0Z, Z \to 1Z, Z \to 1, A \to 0\}, A)$$

が存在し，$L(G_4) = L(G_4') = \{0\}\{1\}^*$ である.

演習問題

3.1　3.1 節で与えた文法 G_p において，算術式 $(\mathrm{id} * \mathrm{id}) + (\mathrm{id}/\mathrm{id})$ が〈式〉から生成されることを（図 3.2 のような表現の）構文木を用いて示せ.

3.2　終端記号の集合 $\Sigma = \{e, g, h, i, n, o, r, s, u, v, y\}$ を考える. Σ 上の言語

$$L = \{sheis(very)^n young \mid n \geqq 0\}$$

を生成する，すなわち，$L = L(G_r)$ となる右線形文法 $G_r = (N_r, \Sigma, P_r, S_r)$ で非終端記号の個数が最小のものを求めよ.

3.3　演習問題 3.2 で考察した L を生成する右線形文法 G_r に関して，G_r と等価な正規文法 $G = (N, \Sigma, P, S)$ で非終端記号の個数が最小のものを求めよ.

3.4　演習問題 3.2 で考察した L に関して，言語 L^* を受理する，すなわち，$L(M) = L^*$ となる最簡形の決定性有限オートマトン $M = (Q, \Sigma, \delta, p_0, F)$ を構成せよ（ただし，決定性有限オートマトンは，2.3 節（46 ページ）で述べられた，"広い意味での"定義によるものとする）.

文脈自由文法とプッシュダウンオートマトン

▶本章では，正規文法を一般化した"文脈自由文法"と，有限オートマトンを拡張した"プッシュダウンオートマトン"を扱う．ここでは，正規文法を一般化した単純決定性文法，および決定性有限オートマトンの単純な拡張とみなすことのできる単純決定性プッシュダウンオートマトンを基礎として出発し，より複雑な決定性，非決定性の文法およびプッシュダウンオートマトンのクラスへと一歩ずつ段階的に理解を進める．また，文脈自由言語の基本性質についても学ぶ．

4.1 文脈自由文法

文脈自由文法 (context-free grammar: **CFG**) は，非終端記号の有限集合 N，終端記号の有限集合 Σ，生成規則の有限集合 P，および開始記号 S を指定することにより規定される形式文法

$$G = (N, \Sigma, P, S)$$

のうち，とくに，生成規則 ($\in P$) が次の形式となっているものである[1]．

$$A \to \alpha \qquad (A \in N,\ \alpha \in (\Sigma \cup N)^*).$$

すなわち，生成規則の左辺が非終端記号1個であることは正規文法や右線形文法の場合と変わらないが，生成規則の右辺は終端記号と非終端記号から成る有限長の記号列というだけで，とくにその中の非終端記号の個数や位置に制限はない．文脈自由文法は，**2型文法** (type 2 grammar) ともよばれる．定義より，正規文法や右線形文法は，文脈自由文法に制限が課せられたものである．

---

1) 慣例として，N の要素を1文字で表すときには，$A, B, C, \ldots$ など，英語アルファベット大文字を用いることが多い．また，Σ の要素は，$a, b, c, \ldots$ など，英語アルファベット小文字の初めのほうの部分，あるいは $0, 1, \ldots$ などの数字や $+, *, \ldots$ などの特殊記号で，Σ^* の要素は，$u, v, w, \ldots$ など英語アルファベット小文字の終わりのほうの部分で，$(\Sigma \cup N)^*$ の要素は α (alpha)，β (beta)，γ (gamma)，$\ldots$ などギリシャ小文字で，と使い分けることが多い．これは，形式文法全般において同様である．

さて，$\Sigma \cup N$ 上の記号列 $\beta A \gamma$（ただし，$\beta, \gamma \in (\Sigma \cup N)^*; A \in N$）に対し，文脈自由文法 G が $A \to \alpha$ なる生成規則をもつときには，A に対する文脈である β，γ が何であるかにかかわらず，この生成規則により $\beta A \gamma$ は $\beta \alpha \gamma$ を**直接に導出**（directly derive）するといい，

$$\beta A \gamma \underset{G}{\Longrightarrow} \beta \alpha \gamma$$

と表す．ここで，生成規則 $A \to \alpha$ の適用がこのような文脈 β，γ に依存しないことが，文脈自由文法の名前のゆえんである．さらに，

$$\alpha_1 \underset{G}{\Longrightarrow} \alpha_2,\ \alpha_2 \underset{G}{\Longrightarrow} \alpha_3, \ldots, \alpha_n \underset{G}{\Longrightarrow} \alpha_{n+1}$$
$$\left(\begin{array}{l} \text{ただし，} \alpha_1, \alpha_2, \ldots, \alpha_n \in (\Sigma \cup N)^* N (\Sigma \cup N)^*; \\ \alpha_{n+1} \in (\Sigma \cup N)^*: n \geqq 1 \end{array} \right)$$

という直接の導出の繰り返しが可能であるとき，α_1 は α_{n+1} を**導出**（derive）するといい，

$$\alpha_1 \underset{G}{\overset{*}{\Longrightarrow}} \alpha_{n+1}$$

と表す．ここで，任意の $\alpha \in (\Sigma \cup N)^*$ に対して，

$$\alpha \underset{G}{\overset{*}{\Longrightarrow}} \alpha$$

とする．とくに，開始記号 S からの導出を考え，

$$S \underset{G}{\overset{*}{\Longrightarrow}} \omega \qquad (\omega \in (\Sigma \cup N)^*)$$

であるとしたとき，$\Sigma \cup N$ 上の記号列 ω（omega）は文法 G が導出する**文形式**（sentential form）であるという．正規文法の場合と異なり，文脈自由文法が導出する文形式は一般に複数個の非終端記号を含み，そのうちのどの非終端記号に対して生成規則の適用を行ってもよい．そこでとくに，前記の

$$\alpha_1 \underset{G}{\overset{*}{\Longrightarrow}} \alpha_{n+1}$$

なる導出における各段階の

$$\alpha_i \underset{G}{\Longrightarrow} \alpha_{i+1} \qquad (i = 1, 2, \ldots, n)$$

が，α_i 中で最も左側の非終端記号に対する生成規則の適用により実現されているものであるときには，この導出

$$\alpha_1 \underset{G}{\overset{*}{\Longrightarrow}} \alpha_{n+1}$$

は**最左導出** (leftmost derivation) であるという. 逆に, 導出

$$\alpha_1 \underset{G}{\overset{*}{\Longrightarrow}} \alpha_{n+1}$$

の各段階の α_i に対する生成規則の適用が, α_i の中で最も右側の非終端記号に対して
なされているときには, この導出は**最右導出** (rightmost derivation) であるという.

次に,

$$S \underset{G}{\overset{*}{\Longrightarrow}} w \qquad (w \in \Sigma^*)$$

であるとき, すなわち w が終端記号のみから成る文形式であるとき, w は文法 G が
導出, あるいは生成する**文** (sentence) であるという. また, 文法 G の生成する文
の全体を $L(G)$ で表し, G の生成する言語という. すなわち,

$$L(G) = \left\{ w \in \Sigma^* \ \middle|\ S \underset{G}{\overset{*}{\Longrightarrow}} w \right\}$$

となる. 文脈自由文法の生成する言語は**文脈自由言語** (context-free language: **CFL**)
とよぶ. また, 任意の記号列 $\alpha \ (\in (\Sigma \cup N)^*)$ に対しても,

$$L(\alpha) = \left\{ w \in \Sigma^* \ \middle|\ \alpha \underset{G}{\overset{*}{\Longrightarrow}} w \right\}$$

とおく.

▶**例 4.1** 文脈自由文法 $G_1 = (\{S\}, \{0,1\}, \{S \to 01, S \to 0S1\}, S)$ を考察しよ
う. G_1 によって以下のような導出が可能である (図 4.1 を参照).

$$S \underset{G_1}{\Longrightarrow} 01$$
$$S \underset{G_1}{\Longrightarrow} 0S1 \underset{G_1}{\Longrightarrow} 00S11 \underset{G_1}{\Longrightarrow} 000S111 \underset{G_1}{\Longrightarrow} \cdots$$
$$\underset{G_1}{\Longrightarrow} 0^n S 1^n \underset{G_1}{\Longrightarrow} 0^n 011^n \qquad (n \geqq 1).$$

したがって, 一般に,

$$S \underset{G_1}{\overset{*}{\Longrightarrow}} 0^i 1^i \qquad (i \geqq 1)$$

である. ここで, 生成規則 $S \to 0S1$ の適用回数には何ら制限を設けていない. し
たがって, 任意に大きい i に対しても,

$$S \underset{G_1}{\overset{*}{\Longrightarrow}} 0^i 1^i$$

とできる．また，G_1 における導出は上記の形式のものに限られる．ゆえに，$L(G_1) = \{0^i 1^i \mid i \geqq 1\}$ である．なお，この言語を正規文法によって生成することは不可能である（2.7 節 非正規言語 を参照）．これにより，生成規則の右辺中の非終端記号の"位置"の重要さが認識できよう（4.7 節 自己埋め込み を参照）．

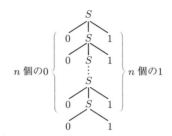

図 4.1　$0^{n+1} 1^{n+1}$ に対する導出木

4.2　導出木

一般に，文脈自由文法による導出を直観的に見やすく表現する手法として，図 4.1 のような**導出木** (derivation tree) とよばれる図式が用いられる．

ここで，上記文法 G_1 よりも一般的な形式の，次の文脈自由文法 G_2 による導出を考えてみよう（なお，G_2 は算術式を定義する文法である）．

$$G_2 = (N_2, \Sigma_2, P_2, E),$$

ここで，

$$N_2 = \{E, T, F\}, \ \Sigma_2 = \{a, +, *, (,)\},$$

$$P_2 = \{E \to E + T, E \to T, T \to T * F, T \to F, F \to (E), F \to a\}$$

である．終端記号列 $(a + a) * a$ は，次のような最左導出により導出される．

$$E \underset{G_2}{\Longrightarrow} T \underset{G_2}{\Longrightarrow} T * F \underset{G_2}{\Longrightarrow} F * F \underset{G_2}{\Longrightarrow} (E) * F \underset{G_2}{\Longrightarrow} (E + T) * F$$

$$\underset{G_2}{\Longrightarrow} (T + T) * F \underset{G_2}{\Longrightarrow} (F + T) * F \underset{G_2}{\Longrightarrow} (a + T) * F \underset{G_2}{\Longrightarrow} (a + F) * F$$

$$\underset{G_2}{\Longrightarrow} (a + a) * F \underset{G_2}{\Longrightarrow} (a + a) * a \, .$$

これはまた，次のような最右導出によっても導出される．

$$E \underset{G_2}{\Longrightarrow} T \underset{G_2}{\Longrightarrow} T*F \underset{G_2}{\Longrightarrow} T*a \underset{G_2}{\Longrightarrow} F*a \underset{G_2}{\Longrightarrow} (E)*a \underset{G_2}{\Longrightarrow} (E+T)*a$$
$$\underset{G_2}{\Longrightarrow} (E+F)*a \underset{G_2}{\Longrightarrow} (E+a)*a \underset{G_2}{\Longrightarrow} (T+a)*a$$
$$\underset{G_2}{\Longrightarrow} (F+a)*a \underset{G_2}{\Longrightarrow} (a+a)*a .$$

この他にも，生成規則の適用順序の違いにより，いく通りかの導出が存在する．

ところで，$(a+a)*a$ の最左導出，あるいはその他の導出に対しても共通に，それらを図 4.2 のような図式で 2 次元的に表すことができる（ただし，番号 ⓪, ①, ... , ⑰ は最左導出による出現順序に対応）．これによると文 $(a+a)*a$ の導出過程およびその構造，すなわち**構文** (syntactic structure) が非常に把握しやすくなる．このような図式を，導出木あるいは**構文木** (parse tree) とよぶ．

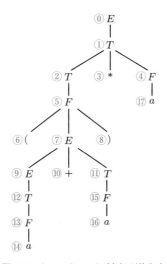

図 4.2 $(a+a)*a$ に対する導出木

導出に対応した導出木は，次のようにして得られる．ここで，先の文法 G_2 による $(a+a)*a$ の最左導出に対応して説明する．

(1) 開始記号 E をラベルとする節点を導出木の根とする（図 4.2, ⓪）．

(2) E からの直接の導出

$$E \underset{G_2}{\Longrightarrow} T$$

に対応し，根から枝を伸ばしてその先の節点にラベル T を付ける（図 4.2, ①）．

(3) 続く直接の導出

$$T \underset{G_2}{\Longrightarrow} T * F$$

に対応しては，節点①の下に 3 本の枝を伸ばし，その先の節点に左から順に
ラベル T, $*$, F を付ける（図 4.2，②，③，④）.

(4) 次の直接の導出

$$T * F \underset{G_2}{\Longrightarrow} F * F$$

は，先の左端の T に生成規則 $T \to F$ が適用されたものであり，これに対応し
て，節点②から枝を伸ばしてその先の節点にラベル F を付ける（図 4.2，⑤）.

(5) その次の直接の導出に対応して，節点⑤の子として節点⑥，⑦，⑧が付加さ
れる.

以下同様の操作を続けていくことにより，最終的に図 4.2 の導出木が得られる.
最右導出など他の導出の仕方に対しても，導出木の途中の成長順序が異なるだけで，
最終的には同じ導出木が得られる.

一般に，導出木の内部節点には非終端記号のラベルが付けられている．対象の文
法の $A \to B_1 B_2 \cdots B_n$ が適用されることと，導出木におけるラベル A の内部節
点が，左から順に $B_1, B_2, \ldots, B_n$ なるラベルの付けられた n 個の子節点をもつこ
とは，1 対 1 に対応している（図 4.3 を参照）.

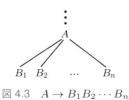

図 4.3　$A \to B_1 B_2 \cdots B_n$

終端記号あるいは空記号列 ε のラベルの付けられた節点は，葉としてのみ現れる.
導出木の生成の任意の段階において，その葉に付けられたラベルを左から右へ順に
すべて並べて得られる記号列は，文形式を成す．以上のようにして，任意の文脈自
由文法 $G = (N, \Sigma, P, S)$ のもとで導出

$$S \underset{G}{\overset{*}{\Longrightarrow}} w \quad (w \in \Sigma^*)$$

が可能であるならば，葉のラベルを左から右へ順に並べたものが w となるような導

出木が存在する. また逆に, そのような導出木に対しては, 前記のような導出が可能である.

　ある定まった文脈自由文法 $G = (N, \Sigma, P, S)$ のもとにおいて, ある終端記号列 $w \in \Sigma^*$ が与えられたとき, 導出

$$S \underset{G}{\overset{*}{\Rightarrow}} w$$

が可能である場合には, 具体的にその導出あるいはそれに対応した導出木を求め, そうでない場合には $w \notin L(G)$ であることを明らかにすることを, **構文解析** (parsing, あるいは syntax analysis) という. そのための方法としては, 導出 (木) を開始記号 S から終端記号列 w へ向かって求めていく**下降型解析** (top-down parsing) と, 逆に w に対して導出と逆の操作を逐次適用していって S へ到達し得るかどうかを調べる**上昇型解析** (bottom-up parsing) とがある. いずれにしても, まったく一般の文脈自由文法を対象とした場合には, 解析途中で試行錯誤が必要となってくる (4.11 節 所属問題と構文解析 を参照).

4.3　あいまい性

　文脈自由文法 $G_3 = (\{E\}, \{a, +, *, (,)\}, P_3, E)$, ここで,

$$P_3 = \{E \rightarrow E + E, \ E \rightarrow E * E, \ E \rightarrow (E), \ E \rightarrow a\}$$

において, 終端記号列 $a + a * a$ の導出を考えてみよう. すると, 次のような二つの最左導出 (a), (b) が可能であり, これらに対する導出木はおのおの図 4.4 の (a), (b) となる (図のキャプション (a), (b) における式に現れている "{" および "}" は部分導出木を表すための補助的な記号である. 1.2.2 項 木 の最終段落の説明 (11 ページ) を参照).

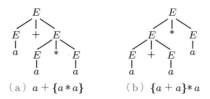

（a）$a + \{a * a\}$　　　（b）$\{a + a\} * a$

図 4.4　$a + a * a$ に対する導出木

（a）$E \underset{G_3}{\Longrightarrow} E+E \underset{G_3}{\Longrightarrow} a+E \underset{G_3}{\Longrightarrow} a+E*E \underset{G_3}{\Longrightarrow} a+a*E \underset{G_3}{\Longrightarrow} a+a*a$,

（b）$E \underset{G_3}{\Longrightarrow} E*E \underset{G_3}{\Longrightarrow} E+E*E \underset{G_3}{\Longrightarrow} a+E*E \underset{G_3}{\Longrightarrow} a+a*E \underset{G_3}{\Longrightarrow} a+a*a$.

このことは，単に終端記号列を見ただけでは，その構文，すなわち解釈の仕方が一意に定まらないことを意味する．この例の文法 G_3 のように，ある同じ終端記号列に対して異なった最左導出（あるいは構文木）が可能であるような文法は**あいまい**(ambiguous) であるという．また，いかなる $w \in L(G)$ に対してもその最左導出（あるいは構文木）が一意的に定まるような文法 G は**あいまいでない** (unambiguous) という（4.2節 導出木 における文脈自由文法 G_2 はあいまいでない）．ただし，任意に与えられた文脈自由文法に対して，それがあいまいであるかどうかを判定する一般的なアルゴリズムは存在しない[Ca62], [Fl62]．

次に，ある文脈自由言語 L に対し，それを生成するいかなる文脈自由文法もあいまいなものに限られるとき，言語 L は**本質的にあいまい** (inherently ambiguous) であるという．たとえば，

$$L = \{a^i b^i c^j \mid i \geqq 1, \ j \geqq 1\} \cup \{a^i b^j c^j \mid i \geqq 1, \ j \geqq 1\}$$

は文脈自由言語ではあるが，あいまいでない文法によっては決して生成することができないことが証明されている．したがって，L は本質的にあいまいな言語である．なお，任意に与えられた文脈自由言語に対して，それが本質的にあいまいであるかどうかを判定する一般的なアルゴリズムは存在しない[GU66]．

4.4 文脈自由文法の簡単化

与えられた文脈自由文法が冗長な記号や生成規則をもつ場合には，それらを検出し，除去して簡単化することが望まれる．本節では，そのような冗長性の定義，および除去方法について述べる．

■ 4.4.1 無効記号

まず，文脈自由文法 $G = (N, \Sigma, P, S)$ の非終端記号 $X \ (\in (N - \{S\}))$ に関し，もしいかなる $w, x, y \ (\in \Sigma^*)$ に対しても，

$$S \underset{G}{\overset{*}{\Longrightarrow}} wXy \underset{G}{\overset{*}{\Longrightarrow}} wxy$$

なる導出が存在しない場合，X は $L(G)$ の要素の生成には寄与することがない．したがって，このような X は**無効記号** (useless symbol) とよばれる．文脈自由文法における無効記号は，最初に次の (a) の操作，続いて (b) の操作を適用することにより検出除去が可能であり，それにより，等価でより簡単な文法が得られる．

以下具体的に，文脈自由文法

$$G = (\{S, A, B, C, D\}, \{a, b, c, d\}, P, S),$$

$$(\text{ここで，} P = \{S \rightarrow aAB, A \rightarrow aBB, B \rightarrow ab, B \rightarrow cCD, D \rightarrow d\})$$

を対象として説明する．

(a)　生記号の抽出

導出 $X \stackrel{*}{\underset{G}{\Rightarrow}} x$ なる $x \,(\in \Sigma^*)$ が存在する，すなわち $L(X) \neq \emptyset$ である非終端記号 X は**生記号** (live symbol) であるという．また，$L(X) = \emptyset$ である非終端記号 X は**死記号** (dead symbol) であるという．生記号を逐次的に求めつくした後に残される非終端記号は死記号であり，開始記号以外の死記号はすべて無効記号である．

具体例の文法 G の場合，まず右辺が終端記号列 $(\in \Sigma^*)$ である生成規則 $B \rightarrow ab$, $D \rightarrow d$ $(ab, d \in \Sigma^*)$ より，自明な生記号の集合 $N_1 = \{B, D\}$ が求まる．次に，B が生記号であることと生成規則 $A \rightarrow aBB$ $(aBB \in (\Sigma \cup N_1)^*)$ より，A も生記号であることがわかり，新たな生記号の集合 $N_2 = N_1 \cup \{A\}$ が求まる．さらに，生成規則 $S \rightarrow aAB$ に対して $aAB \in (\Sigma \cup N_2)^*$ であることから，S も生記号であり，生記号の集合を $N_3 = N_2 \cup \{S\} = \{S, A, B, D\}$ とする．ここで，右辺を $(\Sigma \cup N_3)^*$ の要素とするような新たな生成規則はもはや存在しないので，N_3 以外の生記号は存在しない．したがって，残された非終端記号 C は死記号である．文法 G から C およびこれを含む生成規則 $B \rightarrow cCD$ を除き，さらにこの生成規則中にしか含まれていなかった終端記号 c を除くと，G と等価な文法

$$G' = (\{S, A, B, D\}, \{a, b, d\}, P', S),$$

$$(\text{ここで，} P' = P - \{B \rightarrow cCD\})$$

が得られる．

(b) 到達可能記号の抽出

適当な $\alpha, \beta \in (\Sigma \cup N)^*$ に対して,

$$S \underset{G}{\overset{*}{\Rightarrow}} \alpha X \beta$$

であるような記号 X $(\in (N \cup \Sigma))$ は(開始記号から)**到達可能** (reachable) であるという.なお,文法 G における非終端記号が生記号だけとなっている場合には,

$$\alpha X \beta \underset{G}{\overset{*}{\Rightarrow}} wxy$$

なる wxy $(\in \Sigma^*)$ が存在する.到達可能記号を逐次的に求めつくした後に残される記号は(開始記号から)到達不可能な記号であり,無効記号である.

（a）の操作の結果得られた文法 G' に対しては,まず開始記号 S のみから成る集合 $V_1 = \{S\}$ を,自明な到達可能記号の集合とする.次に,生成規則 $S \to aAB$ より,新たな到達可能記号集合を $V_2 = V_1 \cup \{a, A, B\}$ とする.さらに,生成規則 $A \to aBB$, $B \to ab$ より,$V_3 = V_2 \cup \{b\} = \{a, b, S, A, B\}$ とする.ここで,V_3 の要素を左辺とするような新たな生成規則はもはや存在しないので,V_3 の他に到達可能記号は存在しない.したがって,残された記号 D および d は到達不可能な記号である.文法 G' から D, d およびこれらを含む生成規則を除くと,G' と等価で無効記号を含まない文法

$$G'' = (\{S, A, B\}, \{a, b\}, P'', S),$$

$$(\text{ここで},\ P'' = \{S \to aAB, A \to aBB, B \to ab\})$$

が得られる.以上より,最初の具体例の文法 G においては,C と D が無効記号である.ここで,上記文法 G に対し,（b）,（a）の順序で操作を施すと,最後に無効記号 D が残ってしまうことに注意.

なお,（a）の操作の結果,開始記号 S が生記号であるならば $L(G) \neq \emptyset$ であり,そうでなければ $L(G) = \emptyset$ である.したがって,一般に文脈自由文法に対しては,それが生成する言語が空であるか否かを決定することが可能である.このことを,文脈自由文法に対する**空集合問題** (emptiness problem) は可解であるという（6.3 節言語に関する主な決定問題 中の表 6.1 を参照）.

■ 4.4.2 ε-生成規則

文脈自由文法において，$A \to \varepsilon$ なる形式の生成規則は **ε-生成規則** (ε-production, ε-rule) とよばれる．ε-生成規則は，もし $\varepsilon \notin L(G)$ であるならば，$L(G)$ の生成に対して必ずしも本質的ではなく，すべて除去することができるものである．一般に，文法 $G = (N, \Sigma, P, S)$ が次の条件のいずれかを満足している場合，G は **ε-なし** (ε-free) であるといわれる．

1. P は ε-生成規則を含まない（$\varepsilon \notin L(G)$ の場合），
   あるいは，

2. P が含む唯一の ε-生成規則は $S \to \varepsilon$ であり（$\varepsilon \in L(G)$ の場合），このとき開始記号 S はいかなる生成規則においてもその右辺に現れない．

任意の文脈自由文法 $G = (N, \Sigma, P, S)$ に対しては，以下のようにして，それと等価な ε-なし文脈自由文法 $G' = (N', \Sigma, P', S')$ を求めることができる．

具体例として，文脈自由文法

$$G = (\{S, A, B, C\}, \{a, b, c\}, P, S),$$
$$\left(\begin{array}{l} \text{ここで，} P = \{S \to aAC, S \to BC, A \to AA, A \to B, B \to b, \\ \qquad\qquad B \to C, C \to \varepsilon\} \end{array} \right)$$

を考える．

(a) 空白化記号の検出

導出 $A \overset{*}{\underset{G}{\Rightarrow}} \varepsilon$ が可能であるような非終端記号 A を **空白化記号** (nullable symbol) とよぶ．まず，空白化記号をすべて検出し，その全体の集合を N_ε とする．

この例の文法 G の場合，生成規則 $C \to \varepsilon$ より，$N_1 = \{C\}$ は自明な空白化記号の集合である．次に，生成規則 $B \to C$ ($C \in N_1^*$) より，新たな空白化記号の集合 $N_2 = N_1 \cup \{B\}$ が求まる．さらに，生成規則 $S \to BC$, $A \to B$ ($B, C \in N_2$) より，空白化記号の集合 $N_3 = N_2 \cup \{S, A\} = \{S, A, B, C\}$ が求まる．もうこれ以上の空白化記号は存在せず，$N_\varepsilon = N_3$ である．

(b) ε-生成規則の除去

新しい生成規則の集合 P' は，下記のようにして得られるもののみの全体とする．

（1）P 中の生成規則で, 右辺に空白化記号 ($\in N_\varepsilon$) を含まない,

$$A \to \alpha \qquad \left(\alpha \in (\varSigma \cup (N - N_\varepsilon))^+\right)$$

なる形式のものは, そのままただちに P' の要素とする.

（2）P 中の各生成規則

$$A \to \alpha_0 B_1 \alpha_1 B_2 \alpha_2 \cdots B_n \alpha_n$$

$$(\text{ここで, } n \geqq 1, \ B_i \in N_\varepsilon, \ \alpha_i \in (\varSigma \cup (N - N_\varepsilon))^*)$$

に対し, 次のような形式で $X_i = B_i$ あるいは $X_i = \varepsilon \ (i = 1, 2, \ldots, n)$ の可能な限りの組み合わせによりできる生成規則すべてを P' の要素とする.

$$A \to \alpha_0 X_1 \alpha_1 X_2 \alpha_2 \cdots X_n \alpha_n \quad (\text{ただし,} \ \alpha_0 X_1 \alpha_1 X_2 \alpha_2 \cdots X_n \alpha_n \neq \varepsilon)$$

（3）$S \in N_\varepsilon$, すなわち $\varepsilon \in L(G)$ である場合には, 次の生成規則も P' の要素とする.

$$S' \to \varepsilon, \ S' \to S \quad (\text{ここで, } S' \notin N, \ N' = N \cup \{S'\})$$

また, $S \notin N_\varepsilon$, すなわち $\varepsilon \notin L(G)$ である場合には, $N' = N, \ S' = S$ とする.

以上のようにして, $S' \to \varepsilon$ 以外の ε-生成規則は除去される.

▶例 **4.2** この項で具体例として考えた文法 G の場合, P' の要素は以下のようになる.

（1）$B \to b$

（2）$S \to a, \ S \to aA, \ S \to aC, \ S \to aAC, \ S \to B, \ S \to C, \ S \to BC,$
$\quad A \to A, \ A \to AA, \ A \to B, \ B \to C$

（3）$S' \to \varepsilon, \ S' \to S$

なお, この結果において C は無効記号（死記号）となるので, 生成規則 $S \to aC,$ $S \to aAC, \ S \to C, \ S \to BC, \ B \to C$ と共に除去可能である.

■ 4.4.3 単位生成規則

文脈自由文法 $G = (N, \Sigma, P, S)$ において，$A \to B$（ただし，$A, B \in N$）なる形式の生成規則は**単位生成規則** (unit production，あるいは single production) とよばれる．この規則は，非終端記号の名前の書き換えを意味しているに過ぎないから，除去するほうが望ましい場合がある．ここで，文法 G を ε-なしとしたとき，次のようにして，G と等価で単位生成規則をもたない文法 $G' = (N, \Sigma, P', S)$ を求めることができる．

（1）まず，各非終端記号 $A\,(\in N)$ に対し，A 自身あるいはそれから単位生成規則の適用だけで導出されるような非終端記号の集合 N_A を求める．このためには，最初 $N_A^{(0)} = \{A\}$ とおき，次に $i = 1$ から逐次，集合

$$N_A^{(i)} = N_A^{(i-1)} \cup \{B \in N \mid A \in N_A^{(i-1)}, \text{ かつ } A \to B \in P\}$$

を求めあげ，$N_A^{(i)} = N_A^{(i-1)}$ となったところで $N_A = N_A^{(i)}$ とすればよい．ここで，G は ε-なしとしているから，

$$N_A = \left\{ B \in N \;\middle|\; A \underset{G}{\overset{*}{\Rightarrow}} B \right\}$$

が成立する．

（2）次に，各非終端記号 $A\,(\in N)$ に対し，$B \in N_A$ かつ $B \to \alpha \in P$，すなわち，

$$A \underset{G}{\overset{*}{\Rightarrow}} B \underset{G}{\Rightarrow} \alpha \qquad (\text{ただし，}B \to \alpha \text{ は単位生成規則でない})$$

であるような α のすべてを求め，$A \to \alpha$ のすべて，かつそのようなもののみを P' の要素とする（とくに，$N_A = \{A\}$ である非終端記号 A を左辺にもつ生成規則 $A \to \alpha\,(\alpha \notin N)$ は，そのまま P' に取り入れられる）．

こうして，等価性を崩すことなく，単位生成規則は除去される．

▶ **例 4.3** 文脈自由文法 $G_2 = (\{E, T, F\}, \{a, +, *, (,)\}, P_2, E)$，ここで，

$$P_2 = \{E \to E + T, E \to T, T \to T * F, T \to F, F \to (E), F \to a\}$$

に対して前記手順を適用すると，以下のようになる．

（1）$N_E = \{E, T, F\}$, $N_T = \{T, F\}$, $N_F = \{F\}$.

（2）$P_2' = \{E \to E + T,\ E \to T * F,\ E \to (E),\ E \to a,\ T \to T * F,$
$\qquad\quad T \to (E),\ T \to a,\ F \to (E),\ F \to a\}$.

さて，文法の簡単化に関するここまでの 4.4 節の結論をまとめると，次のように述べることができる.

任意の文脈自由文法は，それと等価で無効記号，単位生成規則を含まない，ε-なし文脈自由文法に変換することが可能である.

無効記号を含まない文脈自由文法は**既約** (reduced) であるといわれる（場合によっては，既約であるための条件として，さらに単位生成規則を含まないことが加えられることもある）.

4.5 文脈自由文法の標準形

任意に与えられた形式文法 G に関する普遍的な性質を論じて解析したいとき，もしある一定の形式を満たす文法だけに注目すればよいならば，好都合である.

文脈自由文法における生成規則は，言語生成能力を減じることなく，ある標準的な形式に制限し，解析を容易にすることができる．その代表的なものが，チョムスキー標準形，およびグライバッハ標準形である．これら二つの標準形は，文法や言語に関する研究目的に応じて適宜に選択される．ここで，対象とする文脈自由文法は，前節の結果から，一般性を失うことなく単位生成規則を含まない，ε-なし文脈自由文法とする.

■ 4.5.1 チョムスキー標準形
(a) チョムスキー標準形の定義

文脈自由文法 $G = (N, \Sigma, P, S)$ において，どの生成規則も次の (ⅰ)～(ⅲ) の形式のいずれかであるとき，文法 G は**チョムスキー標準形** (Chomsky normal form: **CNF**) であるという[Ch59].

(ⅰ) $A \to BC$ $\quad (A, B, C \in N)$
(ⅱ) $A \to a$ $\quad (a \in \Sigma)$
(ⅲ) $S \to \varepsilon$

ただし，$S \to \varepsilon \in P$ である場合には，(ⅰ) において $B, C \in N - \{S\}$ である.

▶ **例 4.4** 3.1 節における図 3.1（88 ページ）で描かれた導出木を生成する文法 G_e は，チョムスキー標準形の文脈自由文法である.

(b)　チョムスキー標準形への変換法

任意の文脈自由文法 $G = (N, \Sigma, P, S)$ に対し，以下の(1)〜(5)のようにして，それと等価なチョムスキー標準形の文脈自由文法 $G' = (N', \Sigma, P', S)$ を求めることができる．

（1）P 中の生成規則ですでに前記（ i ）〜(iii) の形式になっているものは，そのまま P' の生成規則とする．

（2）P 中の生成規則において，

$$A \to X_1 X_2$$

$$(\text{ここで,}\ X_1 \in \Sigma, X_2 \in \Sigma \cup N;\ \text{あるいは}\ X_1 \in \Sigma \cup N, X_2 \in \Sigma)$$

なる形式のものに対しては，次のような生成規則を作って P' の要素とする．

$$A \to X_1' X_2',$$

ただし，$X_i \in \Sigma$ であるならば，それに対応した新しい非終端記号 $\langle X_i \rangle\ (\in N')$ を採用して $X_i' = \langle X_i \rangle$ とし，$X_i \in N$ であるならば，$X_i' = X_i\ (\in N')$ とする．

（3）P 中の生成規則で，

$$A \to X_1 X_2 \cdots X_n \qquad (n \geqq 3,\ X_i \in \Sigma \cup N)$$

なる形式のものに対しては，次のような一連の生成規則を作って P' の要素とする．

$$A \to X_1' \langle X_2 X_3 \cdots X_n \rangle,$$
$$\langle X_2 X_3 \cdots X_n \rangle \to X_2' \langle X_3 X_4 \cdots X_n \rangle,$$
$$\vdots$$
$$\langle X_{n-2} X_{n-1} X_n \rangle \to X_{n-2}' \langle X_{n-1} X_n \rangle,$$
$$\langle X_{n-1} X_n \rangle \to X_{n-1}' X_n'.$$

ただし，$X_i' \in N'$ の意味は（2）の場合と同じである．また，$\langle X_i X_{i+1} \cdots X_n \rangle$ $(\in N')$ は新しく採用する 1 個の非終端記号を表す．

（4）（2），（3）において，終端記号 $X_i\ (\in \Sigma)$ に対応して新しく採用した非終端記号 $\langle X_i \rangle\ (\in N')$ に対し，次の生成規則を作って P' の要素とする．

$$\langle X_i \rangle \to X_i \qquad (\text{ただし,}\ X_i \in \Sigma)$$

（5） P' は（1）〜（4）によって与えられる生成規則の全体とし，N' は（2），（3）において新しく採用された非終端記号のすべてを N に加えたものとする.

　ここで，対象の G は単位生成規則を含まない，ε-なし文脈自由文法としているので，P 中の生成規則は上記（1）〜（3）の場合のいずれかに入る.

▶**例 4.5** 文脈自由文法 $G = (N, \{a, b\}, P, S)$，ここで，

$$N = \{S, A, B\},$$

$$P = \{S \to aAB, S \to BA, S \to \varepsilon, A \to ABBb, A \to a, B \to bA\}$$

をチョムスキー標準形の文法 $G' = (N', \{a, b\}, P', S)$ に変換する.

　前記（1）〜（4）のステップに対応して与えられる P' の要素を次の（1）〜（4）に，および（5）に N' を示す.

（1）　$S \to BA$, $A \to a$, $S \to \varepsilon$

（2）　$B \to bA \in P$ より，$B \to \langle b \rangle A$

（3）　$S \to aAB \in P$ より，$S \to \langle a \rangle \langle AB \rangle$, $\langle AB \rangle \to AB$,

　　　$A \to ABBb \in P$ より，$A \to A \langle BBb \rangle$, $\langle BBb \rangle \to B \langle Bb \rangle$,

　　　$\langle Bb \rangle \to B \langle b \rangle$

（4）　$\langle b \rangle \to b$, $\langle a \rangle \to a$

（5）　$N' = N \cup \{ \langle b \rangle, \langle a \rangle, \langle AB \rangle, \langle BBb \rangle, \langle Bb \rangle \}$.

■4.5.2　グライバッハ標準形

この標準形の定義に先立って，まず文法の左再帰性について述べる.

（a）　左再帰性

文脈自由文法

$$G = (N, \Sigma, P, S)$$

のある非終端記号 A に対して，

$$A \underset{G}{\Longrightarrow} \alpha \overset{*}{\underset{G}{\Longrightarrow}} A\gamma \qquad (\alpha, \gamma \in (N \cup \Sigma)^*)$$

であるような1ステップ以上の導出が可能であるとき，A は**左再帰的** (left-recursive) であるという. とくに，P が

$$A \to A\alpha' \qquad (\alpha' \in (N \cup \Sigma)^*)$$

なる生成規則を含むときには，A は**直接左再帰的** (directly left-recursive) であるという．文法 G が 1 個でも左再帰的な非終端記号をもつ場合，G は左再帰的であるという．一般に，

$$A \underset{G}{\Rightarrow} \alpha \underset{G}{\overset{*}{\Rightarrow}} \beta A\gamma \qquad (\alpha, \beta, \gamma \in (N \cup \Sigma)^*)$$

であるとき，A は**再帰的** (recursive) であるといい，$\gamma = \varepsilon$ の場合には，A は**右再帰的** (right-recursive) であるという．また，文法に対しても前記と同様のいい方をする．

　このような非終端記号の再帰性は，有限の規則によって無限の終端記号列を生成するためには本質的に重要なものである．しかし，このうちで左再帰性の存在は，構文解析を下降型で行う場合に困難を生じるもととなることがある．ところで，左再帰的文法であっても，その生成する言語を変えることなく左再帰的でない文法に変換することは常に可能であり，以下に続く "グライバッハ標準形への変換法" は，そのことを保証しているものである．

(b)　グライバッハ標準形の定義

　文脈自由文法 $G = (N, \Sigma, P, S)$ において，どの生成規則も次の (i)～(iii) の形式のいずれかであるとき，文法 G は**グライバッハ標準形** (Greibach normal form: **GNF**) であるという[Gr65] [1]．

(i)　$A \to aB_1B_2 \cdots B_m \qquad (a \in \Sigma;\ B_1, B_2, \ldots, B_m \in N)$

(ii)　$A \to a \qquad (a \in \Sigma)$

(iii)　$S \to \varepsilon$

　　ただし，$S \to \varepsilon \in P$ である場合には，(i) において $B_i \in N - \{S\}$ である．
　　この形式より，グライバッハ標準形の文法が左再帰的でないことは明らかである．

(c)　グライバッハ標準形への変換法

　任意の文脈自由文法は，次の（I），（II）に続いて述べる（1）～（3）の操作により，それと等価なグライバッハ標準形の文脈自由文法に変換することができる．

---

1)　"グレイバック標準形" とよばれることもある．

　まず準備として，生成規則の基本的な変換操作（I），（II）について述べる．ここで，非終端記号 A を左辺とする生成規則を"A-規則"とよぶことにする．

（I）　**生成規則の置換**　文脈自由文法 $G = (N, \Sigma, P, S)$ のある生成規則

$$A \to B\gamma \qquad (B \in N, \ \gamma \in (N \cup \Sigma)^*)$$

に着目したとき，B-規則のすべては次の l 個であったとする．

$$B \to \beta_i \qquad \left(\beta_i \in (N \cup \Sigma)^*, \quad i = 1, 2, \ldots, l\right).$$

ここで，もし生成規則 $A \to B\gamma$ が除去したいものである場合には，それを，次の l 個の新しい生成規則で置き換えればよい．

$$A \to \beta_i \gamma \qquad (i = 1, 2, \ldots, l).$$

こうして得られる文法を G' としたとき，明らかに $L(G) = L(G')$ である．

（II）　**直接左再帰性の除去**　文脈自由文法 $G = (N, \Sigma, P, S)$ における A-規則 $(A \in N)$ は，右辺が同じく A で始まるものが次の r 個，それ以外のものがその次の s 個であるとする．

$$A \to \quad A\alpha_i \quad \left(\alpha_i \in (\Sigma \cup N)^*, \ i = 1, 2, \ldots, r\right)$$
$$A \to \quad \beta_j \quad \left(\beta_j \in (\Sigma \cup N)^* - A(\Sigma \cup N)^*, \ j = 1, 2, \ldots, s\right)$$

　非終端記号 A におけるこのような直接左再帰性を除去するためには，前半の r 個の A-規則のすべてを，次の $s + 2r$ 個の新しい生成規則で置き換えればよい．

$$A \to \beta_j Z \qquad (j = 1, 2, \ldots, s)$$
$$\left.\begin{array}{l} Z \to \alpha_i \\ Z \to \alpha_i Z \end{array}\right\} \quad (i = 1, 2, \ldots, r)$$

ただし，$Z \ (\notin N)$ は新しく導入する非終端記号である．ここで，β_j の先頭記号は A ではないものとしているので，置換後の A-規則においては，A は直接左再帰的ではなくなっている（その代わりに新しい右再帰的非終端記号 Z が導入されて，再帰性は保たれている）．

　こうして得られる文法を G' としたとき，G と G' が等価であることは，以下のようにして理解できる．まず，もとの文法 G において，A から出発して A-規則のみを用いて導出を行うと，正規集合 $\{\beta_1, \beta_2, \ldots, \beta_s\}\{\alpha_1, \alpha_2, \ldots, \alpha_r\}^*$ に属する記号

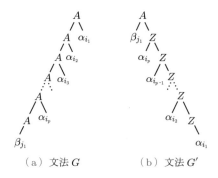

（a）文法 G　　　　（b）文法 G'

図 4.5　$\beta_{j_1}\alpha_{i_p}\alpha_{i_{p-1}}\cdots\alpha_{i_2}\alpha_{i_1}$ に対する導出木

列 $w = \beta_{j_1}\alpha_{i_p}\alpha_{i_{p-1}}\cdots\alpha_{i_2}\alpha_{i_1}$ が生成される（図 4.5（a）の導出木を参照）．一方，新しく得られる文法 G' において，最初に A-規則を適用し，続いて Z-規則を用いて導出を行うと，前記と同様の記号列 w が生成される（図 4.5（b）の導出木を参照）．

　ところで，文法 G と G' において A-規則，Z-規則以外はまったく同じであるので，逆に文法 G' において記号列 w が生成される場合には，文法 G においても同じく w は生成される．したがって，$L(G) = L(G')$ である（なお，この変換の具体例としては，3.2.3 項 右（左）線形文法 の例 3.5（99 ページ）における，左線形文法 G_4 から正規文法 G'_4 への変換を参照されたい）．

　さて，グライバッハ標準形に変換する対象の文法 $G = (N, \Sigma, P, S)$ は，一般性を失うことなく，<u>チョムスキー標準形</u>であるとする．また，非終端記号は適当に番号付けがなされているとして，

$$N = \{A_1, A_2, \ldots, A_n\}$$

とする．なお，$S \to \varepsilon$ が P に含まれていても，それは以下の議論の対象とはせず，そのままグライバッハ標準形の生成規則として採用する．

（1）　A_j の左再帰性除去　最初の段階の変換目標は，

$$A_i \to A_j\alpha \qquad (A_i, A_j \in N,\ \alpha \in (N \cup \{Z_1, Z_2, \ldots, Z_n\})^+)$$

なる形式の生成規則は，すべて $i < j$ であるようにすることである（ただし，Z_i は前記（II）の操作において新しく導入される非終端記号）．このことは，結果として A_i を左再帰的でなくすることを意味する．

さてこの条件は，$i = 1$ に対しては，もし A_1 が直接左再帰的であるならば，新し
い非終端記号 Z_1 を導入して前記（II）の操作を適用することにより，ただちに達成
される．この条件を満足するための操作を $i = 1, 2, \ldots, k$ に対して順次適用し，そ
れが達成されたとしたとき，次に A_{k+1}-規則の変換を考える．そこで，もし，

$$A_{k+1} \rightarrow A_j\alpha \qquad (k + 1 > j)$$

であるような生成規則が存在する場合には，前記（I）に従い，それを除去する代わ
りに，その右辺の A_j を各 A_j-規則の右辺で置き換えて得られる生成規則の組を導
入する．このとき前提より，A_j-規則 $(j \leq k)$ についてはすでに条件が満足されて
いるので，A_j-規則の右辺の最初の記号は終端記号か，あるいは非終端記号

$$A_{j+1}, A_{j+2}, \ldots, A_n$$

のうちのいずれかである．したがって，同様の操作を高々 k 回繰り返すと，先ほど
の生成規則は，右辺が終端記号で始まるか，あるいは，

$$A_{k+1} \rightarrow A_l\beta \qquad (k + 1 \leq l,\ \beta \in (N \cup \{Z_1, Z_2, \ldots, Z_n\})^*)$$

なる形式のものとなる．ここで，$l = k + 1$ である場合には，新しい非終端記号 Z_{k+1}
を導入して前記（II）の操作を適用することにより，この A_{k+1}-規則に対する条件も
達成される．この操作をすべての A_{k+1}-，A_{k+2}-，$\ldots$，A_n-規則に対して順次適用す
ると，最初に示した目標が達成される．

（2）　A_i-規則の GNF 化　最初に対象とする文法はチョムスキー標準形としている
ので，前段階の操作完了後の生成規則は，次の（i）～（iii）のいずれかの形式になっ
ている（$S \rightarrow \varepsilon$ なる生成規則は対象から除外）．

（i）　$A_i \rightarrow A_j\alpha \quad (i < j,\ \alpha \in (N \cup \{Z_1, Z_2, \ldots, Z_n\})^+)$
（ii）　$A_i \rightarrow a\beta \quad (a \in \Sigma,\ \beta \in (N \cup \{Z_1, Z_2, \ldots, Z_n\})^*)$
（iii）　$Z_i \rightarrow \gamma \quad (\gamma \in (N \cup \{Z_1, Z_2, \ldots, Z_n\})^+)$

そこで，まず最大添字 n をもつ A_n-規則に着目すると，A_{n+1} なる非終端記号は
存在しないので，これは（i）の形式ではあり得ず，（ii）の形式に限定される．すなわ
ち，A_n-規則に関してはすでにグライバッハ標準形（GNF）に変換されている．次
に A_{n-1}-規則に着目すると，その右辺の先頭記号は A_n（形式（i））か終端記号（形
式（ii））である．ところで，右辺の先頭記号が A_n であるものも，それに対して（I）の

操作を適用することにより，先頭記号はただちに終端記号に変わり，グライバッハ標準形となる．

以下，$A_{n-2}, A_{n-3}, \ldots, A_1$ に対して順に同様の操作を適用すると，すべての A_i-規則 $(i = n, n-1, n-2, \ldots, 1)$ はグライバッハ標準形に変換される．

（3）Z_i-規則の GNF 化 最後に残された前記（iii）の形式の生成規則 $Z_i \to \gamma$ に注目すると，最初の文法 G はチョムスキー標準形としていることと，（I），（II）による生成規則変換の性質より，γ の先頭記号は $A_1, A_2, \ldots, A_n$ のうちのいずれかとなっている．したがって，前段階（2）の結果より，Z_i-規則に対して（I）の操作を適用すると，それらはただちにグライバッハ標準形に変換される．

▶**例4.6** チョムスキー標準形の文法 $G = (N, \{a, b\}, P, A_1)$，ここで，

$$N = \{A_1, A_2, A_3\},$$

$$P = \{①: A_1 \to A_2A_3, \quad ②: A_2 \to A_1A_2, \quad ③: A_2 \to a, \quad ④: A_3 \to b\}$$

をグライバッハ標準形の文法 $G' = (N', \{a, b\}, P', A_1)$ に変換する．

（1）生成規則②だけは最初の段階の条件を満たしていないので，それにまず（I）の操作を適用すると，次の生成規則 ②′ に変換される．

$$②': A_2 \to A_2A_3A_2$$

これでもまだ条件は満たされていないので，続いて（II）の操作を適用すると，さらに次の生成規則 ②″，⑤，および⑥に変換される．

$$②'': A_2 \to aZ_2, \quad ⑤: Z_2 \to A_3A_2, \quad ⑥: Z_2 \to A_3A_2Z_2$$

（2）A_3-規則，A_2-規則はすでにグライバッハ標準形となっている．一方，A_1-規則①に（I）の操作を適用すると，次の生成規則 ①′ および ①″ に変換される．

$$①': A_1 \to aZ_2A_3, \quad ①'': A_1 \to aA_3$$

（3）Z_2-規則⑤と⑥に対しては，A_3-規則を用いて（I）の操作を適用すると，次の生成規則 ⑤′ と ⑥′ に変換される．

$$⑤': Z_2 \to bA_2, \quad ⑥': Z_2 \to bA_2Z_2$$

以上より，最終的にグライバッハ標準形の文法 $G' = (N', \{a, b\}, P', A_1)$，ここで，

$$N' = N \cup \{Z_2\},$$
$$P' = \{①': A_1 \to aZ_2A_3, \ ①'': A_1 \to aA_3, \ ②'': A_2 \to aZ_2,$$
$$③: A_2 \to a, \ ④: A_3 \to b, \ ⑤': Z_2 \to bA_2, \ ⑥': Z_2 \to bA_2Z_2\}$$

を得る.

4.6 自己埋め込み

文脈自由文法 $G = (N, \Sigma, P, S)$ のある非終端記号 A に対して,

$$A \underset{G}{\overset{*}{\Longrightarrow}} \alpha A \beta$$

(ただし, $\alpha, \beta \in (N \cup \Sigma)^+$. したがって, $\alpha \neq \varepsilon$ かつ $\beta \neq \varepsilon$)

なる導出が可能であるとき, この A は**自己埋め込み** (self-embedding) であるという. また, そのような非終端記号を含む文脈自由文法は自己埋め込みであるといわれる. 上記のような導出は, A の前後がどのような文脈かには依存しないものであるから, このとき任意の整数 $i \ (\geqq 1)$ に対して,

$$A \underset{G}{\overset{*}{\Longrightarrow}} \alpha A \beta \underset{G}{\overset{*}{\Longrightarrow}} \alpha\alpha A \beta\beta \underset{G}{\overset{*}{\Longrightarrow}} \cdots \underset{G}{\overset{*}{\Longrightarrow}} \alpha^i A \beta^i$$

であり, A から無限個の $\alpha^i A \beta^i$ $(i = 1, 2, 3, \ldots)$ が導出される.

▶ **例 4.7**（1） 4.1 節最後の例 4.1（102 ページ）の文法 G_1 において, S_1 は自己埋め込みである.

（2） 文法 $G_2 = (\{S, A, B, C, D, E, F, G\}, \Sigma, P_2, S)$, ここで,

$$P_2 = \{S \to EF, E \to GA, G \to u, F \to y, A \to BC, B \to DA,$$
$$D \to v, A \to w, C \to x\} \qquad (u, v, w, x, y \in \Sigma^+)$$

を考えてみよう. このとき,

$$A \underset{G_2}{\Longrightarrow} BC \underset{G_2}{\Longrightarrow} DAC \underset{G_2}{\Longrightarrow} vAC \underset{G_2}{\Longrightarrow} vAx$$

であるので, A は自己埋め込みであり,

$$A \underset{G_2}{\overset{*}{\Longrightarrow}} v^i A x^i \qquad (i \geqq 0)$$

が成立する．また，

$$S \underset{G_2}{\overset{*}{\Longrightarrow}} uAy, \quad \text{および} \quad A \underset{G_2}{\Longrightarrow} w$$

であるので，すべての $i \geqq 0$ に対して，$uv^i wx^i y \in L(G_2)$ である（演習問題 4.6
も参照）．

　ところで，正規文法はその生成規則の形式の制限より，自己埋め込みには決して
なり得ない．また，自己埋め込みでない文脈自由文法は正規文法に変換可能である
ことが証明される（ただし，自己埋め込みである文法の生成する言語が非正規言語で
あるとは限らない．たとえば，自己埋め込みな文脈自由文法 $G = (\{S\}, \{0\}, \{S \to 0, S \to 0S0\}, S)$ の生成する言語は $L(G) = \{0^{2i+1} \mid i \geqq 0\}$ であって，正規言語で
ある）．

　このように，自己埋め込み性は文脈自由文法のもつ特徴的性質であり，この性質
に関連し，文脈自由言語が満たさなければならない必要な条件として，以下のよう
な定理が導かれる．

反復定理 (Pumping Theorem)[BPS61]

　L が文脈自由言語であるならば，次のような（L によって決まる）定数 p_L が
存在する：

　　長さが p_L 以上の要素を L が含む場合，$|z| \geqq p_L$ であるような L の任意の
要素 z は，次の性質 1., 2. を満たすように $z = uvwxy$ と分解でき，かつ次の
性質 3. を満足する．

1. $v \neq \varepsilon$，あるいは $x \neq \varepsilon$
2. $|vwx| \leqq p_L$
3. すべての $i \geqq 0$ に対して，$uv^i wx^i y \in L$.

証明　4.5.1項 チョムスキー標準形 の結果より，L に対して $L - \{\varepsilon\} = L(G)$ な
るチョムスキー標準形（CNF）の文法 G が存在し，そこにおける非終端記号の個数
を n_0 とする．ここで，$z \in L(G)$ $(|z| \geqq p_L)$ に対して，G による導出木を T_z とす
る．この導出木 T_z において，根から葉へ至るどの経路の長さも $h + 1$ 以下である
ならば，z の長さは高々 2^h にしかならない．なぜならば，文法 G はチョムスキー
標準形としているので，$A \to a$ なる形式の生成規則に対応して，葉節点の親の節点

から下へ出る枝は 1 本だけであり，また $A \to BC$ なる形式の生成規則に対応して，内部節点から下へ出る枝はちょうど 2 本だけであるからである（図 4.6，および演習問題 4.6 を参照）.

したがって，「$|z| \geqq 2^h$ であるならば，T_z には根から葉へ至る長さ $h+1$ 以上の経路が少なくとも 1 本は存在する」．そこで，$p_L = 2^{n_0}$ とする．このとき，$|z| \geqq p_L = 2^{n_0}$ であるならば，T_z には長さ $n_0 + 1$ 以上の経路が存在することになる．したがって，根から葉へ至るこのような経路は $n_0 + 1$ 個以上の内部節点（非終端記号）を含んでおり，2 個以上含まれるある非終端記号 A が存在する．この様子を図 4.6 に示す（"単純化" した例として，演習問題 4.6 も参照）.

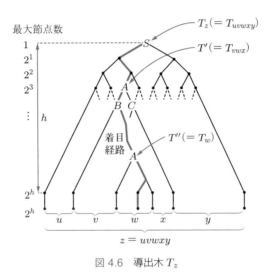

図 4.6 導出木 T_z

この図から，ただちに，z は $uvwxy$ のように分解できることがわかる．ここで，二つの非終端記号 A の内，一つ目の出現 A は S から最も遠いものとし，一つ目の出現 A を根とする部分木 $T'\,(=T_{vwx})$ のどの経路も高々 $n_0 + 1$ の長さしかもたないように選ぶ．すると，前記考察から vwx の長さは高々 $2^{n_0}\,(=p_L)$ 以内に抑えられることになる（すなわち，性質 2. $|vwx| \leqq p_L$）．さらに，図中の B, C を根とする部分木はおのおの ε でない部分終端記号列を導出しており，しかも $T''\,(=T_w)$ はいずれかの部分木に完全に含まれているので，$v = x = \varepsilon$（すなわち，$vwx = w$）ではあり得ない（性質 1.）．ここで図より，$S \overset{*}{\underset{G}{\Rightarrow}} uAy$, $A \overset{*}{\underset{G}{\Rightarrow}} vAx$, および $A \overset{*}{\underset{G}{\Rightarrow}} w$ なる各導出が可能であるので，

$$S \underset{G}{\overset{*}{\Rightarrow}} uAy \underset{G}{\overset{*}{\Rightarrow}} uvAxy \underset{G}{\overset{*}{\Rightarrow}} uv^i Ax^i y \underset{G}{\overset{*}{\Rightarrow}} uv^i wx^i y$$

なる導出がすべての $i \geqq 1$ に対して可能である. また, 明らかに,

$$S \underset{G}{\overset{*}{\Rightarrow}} uAy \underset{G}{\overset{*}{\Rightarrow}} uwy$$

である. したがって, 性質 3. の $uv^i wx^i y \in L$ $(i \geqq 0)$ を得る. □

なお, この定理は, **ポンピング定理** (pumping theorem) あるいは **$uvwxy$-定理** ($uvwxy$-theorem) ともよばれ, 与えられた言語が文脈自由言語でないことを示すのにしばしば用いられる (4.13 節, および演習問題 4.7 を参照).

4.7 単純決定性文法

一般の文脈自由文法における構文解析 (4.2 節, および 4.11 節参照) のためには, 途中の導出過程において試行錯誤を繰り返す必要が生じ, そのために多大な手数がかかる. したがって, 多少記述能力は減じても, 効率よくこの問題が解決できるような文法が, 実用上重要となる. そのような目的のために考案され, 正規文法では記述できない言語も記述することができるような最も単純な文脈自由文法が, 単純決定性 (文脈自由) 文法とよばれるものである.

さて, 一般のグライバッハ標準形の文脈自由文法を考えたとき, 与えられた終端記号列 $w = xay$ を目標とした最左導出において, 試行錯誤が必要となるのは, ある段階までに導出された文形式 $xA\gamma$ の最左非終端記号 A と, それからさらに導出すべき次の終端記号 a との組み合わせに対して, $A \to a\alpha_1, A \to a\alpha_2, \ldots$ といく通りかの生成規則の適用可能性があり得るからである (4.11 節, 例 4.18 (148 ページ) を参照). そこで, その複数の可能性を禁止したものが単純決定性文法である. すなわち, 文脈自由文法 $G = (N, \Sigma, P, S)$ において, その生成規則が,

$$A \to a\alpha \qquad (a \in \Sigma, \ \alpha \in N^*)$$

なるグライバッハ標準形のものだけであり, しかも $A \to a\alpha \in P$ であるならば, $\alpha \neq \beta$ なるいかなる β $(\in N^*)$ に対しても $A \to a\beta \notin P$ であるとき, G は **単純決定性文法** (simple deterministic grammar) であるという.

このような規定のため, 単純決定性文法における下降型構文解析は, 途中で試行錯

誤することなく一意的に進めることができる．この反面，単純決定性文法では，た
とえば文脈自由言語

$$\{a^i b^i \mid i \geqq 1\} \cup \{a^j c^j \mid j \geqq 1\} \quad (4.11\ \text{節，例}\ 4.18\ \text{を参照})$$

を生成することはできず，一般の文脈自由文法よりも言語記述能力は真に低下する．
単純決定性文法の生成する言語は**単純決定性言語** (simple deterministic language:
SDL) とよばれる．

▶ 例 4.8 単純決定性文法 $G = (\{S, A, B\}, \{a, b\}, P, S)$，ここで，

$$P = \{S \to aA, \quad A \to b, \quad A \to aAB, \quad B \to b\}$$

を考える．これによる最左導出は，

$$S \underset{G}{\Longrightarrow} aA \underset{G}{\Longrightarrow} aaAB \underset{G}{\Longrightarrow} aaaABB \underset{G}{\Longrightarrow} \cdots \underset{G}{\Longrightarrow} a^n AB^{n-1} \underset{G}{\Longrightarrow} a^n bB^{n-1}$$

$$\underset{G}{\Longrightarrow} a^n b^2 B^{n-2} \underset{G}{\Longrightarrow} \cdots \underset{G}{\Longrightarrow} a^n b^n \quad (n \geqq 1)$$

なる形式のものだけである（導出木を図 4.7 に示す）．したがって，

$$L(G) = \{a^i b^i \mid i \geqq 1\}$$

となる．

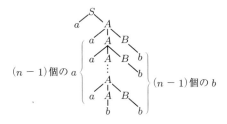

図 4.7 $a^n b^n$ に対する導出木

4.8 単純決定性プッシュダウンオートマトン

　決定性有限オートマトンの状態数はあらかじめ定められた有限の個数であるため，
有限の情報しか記憶することができず，そのため言語受理能力に関して自ずから限
界が生じる (2.7 節 非正規言語 参照)．そこで，まず新しくプッシュダウンスタック
とよばれる，ある種の限りない量も記憶することを可能にする記憶機構を導入する．

■4.8.1 プッシュダウンスタック

プッシュダウンスタック (pushdown stack) とは，1次元的な記憶機構で，その中の記憶内容の読みとり，あるいは新しい書き込みは，その一方の先端だけで許される方式のものである．これは，おのおのに単位情報の記入されている立方体のコマの有限集合と，それがちょうど入る断面をもち，一方がふさがった細長い筒が用意されていると想定するとよい．情報を記憶したいときには所定のいくつかのコマを開口端より筒の中へ押し込んでいき，任意多数有限個をその中に保持することができるとする（図 4.8（a）を参照）．また，その中の情報を読みとりたい場合，一度には先端の1コマだけが取り出して読みとり可能である．したがって，中のほうに入っている記憶内容は，それよりも開口端側のコマが取り去られた後，それが先端となって初めて読みとり可能となる．このようにして，プッシュダウンスタックに最後に押し込まれた記憶内容は最初に取り出し可能となる．このような記憶方式は **Last-In-First-Out** (**LIFO**) とよばれる．

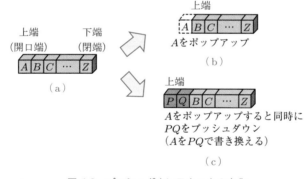

図 4.8 プッシュダウンスタックの変化

通常，プッシュダウンスタックの開口端は上端，閉端は下端（底）とみなされる．プッシュダウンスタックは，一端のみで読み書きの許された片側に無限長の磁気テープと想定してもよく，このため**プッシュダウンテープ** (pushdown tape) とよばれることもある．また，単に**スタック** (stack) ともよばれる．

プッシュダウンスタックに出し入れする単位情報は $A, B, C, \ldots$ などの記号で表すこととし，これを**スタック記号** (stack symbol) あるいは**プッシュダウン記号** (pushdown symbol) とよぶ．これらはあらかじめ定められた有限種類とし，それを通常，スタック記号の有限集合 $\Gamma = \{A, B, \ldots, Z\}$ などと表す．また，プッシュダウンスタックの上端にあるスタック記号1個を取り出す操作を**ポップアップ** (pop up) といい，いくつか有限個のプッシュダウン記号の列をプッシュダウンスタック中へ上端から押し込む操作を**プッシュダウン** (push down) という．

たとえば，図 4.8 (a) の状況にあるプッシュダウンスタックの上端のスタック記号 A をポップアップすると同図（b）のようになり，最初 A の直下にあったスタック記号 B が今度は上端に位置する．また，同図（a）の上端の A をポップアップすると同時にスタック記号列 PQ をプッシュダウンする（A を PQ で書き換える）と，同図（c）のようになる[1]．

スタック記号列に対しても，その長さが 0 のものは空記号列 ε で表す．なお，プッシュダウンスタックを計算機上で実装するとき，必要なメモリを実行時に動的に確保する方式によれば，（使用計算機全体でのメモリ容量の許す限り）いくらでも多くのスタック記号をプッシュダウンスタックに詰め込むことができる．

■ 4.8.2 単純決定性プッシュダウンオートマトンの定義と動作

必要に応じていくらでもプッシュダウンすることのできるプッシュダウンスタックをオートマトンの記憶機構として採用することにより，前項で述べたように，ある種の限りない量の記憶をすることができるようになる．そのようなオートマトンはプッシュダウンオートマトンとよばれるが，単純決定性プッシュダウンオートマトンはそのうちで最も単純なものである．

決定性有限オートマトンにおいては，とり得る状態の有限集合 Q があらかじめ指定されるように，**単純決定性プッシュダウンオートマトン** (simple deterministic pushdown automaton: simple **DPDA**) においては，用い得るスタック記号の有限集合 Γ があらかじめ指定される．また，決定性有限オートマトンの初期状態 q_0 ($\in Q$) に対応して，単純決定性プッシュダウンオートマトンにおいては**初期スタック記号** (initial stack symbol) とよばれる特別のスタック記号 Z_0 ($\in \Gamma$) が 1 個指定される．さらに，入力記号の有限集合 Σ の上でのこれらの動作を指定する，下記のような**推移規則** (transition rule) の有限集合 δ が与られると，特定の単純決定性プッシュダウンオートマトン M が規定される．形式的には，M はこれらが次の順序で並べられた 4 項組

$$M = (\Gamma, \Sigma, \delta, Z_0)$$

---

[1] 書籍によっては，上端を右に，下端を左に書くものもあるので注意が必要．

として表される.

M は，最初プッシュダウンスタックの底に初期スタック記号 Z_0 だけがおかれた状況から入力記号列の読み込みを開始する．この Z_0 だけの最初の状況を**初期計算状況** (initial configuration) という．その後，入力記号列の読み込みにより刻々とプッシュダウンスタックの内容が変化していき，ある時点で γ $(\in \Gamma^*)$ となったとしたとき，γ をその時点の**計算状況** (configuration) という．また γ の長さ $|\gamma|$ をその計算状況の**高さ** (height) という.

決定性有限オートマトンにおいては状態が記憶を担っていたのに対し，単純決定性プッシュダウンオートマトンにおいてはこの計算状況が記憶を担う．ここで，保持するスタック記号列 γ の長さには制限を設けず，したがってそれに応じた記憶が可能となる．ただし，プッシュダウンスタックの性質から，その時点で読みとれるスタック記号は最上部の1個だけであるので，$\gamma = A\gamma'$ $(A \in \Gamma,\ \gamma' \in \Gamma^*,\ A$ は最上部のスタック記号$)$ としたとき，次の動作はこの A と読み込んだ入力記号 a との組み合わせだけにより一意的に定まり，下の γ' 部分には依存しない．このような動作を定めるのが推移規則であり，

$$A \xrightarrow{a} \alpha \qquad (A \in \Gamma,\ a \in \Sigma,\ \alpha \in \Gamma^*)$$

なる形式をしている[1]．しかも，

$$A \xrightarrow{a} \alpha, \qquad A \xrightarrow{a} \beta \qquad (\alpha \neq \beta)$$

なる異なった推移規則が推移規則の集合 δ 中に同時に存在することはない．ここで，α, β は0以上任意の有限長のスタック記号列である．推移規則

$$A \xrightarrow{a} \alpha$$

は，プッシュダウンスタック最上部から取り出して読んだスタック記号が A で，かつ読み込んだ入力記号が a であるとき，次の時点でプッシュダウンスタック最上部には A の代わりに α を一意的に置き換えることを意味する．この動きを

$$A\gamma' \xrightarrow[M]{a} \alpha\gamma'$$

---

1) この推移規則を，$\delta(A, a) = \alpha$（決定性有限オートマトンの推移規則に対応），あるいは，$\delta(a, A) = \alpha$（137ページ脚注の形式の決定性プッシュダウンオートマトンの推移規則において"状態"を省略）なる関数形式で表すこともある.

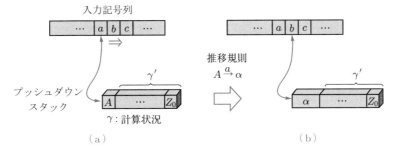

図 4.9 単純決定性プッシュダウンオートマトンの動作 $A\gamma' \xrightarrow[M]{a} \alpha\gamma'$

と表し, M の**動作** (move) あるいは**推移** (transition) とよぶ. この動作の後では, プッシュダウンスタックの内容は $\alpha\gamma'$ に変わる (図 4.9 を参照). したがって, $\alpha = \varepsilon$ である場合には, 前記動作は A をポップアップすることを意味し, それにより計算状況の高さは 1 だけ減少する. また, $\alpha = PQ$ $(P, Q \in \varGamma)$ であるならば, A をポップアップすると同時に PQ をプッシュダウンする (A を PQ で置き換える) ことを意味し, これにより計算状況の高さは 1 だけ増加する (図 4.8 を参照).

なお, いったんプッシュダウンスタックが空になると, その状況からの推移は定義されないので, そこで M は動作を停止する.

単純決定性プッシュダウンオートマトン M における

$$\alpha_1 \xrightarrow[M]{a_1} \alpha_2, \ \alpha_2 \xrightarrow[M]{a_2} \alpha_3, \ldots, \ \alpha_n \xrightarrow[M]{a_n} \alpha_{n+1}$$
$$(\alpha_i \in \varGamma^+, \ a_i \in \varSigma, \ 1 \leqq i \leqq n; \ \alpha_{n+1} \in \varGamma^*)$$

なる連続動作を,

$$\alpha_1 \xrightarrow[M]{a_1} \alpha_2 \xrightarrow[M]{a_2} \alpha_3 \cdots \alpha_n \xrightarrow[M]{a_n} \alpha_{n+1}$$

あるいは,

$$\alpha_1 \xrightarrow[M]{x}{}^* \alpha_{n+1} \qquad (\text{ただし, } x = a_1 a_2 \cdots a_n)$$

と表し, これを計算状況 α_1 から α_{n+1} への入力記号列 x による**推移** (transition, derivation) とよぶ.

初期計算状況 Z_0 に設定された単純決定性プッシュダウンオートマトン M が入力記号列 x の読み込みを開始して, 以後動作を逐次的に進め, ちょうどそれを読みつくした直後にプッシュダウンスタックが初めて空となって動作が停止するとき, す

なわち,

$$Z_0 \xRightarrow[M]{x} {}^* \varepsilon$$

であるとき, その x は M に **受理** (accept) されるという. また, そのような入力記号列全体の集合を $L(M)$ あるいは $L(Z_0)$ で表し, M が受理する言語という. すなわち,

$$L(M) = L(Z_0) = \left\{ x \in \Sigma^* \;\middle|\; Z_0 \xRightarrow[M]{x} {}^* \varepsilon \right\}$$

である. したがって, プッシュダウンスタックが空の計算状況は, 決定性有限オートマトンにおける最終状態の状況に相当する. ただし, 単純決定性プッシュダウンオートマトンの場合, いったんプッシュダウンスタックが空の受理計算状況へ到達すると, それ以上入力記号列の読み込みを続けることができなくなる点は, 決定性有限オートマトンの場合と異なるところである.

▶ **例 4.9** 単純決定性プッシュダウンオートマトン $M_1 = (\Gamma_1, \Sigma_1, \delta_1, Z_0)$, ここで,

$$\Gamma_1 = \{S, A, B\}, \; \Sigma_1 = \{a, b\}, \; Z_0 = S,$$

$$\delta_1 = \{ ①: S \xrightarrow{a} A, \quad ②: A \xrightarrow{b} \varepsilon, \quad ③: A \xrightarrow{a} AB, \quad ④: B \xrightarrow{b} \varepsilon \}$$

を考える. 以下の式は, 推移の例である.

$$S \xRightarrow[M_1]{a} A \xRightarrow[M_1]{b} \varepsilon \quad (\text{適用推移規則}: ①, ②),$$

$$S \xRightarrow[M_1]{a} A \xRightarrow[M_1]{a} AB \xRightarrow[M_1]{b} B \xRightarrow[M_1]{b} \varepsilon \quad (\text{適用推移規則}: ①, ③, ②, ④),$$

$$S \xRightarrow[M_1]{a} A \xRightarrow[M_1]{a^n} {}^* AB^n \xRightarrow[M_1]{b} B^n \xRightarrow[M_1]{b^n} {}^* \varepsilon \quad (\text{適用推移規則}: ①, ③^n, ②, ④^n).$$

したがって,

$$L(M_1) = \{a^i b^i \mid i \geqq 1\}$$

であるとわかる. この推移は, 図 4.10 のような図式として表示すると直観的に理解しやすいであろう. なお, 同図中の数字は適用された推移規則の番号である. これは, 決定性有限オートマトンの状態推移図において, 状態の代わりに単純決定性プッシュダウンオートマトンの計算状況をあてたものに相当し, 単純決定性プッシュダウンオートマトンの **推移図** (transition diagram) という. ただし, この例の場合には途中の計算状況の高さには制限がないので, 図式は一般には無限

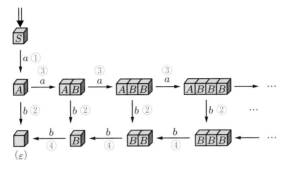

図 4.10　単純決定性プッシュダウンオートマトン M_1

となる．したがって，実際の図では，全体の動作を類推するに十分なだけの基本構造だけを明示し，以降の部分は "…" として省略している．

　このようにして，$a^n b^n$ $(n \geqq 1)$ の前半 $a \cdot a^{n-1}$ を入力し終わったときのプッシュダウンスタック内容（計算状況）は AB^{n-1} となり，この AB^{n-1} を空 (ε) のプッシュダウンスタック内容（受理計算状況）に至らせるのは，前半の a^n に続く入力記号列が $b \cdot b^{n-1}$ であるとき，かつそのときに限られる．ここで，プッシュダウンスタックは，n が 1 以上の任意の大きさの整数に対して対応可能であり，プッシュダウンスタック内のスタック記号 B の個数によって，入力記号列 $a \cdot a^{n-1}$ の後半 a^{n-1} の a の個数を正確にカウントしている．プッシュダウンスタックによってこのことが可能であることが，有限オートマトンの能力との基本的違いである．

▶例 **4.10**　単純決定性プッシュダウンオートマトン $M_2 = (\{Z, A, B\}, \{a, b, c\}, \delta_2, Z)$，ここで，

$$\delta_2 = \{Z \xrightarrow{c} \varepsilon, \ Z \xrightarrow{a} ZA, \ A \xrightarrow{a} \varepsilon, \ Z \xrightarrow{b} ZB, \ B \xrightarrow{b} \varepsilon\}$$

を考える．いま，$x = a_1 a_2 \cdots a_n$ $(\in \{a, b\}^*)$ に対し，入力記号の並び順を逆にした記号列 $a_n \cdots a_2 a_1$ を x の**逆** (reversal) といい，x^R で表す．ただし，$\varepsilon^R = \varepsilon$ である．この記号を用いると，M_2 における推移は，

$$Z \underset{M_2}{\overset{x}{\Longrightarrow}}{}^* Z\alpha^R \underset{M_2}{\overset{c}{\Longrightarrow}} \alpha^R \underset{M_2}{\overset{x^R}{\Longrightarrow}}{}^* \varepsilon$$

と表される．ここで，x 中の a を A，b を B に置き換えたものを α $(\in \{A, B\}^*)$，その逆を α^R とする．たとえば，以下のような推移が成り立つ．

$$Z \underset{M_2}{\overset{a}{\Longrightarrow}} ZA \underset{M_2}{\overset{b}{\Longrightarrow}} ZBA \underset{M_2}{\overset{b}{\Longrightarrow}} ZBBA \underset{M_2}{\overset{c}{\Longrightarrow}} BBA \underset{M_2}{\overset{b}{\Longrightarrow}} BA \underset{M_2}{\overset{b}{\Longrightarrow}} A \underset{M_2}{\overset{a}{\Longrightarrow}} \varepsilon.$$

したがって，M_2 が受理する言語は，

$$L(M_2) = \left\{ xcx^R \mid x \in \{a, b\}^* \right\}$$

であるとわかる．これにより，プッシュダウンスタックの LIFO の様子がよく理解できるであろう．

■ 4.8.3　単純決定性言語

単純決定性文法

$$G = (N, \Sigma, P, S)$$

と単純決定性プッシュダウンオートマトン

$$M = (\Gamma, \Sigma, \delta, Z_0)$$

は，次のような関係を満たすとき等価なものとなる．つまり，

$$\Gamma = N, \ Z_0 = S$$

であり，さらに

$$A \to a\alpha \in P \text{ であるとき，かつそのときに限り，} A \overset{a}{\to} \alpha \in \delta$$

が成り立つ場合である（図 4.11 を参照）．

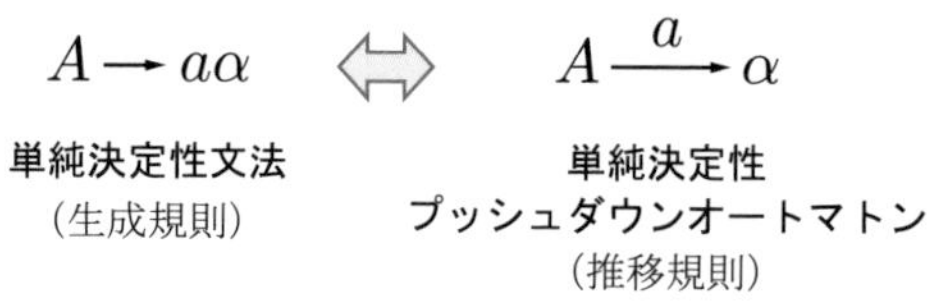

$$A \longrightarrow a\alpha \qquad \Longleftrightarrow \qquad A \overset{a}{\longrightarrow} \alpha$$

単純決定性文法
（生成規則）

**単純決定性
プッシュダウンオートマトン**
（推移規則）

図 4.11　単純決定性文法と単純決定性プッシュダウンオートマトンとの対応関係

　互いに等価なものが構成できることから，単純決定性文法 G の生成する言語 $L(G)$，および単純決定性プッシュダウンオートマトン M の受理する言語 $L(M)$ は共に**単純決定性言語** (simple deterministic language)，あるいは単に**単純言語** (simple language) とよばれる．これらの文法とオートマトンは，生成システムと見るか受理システムと見るかの違いだけで，本質的動作は同じとみなしてよい．

一般に,任意の言語 L において,$x \in L$ であるならば x を真の接頭辞とする他の記号列 $w = xy$ $(y \neq \varepsilon)$ に対して $w \notin L$ であるとき,L は**接頭辞性質** (prefix property) をもつという.単純決定性言語はこの接頭辞性質をもつ.なぜならば,単純決定性言語 L を受理する単純決定性プッシュダウンオートマトンを $M = (\Gamma, \Sigma, \delta, Z_0)$ としたとき,$x \in L$ ならば $Z_0 \xRightarrow[M]{x}{}^{*} \varepsilon$ であり,したがって,この x に続くいかなる入力記号列 y $(\neq \varepsilon)$ も読み込み不能である.ゆえに,$xy \notin L(M)$ である.

単純決定性言語は接頭辞性質をもつため,接頭辞性質をもたない正規言語は単純決定性言語ではない.しかし,Σ 上の正規言語 L に対し,その要素の各記号列の最後に終端を示す特別の**終止記号** (endmarker symbol) $\#$ $(\notin \Sigma)$ を付けた言語 $L\{\#\} = \{x\# \mid x \in L\}$ は接頭辞性質をもつようになるため,これは単純決定性言語となる.

▶**例4.11** 図 4.12(a)の決定性有限オートマトン $M = (Q, \Sigma, \delta, q_0, F)$ $(Q = \{q_0, q_1, q_2\},\ \Sigma = \{0,1\},\ F = \{q_1,\ q_2\})$ に対して,$L(M)\{\#\}$ を受理する "広い意味での" 決定性有限オートマトン $M' = (Q \cup \{q_f\}, \Sigma \cup \{\#\}, \delta', q_0, \{q_f\})$ は,同図(b)のようになる.

これに対し,$L(M') = L(M_s)$ なる単純決定性プッシュダウンオートマトン $M_s = (\Gamma, \Sigma \cup \{\#\}, \delta_s, Z_0)$ は,次のようにして与えられる.

$$\Gamma = Q,\ Z_0 = q_0,$$
$$\delta_s = \{q_0 \xrightarrow{0} q_0,\ q_0 \xrightarrow{1} q_1,\ q_1 \xrightarrow{0} q_0,\ q_1 \xrightarrow{1} q_2,\ q_2 \xrightarrow{0} q_0,\ q_2 \xrightarrow{1} q_2,$$
$$q_1 \xrightarrow{\#} \varepsilon,\ q_2 \xrightarrow{\#} \varepsilon\}.$$

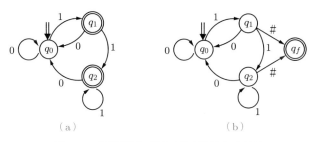

図 4.12　正規言語に対する終止記号 (#) 付け

　さて，単純決定性プッシュダウンオートマトンの対 M_1，M_2 が与えられたとき，決定性有限オートマトンの対に対する場合（2.2.3 項）と同じように，それらが等価（$M_1 \equiv M_2$，すなわち $L(M_1) = L(M_2)$）であるか否かを判定することは可能であろうか？

　答えは "Yes" である．単純決定性言語がコーレンジャックとホップクロフト (Korenjak and Hopcroft)[KH66] により初めて提案されたとき，同時にそれに対する主要事項として，その等価性判定アルゴリズムが示された．ここで，$M_1 \not\equiv M_2$ である場合には，基本的に 2.2.3 項のアルゴリズムにおける場合と同様の等価性判定木を展開していくことにより，$M_1 \not\equiv M_2$ であることは容易に検出できる．ところが，$M_1 \equiv M_2$ である場合には，同様にして等価性判定木を展開していくだけでは，それが無制限に伸びてしまい，判定結果を出せないことがある．これは，有限オートマトンの状態数はあくまでも有限であるのに対して，単純決定性プッシュダウンオートマトンにおける計算状況の種類は無限となり得るからである．

　このため，彼らは，$M_1 \equiv M_2$ である場合にも判定木中の計算状況の高さを有限に抑えるための新たな手法（type B replacement と名付けている）も導入することにより，正規言語族よりも本質的に真に上位のクラスである単純決定性言語族の等価性判定問題の解決に初めて成功した．この等価性判定問題に対しては，その後，2.2.3 項の手法に近い，より直接的で単純なアルゴリズムが開発され[To82]，さらに，それを一層効率化したアルゴリズムも発表されている[WT91]．

　なお，以上の結果とは逆に，$L(M_1) \subseteqq L(M_2)$ であるかどうかを判定すること（包含性判定）は，一般的には不可能であることが知られている[Fr76]．ただし，非正規言語を受理する決定性プッシュダウンオートマトンで包含性判定が可能であるクラスも存在する[HTW95]．

4.9　決定性プッシュダウンオートマトン

■ **4.9.1**　決定性プッシュダウンオートマトンの定義と動作

　単純決定性プッシュダウンオートマトンの機能の自然な拡張として，有限オートマトンにおけるような有限状態も合わせもたせることが考えられる．すなわち，決定性有限オートマトンと単純決定性プッシュダウンオートマトンとを一体とした働きをするオートマトンである．このようなオートマトンで，全体としても決定性の動作をするものが**決定性プッシュダウンオートマトン** (deterministic pushdown automaton: **DPDA**) である.

　形式的には, 決定性プッシュダウンオートマトン M は以下の 1.~7. を定めることにより規定される 7 項組として, 次のように表される.

$M = (Q, \Gamma, \Sigma, \delta, q_0, Z_0, F)$, ここで,

1. 状態の有限集合 Q,
2. スタック記号の有限集合 Γ,
3. 入力記号の有限集合 Σ,
4. 以下に示されるような推移規則の有限集合 δ,
5. 初期状態 $q_0 \ (\in Q)$,
6. 初期スタック記号 $Z_0 \ (\in \Gamma)$,
7. 最終状態の集合 $F \ (\subseteqq Q)$.

である. また, 入力記号列が入力テープ上に与えられたときには, ある時点の M は図 4.13 (a) または (b) のように表される. 決定性プッシュダウンオートマトン M においては, **記憶**は**状態**と**プッシュダウンスタック**の内容とを合わせたもので担うことができ, ある時点で M の状態が p, 保持しているスタック記号列が γ のとき, M は**計算状況** (configuration) (p, γ) にあるという. ここで, γ の長さ $|\gamma|$ を計算状況 (p, γ) の**高さ** (height) という. また, $\gamma = A\gamma' \ (A \in \Gamma)$ のとき, (p, A) は (p, γ) の**モード** (mode) とよばれる. M は動作開始時点において, 状態は初期状態 q_0, スタックは初期スタック記号 Z_0 のみがスタックの底におかれた状況に設定され, この (q_0, Z_0) を M の**初期計算状況** (initial configuration) とよぶ.

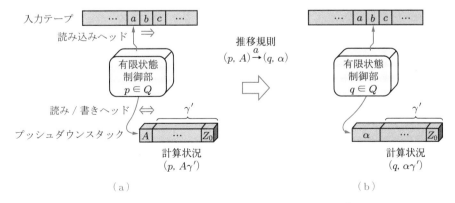

図 4.13　決定性プッシュダウンオートマトンの動作 $(p, A\gamma') \underset{M}{\Longrightarrow} (q, \alpha\gamma')$

M が計算状況 $(p, A\gamma')$ にあるとき，次に入力記号を読み込むか否かはモード (p, A) のみにより一意的に定まる．また，入力 $a\ (\in \Sigma \cup \{\varepsilon\})$ を読み込んだときの動作は，モード (p, A) と入力 a との組み合わせにより一意的に定まる．このような動作を定める推移規則は，

$$(p, A) \xrightarrow{a} (q, \alpha) \qquad (\text{ここで，} p, q \in Q;\ A \in \Gamma;\ a \in \Sigma \cup \{\varepsilon\};\ \alpha \in \Gamma^*),$$

なる形式をしており，推移規則の有限集合 δ は次の条件（1），（2）を満たすものである．

（1）推移規則

$$(p, A) \xrightarrow{a} (q, \alpha) \qquad (a \in \Sigma \cup \{\varepsilon\})$$

が δ 中に含まれるならば，$(q, \alpha) \neq (r, \beta)$ なるいかなる (r, β) に対しても，

$$(p, A) \xrightarrow{a} (r, \beta)$$

は δ に含まれない．

（2）推移規則

$$(p, A) \xrightarrow{\varepsilon} (q, \alpha)$$

が δ 中に含まれるならば，いかなる $b \in \Sigma, (r, \beta)$ に対しても，

$$(p, A) \xrightarrow{b} (r, \beta)$$

は δ に含まれない．

ここで，

$$(p, A) \xrightarrow{\varepsilon} (q, \alpha)$$

なる形式の推移規則は **ε-規則** (ε-rule) あるいは **ε-推移** (ε-transition) とよばれ，入力として空記号列 ε を読んで動作する，すなわち，何ら入力記号を読み込むことなく動作することを意味する（このとき，一般性を失うことなく，$\alpha = \varepsilon$ と限定できる[To82]）．したがって，条件（2）は，計算状況のモードが (p, A) であるときに入力記号を読み込むか否かを一意的に定めているものであり，この (p, A) は前者の場合には**入力モード** (reading mode)，後者の場合には **ε-モード** (ε-mode) という．とくに ε-規則をもたないプッシュダウンオートマトンは，**実時間** (real-time) プッシュ

ダウンオートマトンとよばれる.

計算状況 $(p, A\gamma')$ $(A \in \Gamma)$ にある決定性プッシュダウンオートマトン M が推移規則

$$(p, A) \overset{a}{\to} (q, \alpha) \qquad (a \in \Sigma)$$

をもち, 入力記号 a を読み込んだときには, プッシュダウンスタック最上部の A を α で置き換えるだけでなく, 状態を p から q へ変える. この動きを,

$$(p, A\gamma') \underset{M}{\overset{a}{\Longrightarrow}} (q, \alpha\gamma')$$

と表し, M の**動作** (move) あるいは**推移** (transition) とよぶ (図 4.13 を参照).

M が推移規則

$$(p, A) \overset{\varepsilon}{\to} (q, \alpha)$$

をもつときには, 入力記号を読み込むことなく同様の動作をする. M における,

$$(p_1, \alpha_1) \underset{M}{\overset{a_1}{\Longrightarrow}} (p_2, \alpha_2), \ (p_2, \alpha_2) \underset{M}{\overset{a_2}{\Longrightarrow}} (p_3, \alpha_3), \ldots, \ (p_n, \alpha_n) \underset{M}{\overset{a_n}{\Longrightarrow}} (p_{n+1}, \alpha_{n+1})$$

$$(\alpha_i \in \Gamma^+, \ a_i \in \Sigma \cup \{\varepsilon\}, \ 1 \leqq i \leqq n; \ \alpha_{n+1} \in \Gamma^*)$$

なる連続動作を,

$$(p_1, \alpha_1) \underset{M}{\overset{x}{\Longrightarrow}}^* (p_{n+1}, \alpha_{n+1}) \qquad (\text{ただし}, \ x = a_1 a_2 \cdots a_n)$$

と表し, これを計算状況 (p_1, α_1) から (p_{n+1}, α_{n+1}) への入力記号列 x による**推移** (transition, derivation) とよぶ[1].

決定性プッシュダウンオートマトン M における受理は, 単純決定性プッシュダウンオートマトンにおける受理と同様の方式と, 決定性有限オートマトンにおける受理と同様の方式の 2 通りある. それぞれに対応する方式を, 以下(a), (b)で解説する.

---

1) 書籍によっては, $(p, A) \overset{a}{\to} (q, \alpha)$ なる推移規則を, $\delta(p, a, A) = (q, \alpha)$ なる関数形式で表すこともある. また, 前述のような推移 $(p, A\gamma') \underset{M}{\overset{a}{\Longrightarrow}} (q, \alpha\gamma')$, $(p_1, \alpha_1) \underset{M}{\overset{x}{\Longrightarrow}}^* (p_{n+1}, \alpha_{n+1})$ は, おのおの $(p, a, A\gamma') \underset{M}{\vdash} (q, \varepsilon, \alpha\gamma')$. $(p_1, x, \alpha_1) \underset{M}{\overset{*}{\vdash}} (p_{n+1}, \varepsilon, \alpha_{n+1})$ と表すこともある. 本書のような記法を用いることにより, 推移図 (図 4.14) との対応が直接的で明確となる.

(a) 空スタック受理

初期計算状況 (q_0, Z_0) と適当な $q\ (\in Q)$ に対して,

$$(q_0, Z_0) \underset{M}{\overset{x}{\Longrightarrow}}{}^* (q, \varepsilon)$$

であるとき, $x\ (\in \Sigma^*)$ は M に**空スタック受理** (acceptance by empty stack) されるという. また,

$$\left\{ x \in \Sigma^* \,\middle|\, (q_0, Z_0) \underset{M}{\overset{x}{\Longrightarrow}}{}^* (q, \varepsilon),\ q \in Q \right\}$$

を M が**空スタック受理する言語**といい, $L(M)$ あるいは $N(M)$ (または $Null(M)$) で表す. このように空スタック受理で考える場合には, 最終状態の集合 F は何ら意義をもたないので, $F = \emptyset$ (空集合) とすることもある. また, "空スタック受理式" のプッシュダウンオートマトンは, "**ストリクト** (strict)" であるとよばれることもある.

ここで, 状態数が 1 個だけの実時間空スタック受理式決定性プッシュダウンオートマトンは, 単純決定性プッシュダウンオートマトンと実質的に同じとなる.

(b) 最終状態受理

初期計算状況 (q_0, Z_0) と適当な最終状態 $r\ (\in F)$ および $\gamma\ (\in \Gamma^*)$ に対して,

$$(q_0, Z_0) \underset{M}{\overset{x}{\Longrightarrow}}{}^* (r, \gamma)$$

であるとき, $x\ (\in \Sigma^*)$ は M に **最終状態受理** (acceptance by final states) されるという. また,

$$\left\{ x \in \Sigma^* \,\middle|\, (q_0, Z_0) \underset{M}{\overset{x}{\Longrightarrow}}{}^* (r, \gamma),\ r \in F,\ \gamma \in \Gamma^* \right\}$$

を M が**最終状態受理する言語**といい, $L(M)$ あるいは $T(M)$ で表す. ここで, スタック記号が 1 個だけ ($\Gamma = \{Z_0\}$) の実時間最終状態受理式決定性プッシュダウンオートマトンで, 推移規則が $(p, Z_0) \overset{a}{\to} (q, Z_0)$ なる形式だけのものは, 決定性有限オートマトンと実質的に同じとなる.

▶**例 4.12** 実時間空スタック受理式決定性プッシュダウンオートマトン $M_1 = (Q_1, \Gamma_1, \Sigma_1, \delta_1, p, S, \emptyset)$, ここで,

$$Q_1 = \{p, q\},\ \Gamma_1 = \{S, A, B\},\ \Sigma_1 = \{a, b, c\},$$

$$\delta_1 = \Big\{ (p, S) \xrightarrow{a} (p, A), \qquad (p, A) \xrightarrow{b} (p, \varepsilon),$$
$$(p, A) \xrightarrow{a} (p, AB), \qquad (p, B) \xrightarrow{b} (p, \varepsilon),$$
$$(p, A) \xrightarrow{c} (q, \varepsilon), \qquad (q, B) \xrightarrow{c} (q, \varepsilon) \Big\}$$

を考える．M_1 の推移図は図 4.14 のようになり，その受理する言語は，次のように与えられる．

$$L(M_1) = \{a^i b^i \mid i \geqq 1\} \cup \{a^j c^j \mid j \geqq 1\}.$$

注 なお，この言語を受理する単純決定性プッシュダウンオートマトンを構成しようとした場合，(1) 空スタック受理であること，さらに (2) 入力 $a^i b^i$ と $a^i c^i$ の処理動作における a^i の直後の遷移がただ一つに決まり，b と c が混ざった系列を受理してしまうことから，そのような構成は不可能である．

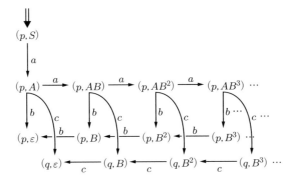

図 4.14 実時間空スタック受理式決定性プッシュダウンオートマトン M_1 の推移図

■4.9.2 決定性言語

最終状態受理式決定性プッシュダウンオートマトンにより受理される言語は，**決定性言語** (deterministic language: **DL**) とよばれる．また，空スタック受理式決定性プッシュダウンオートマトンは容易に等価な最終状態受理式決定性プッシュダウンオートマトンに変換することができるので，それが受理する言語はやはり決定性言語である．しかし，これは単純決定性言語の場合と同じく，接頭辞性質をもつ言語に限られる．一般には，Σ 上の任意の決定性言語 L に対し，終止記号 $\#$ $(\notin \Sigma)$ を付けた言語 $L\{\#\} = \{x\# \mid x \in L\}$ ならば，空スタック受理式決定性プッシュダウンオートマトンにより受理することが可能となる．

決定性言語を生成する文法としては，LR(k) 文法とよばれるものがある[Kn65]（4.11.3 項を参照）．なお，決定性言語のクラスは単純決定性言語のクラスを真に含み（4.9.1 項，例 4.12 の【注】を参照），文脈自由言語のクラスに真に含まれる（4.10 節，例 4.15 の【注】を参照）．

▶例 **4.13** 前項の例 4.12 の実時間空スタック受理式決定性プッシュダウンオートマトン M_1 は，次のようにして等価な最終状態受理式決定性プッシュダウンオートマトン

$$M_1' = (Q_1 \cup \{q_f\}, \Gamma_1 \cup \{Z\}, \Sigma_1, \delta_1', p, S, \{q_f\})$$

に変換することができる．

ここで，δ_1' は，δ_1 中の最初の推移規則 $(p, S) \xrightarrow{a} (p, A)$ を，

$$(p, S) \xrightarrow{a} (p, AZ)$$

に変更し，さらに新しく推移規則

$$(p, Z) \xrightarrow{\varepsilon} (q_f, \varepsilon), \quad (q, Z) \xrightarrow{\varepsilon} (q_f, \varepsilon)$$

を追加したものである．

▶例 **4.14** 次の最終状態受理式決定性プッシュダウンオートマトン M_2 を考える．

$$M_2 = (Q_2, \Gamma_2, \Sigma_2, \delta_2, p, S, F),$$

ここで，

$$Q_2 = \{p, q\}, \ \Gamma_2 = \{S, A, B\}, \ \Sigma_2 = \{a, c\}, \ F = \{q\},$$
$$\delta_2 = \left\{ (p, S) \xrightarrow{a} (p, A), \ (p, A) \xrightarrow{c} (q, \varepsilon), \ (p, A) \xrightarrow{a} (p, AB), \ (q, B) \xrightarrow{c} (q, \varepsilon) \right\}$$

である（前項図 4.14 の手前側半分を参照．ただし，本例では $F = \{q\}$ であることに注意）．

ここにおいて，

$$L(M_2) = \{a^i c^j \mid i \geqq j \geqq 1\}$$

であり，これは接頭辞性質を有していない．これに対し，

$$L(M_2)\{\#\} = \{a^i c^j \# \mid i \geqq j \geqq 1\}$$

を空スタック受理する決定性プッシュダウンオートマトン

$$M_2' = (Q_2 \cup \{r\}, \Gamma_2 \cup \{Z\}, \Sigma_2 \cup \{\#\}, \delta_2', p, S, \emptyset)$$

は，図 4.15 のように構成できる．

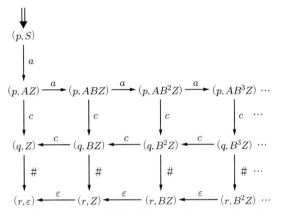

図 4.15　空スタック受理式決定性プッシュダウンオートマトン M_2'

　決定性言語の基本的性質の多くが，文献［GG66］，［St67］，［HY79］などにより明らかにされている（4.12 節 表 4.2（160 ページ），6.3 節 表 6.1（198 ページ）を参照）．ところが，決定性プッシュダウンオートマトン（あるいは，対応した文法）どうしに対する等価性判定問題は，単純決定性プッシュダウンオートマトンに対する場合に比べて格段に難しい問題となり，実際にそのような判定が原理的に可能であるか否かさえも，大きな未解決問題として残されていた．ここで，2.2.3 項の等価性判定木手法を基礎として，一方だけには単一状態で実時間空スタック受理式（すなわち**単純**（simple））との制限を設けた場合，あるいは，さらにその制限の一部を解除した場合に対する等価性判定アルゴリズムが考案された[To82]，[TS95]．また，その他の巧妙な手法により，文献［VP75］，［TK76］，［OHI80］，［Oy87］などにおいて，それらの表題から推察されるような，決定性プッシュダウンオートマトンの種々の部分クラスに対する等価性判定アルゴリズムが発表されてきた．これらの研究の末，一般の決定性プッシュダウンオートマトンどうしに対する等価性判定問題は，最終的に 2001 年になって，セニゼルグ（Sénizergues）によりようやく肯定的に解決されるに至った[Sé01]．その後，簡約化された証明が文献［St01］，［Sé02］に発表されている．

　一方，決定性プッシュダウンオートマトンの推移途中にも記号列を出す機構を付与した**決定性プッシュダウン変換器** (deterministic pushdown transducer:

DPDT)[AU72-73] は，入出力変換機構として重要なモデルであるが，その動作の等価性判定は，一層難しい問題となる．文献 [Sé01] では，DPDT の拡張モデルに対する等価判定問題も解決されている．一方，部分クラスに対しては，少数ではあるが，効率的な等価性判定アルゴリズムが与えられている[KTE75]. [TS89]. [STW07]. [WTN13].

4.10　非決定性プッシュダウンオートマトン

　決定性プッシュダウンオートマトンの動作を非決定性に変えたものが**非決定性プッシュダウンオートマトン** (nondeterministic pushdown automaton: **NPDA**) であり，δ 以外は前者の場合とまったく同様の下記 7 項組として表される．

$$M = (Q, \Gamma, \Sigma, \delta, q_0, Z_0, F),$$

ここで，Q は状態の有限集合，Γ はスタック記号の有限集合，Σ は入力記号の有限集合，q_0 は初期状態，Z_0 は初期スタック記号，F は最終状態の集合である．
　また，δ は，

$$\delta(p, a, A) = \{(q_1, \alpha_1), (q_2, \alpha_2), \ldots, (q_n, \alpha_n)\}$$
$$(p, q_i \in Q;\ a \in \Sigma \cup \{\varepsilon\};\ \alpha_i \in \Gamma^*)$$

なる形式の推移関数である（137 ページの脚注も参照）．ただし，n および各 α_i の長さは有限で，$n = 0$ の場合は $\delta(p, a, A) = \emptyset$（空集合）を意味するものとする．これは，非決定性有限オートマトンの場合と同じように，M のモードが (p, A) で a（$\in \Sigma \cup \{\varepsilon\}$）を読み込んだとき，$(p, A)$ と置き換えるべき (q_i, α_i) の可能性がいくつもあることを示し，M はそれを非決定的に選んで推移をする．
　なお，ここでは $\delta(p, a, A) \neq \emptyset$（$a \in \Sigma$）かつ $\delta(p, \varepsilon, A) \neq \emptyset$ であってもよい．すなわち，モードが (p, A) であるとき，次に入力記号を読み込むか否かに関しても両方の可能性を許す（もし，上記 δ の定義中の右辺において $n \geqq 2$ とは決してならず，かつ，"$\delta(p, \varepsilon, A) \neq \emptyset$ ならばどの a（$\in \Sigma$）に対しても $\delta(p, a, A) = \emptyset$" が成立しているならば，$M$ は実質的に決定性である）．
　計算状況 $(p, A\gamma')$（$A \in \Gamma$）に対し，

$$\delta(p, a, A) \ni (q, \alpha) \qquad (a \in \Sigma \cup \{\varepsilon\})$$

であるとき,

$$(p, A\gamma') \xRightarrow[M]{a} (q, \alpha\gamma')$$

と表す. これは, 入力 $a\ (\in \Sigma \cup \{\varepsilon\})$ を読み込んだときの動作の一可能性である. さらに,

$$(p_i, \alpha_i) \xRightarrow[M]{a_i} (p_{i+1}, \alpha_{i+1})$$
$$(\alpha_i \in \Gamma^+,\ a_i \in \Sigma \cup \{\varepsilon\},\ i = 1, 2, \ldots, n\,;\ \alpha_{n+1} \in \Gamma^*)$$

であるとき,

$$(p_1, \alpha_1) \xRightarrow[M]{x}{}^* (p_{n+1}, \alpha_{n+1}) \quad (\text{ただし},\ x = a_1 a_2 \cdots a_n)$$

と表し, これを (p_1, α_1) から (p_{n+1}, α_{n+1}) への **x による推移**とよぶ. これも, 推移の一可能性を表すものである. なお, 任意の計算状況 (p, α) に対し,

$$(p, \alpha) \xRightarrow[M]{\varepsilon}{}^* (p, \alpha)$$

とする.

入力記号列 x により, 初期計算状況 (q_0, Z_0) からある受理計算状況へと至る推移が 1 通りでも可能であれば, その x は M に**受理** (accept) されるという.

(a)　空スタック受理

$$\left\{ x \in \Sigma^* \ \middle|\ (q_0, Z_0) \xRightarrow[M]{x}{}^* (q, \varepsilon),\ q \in Q \right\}$$

を M が**空スタック受理する言語**といい, $L(M)$ あるいは $N(M)$ (または $Null(M)$) で表す.

(b)　最終状態受理

$$\left\{ x \in \Sigma^* \ \middle|\ (q_0, Z_0) \xRightarrow[M]{x}{}^* (r, \gamma),\ r \in F,\ \gamma \in \Gamma^* \right\}$$

を M が**最終状態受理する言語**, あるいは単に, **受理する言語**といい, $L(M)$ あるいは $T(M)$ で表す.

なお，非決定性プッシュダウンオートマトン M が空スタック受理する言語は，推移が非決定的にいく通りも許されることより，必ずしも接頭辞性質をもつものとは限定されなくなる．したがって，決定性プッシュダウンオートマトンの場合と異なり，最終状態受理式非決定性プッシュダウンオートマトンは等価な空スタック受理式非決定性プッシュダウンオートマトンに変換可能である．逆の変換が可能であることは決定性プッシュダウンオートマトンの場合と同様である．したがって，非決定性プッシュダウンオートマトンにおいては，受理方式の違いは本質的差異ではない．

非決定性プッシュダウンオートマトンは，文脈自由文法が生成する言語，すなわち文脈自由言語を受理することができ，かつそれに限られる．したがって，非決定性プッシュダウンオートマトンと文脈自由文法の言語規定能力は同じである[Ch62]．

▶**例 4.15** 空スタック受理式非決定性プッシュダウンオートマトンの例として，

$$M = (\{p, q\}, \{Z, A, B\}, \{a, b\}, \delta, p, Z, \emptyset)$$

を考える．ここで，

$$
\begin{aligned}
&\delta(p, \varepsilon, Z) = \{(q, \varepsilon)\}, &&\delta(p, a, Z) = \{(p, A)\}, \\
&\delta(p, b, Z) = \{(p, B)\}, &&\delta(p, a, A) = \{(p, AA), (q, \varepsilon)\}, \\
&\delta(p, b, A) = \{(p, BA)\}, &&\delta(p, a, B) = \{(p, AB)\}, \\
&\delta(p, b, B) = \{(p, BB), (q, \varepsilon)\}, &&\delta(q, a, A) = \{(q, \varepsilon)\}, \\
&\delta(q, b, B) = \{(q, \varepsilon)\} &&(\text{その他，右辺が } \emptyset \text{ のものは省略})
\end{aligned}
$$

である．このオートマトンの受理言語は $L(M) = \{ww^R \mid w \in \{a, b\}^*\}$ となる．この言語を受理するためには，4.8.2項 単純決定性プッシュダウンオートマトンの定義と動作 の，例 4.10（131ページ）の M_2 の推移規則

$$Z \overset{c}{\to} \varepsilon \quad \text{を} \quad Z \overset{\varepsilon}{\to} \varepsilon$$

に変更したもの（空スタック受理式単一状態非決定性プッシュダウンオートマトン）によってもよい．

注 なお，この文脈自由言語は決定性言語でないことが証明されている．

▶**例 4.16** 4.9.2項，例 4.14（140ページ）の最終状態受理式決定性プッシュダウンオートマトン M_2 に対し，それと等価な空スタック受理式非決定性プッシュダウンオートマトンは，図 4.15 の M_2' 中の終止記号 # を空記号列 ε で置き換えた

▌ものとして得られる.

■4.10.1 文脈自由文法から非決定性プッシュダウンオートマトンへの変換

任意の文脈自由文法

$$G = (N, \Sigma, P, S)$$

に対し，それと等価な空スタック受理式単一状態非決定性プッシュダウンオートマトン

$$M = (\{q\}, N, \Sigma, \delta, q, S, \emptyset)$$

を構成することができる.

ここで，G は一般性を失うことなくグライバッハ標準形であるとする．このとき，P の生成規則は

$$A \to a\alpha \qquad (A \in N,\ a \in \Sigma \cup \{\varepsilon\},\ \alpha \in N^*)$$

なる形式に限られ，しかも $a = \varepsilon$ であるのは $A = S$，かつ $\alpha = \varepsilon$ の場合だけである．これに対する M の推移関数 δ は，$A \to a\alpha \in P$ であるとき，かつそのときに限り，

$$\delta(q, a, A) \ni (q, \alpha)$$

になるようにすればよい（図 4.16 を参照）．G における最左導出と M における推移とを対比して考えれば，$L(G) = L(M)$ となることは明らかであろう．

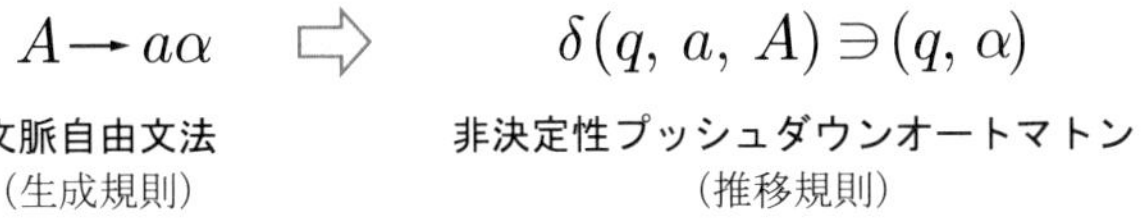

$$A \to a\alpha \quad \Longrightarrow \quad \delta(q, a, A) \ni (q, \alpha)$$

文脈自由文法　　　　　　非決定性プッシュダウンオートマトン
（生成規則）　　　　　　　　　　（推移規則）

図 4.16　文脈自由文法から非決定性プッシュダウンオートマトンへの変換

■4.10.2 非決定性プッシュダウンオートマトンから文脈自由文法への変換

任意の空スタック受理式非決定性プッシュダウンオートマトン

$$M = (Q, \Gamma, \Sigma, \delta, q_0, Z_0, \emptyset)$$

に対し，それと等価な文脈自由文法

$$G = (N, \Sigma, P, S)$$

を構成することができる.

構成する文法 G の非終端記号の集合 N は,開始記号 S の他に,

$$[p, A, q] \quad (\text{ただし,} p, q \in Q, A \in \Gamma \text{ であり,} [p, A, q] \text{ の全体で 1 記号})$$

なる形式の非終端記号を集めたものから成る.ここで,

$$(p, A) \xLongrightarrow[M]{x}{}^* (q, \varepsilon) \qquad (p, q \in Q, A \in \Gamma, x \in \Sigma^*)$$

であるとき,かつそのときに限り,

$$[p, A, q] \xLongrightarrow[G]{*} x$$

となるようにする.そのためには,次のようにして生成規則を作り,その集合を P とする.

（1）すべての $r (\in Q)$ に対して,生成規則

$$S \to [q_0, Z_0, r]$$

を作る.

（2）$\delta(p, a, A) \ni (q_1, B_1 B_2 \cdots B_n) (a \in \Sigma \cup \{\varepsilon\}, B_i \in \Gamma)$ であるとき,重複を許したすべての可能な組み合わせの $q_2, q_3, \ldots, q_{n+1} (\in Q)$ に対して,生成規則

$$[p, A, q_{n+1}] \to a[q_1, B_1, q_2][q_2, B_2, q_3] \cdots [q_n, B_n, q_{n+1}]$$

を作る.とくに,$\delta(p, a, A) \ni (q_1, \varepsilon)$ であるときには,生成規則

$$[p, A, q_1] \to a$$

を作る.この結果,$L(M) = L(G)$ となる.

▶**例 4.17** 4.9.1 項 決定性プッシュダウンオートマトンの定義と動作 の例 4.12（138 ページ）の実時間空スタック受理式決定性プッシュダウンオートマトン M_1（図 4.14）に対し,それと等価な文脈自由文法 G_1 の生成規則は次のようになる.

（1）$S \to [p, S, p], S \to [p, S, q]$

（2）　$\delta(p,a,S) = \{(p,A)\}$ より，$[p,S,p] \to a[p,A,p]$，$[p,S,q] \to a[p,A,q]$

$\qquad \delta(p,b,A) = \{(p,\varepsilon)\}$ より，$[p,A,p] \to b$

$\qquad \delta(p,c,A) = \{(q,\varepsilon)\}$ より，$[p,A,q] \to c$

$\qquad \delta(p,a,A) = \{(p,AB)\}$ より，$[p,A,p] \to a[p,A,p][p,B,p]$，

$$[p,A,p] \to a[p,A,q][q,B,p] \quad (\times),$$

$$[p,A,q] \to a[p,A,p][p,B,q] \quad (\times),$$

$$[p,A,q] \to a[p,A,q][q,B,q]$$

$\qquad \delta(p,b,B) = \{(p,\varepsilon)\}$ より，$[p,B,p] \to b$

$\qquad \delta(q,c,B) = \{(q,\varepsilon)\}$ より，$[q,B,q] \to c$

なお，結果的に $[q,B,p]$，$[p,B,q]$ は死記号で無効記号となるので，後ろに（×）印を付けた生成規則は不要である．

ここで，$L(M_1) = L(G_1) = \{a^i b^i \mid i \geqq 1\} \cup \{a^j c^j \mid j \geqq 1\}$ である．

4.11　所属問題と構文解析

　形式文法 G に対して任意の終端記号列 $w \in \Sigma^*$ が与えられたとき，w が G の生成する言語 $L(G)$ に属する $(w \in L(G))$ か否かを判定する問題を，G の**所属問題** (membership problem) という．これは，構文解析における主要問題でもある．オートマトン M と入力記号列 $w \in \Sigma^*$ に対しても同様に，$w \in L(M)$ であるか否かを判定する問題を M の所属問題という．

　文脈自由文法の所属問題は，それをグライバッハ標準形の文法 $G' = (N, \Sigma, P, S)$ に変換してから考えると非常に扱いやすくなる．まず，与えられた終端記号列 w が空記号列 ε である場合 $(w = \varepsilon)$ は，G' が $S \to \varepsilon$ となる生成規則をもつ場合に限って $w \in L(G')$ である．そうでない場合 $(w \neq \varepsilon)$ には，開始記号 S から出発した最左導出により w が生成できるか否かをあらゆる可能性にわたって調べる．

　ここで，G' をグライバッハ標準形とすると，適用する生成規則の右辺の先頭は終端記号であり，ある文形式に対して1ステップの直接の導出を適用すると，その中の終端記号は1個だけ増加する．したがって，もし $w \in L(G')$ であるならば，w を導出するために適用する直接の導出のステップ数はちょうど w の長さ $(|w|)$ だけである．また，各段階の直接の導出においてどの生成規則を用いたらよいかは，高々有限である P の要素数だけ試行を行えばすむ．ゆえに，w を導出する最左導出の

全可能性を調べつくすことは可能であり，w の最左導出のあらゆる可能性が否定されたときに限り $w \notin L(G')$ と判定をくだす．このことより，文脈自由文法の所属問題は**可解** (solvable) であるという．

なお，特別の場合として，決定性有限オートマトンあるいはそれと直接的に対応する形式の正規文法 (2.5.2 項 有限オートマトンから正規文法への変換 参照) においては，各段階の推移あるいは直接の導出において適用できる推移規則あるいは生成規則は一意的に定まるため，所属問題はきわめて単純に解決される．

▶**例 4.18**　グライバッハ標準形の文脈自由文法

$$G = (\{S, B, C, D, E\}, \{a, b, c\}, P, S)$$

に対し，$a^3 c^3 \in L(G)$ であるか否かを判定する．ここで，

$$P = \{①: S \to aB, \quad ②: B \to b, \quad ③: S \to aC, \quad ④: C \to c,$$
$$⑤: S \to aDB, ⑥: D \to aB, \quad ⑦: D \to aDB, ⑧: S \to aEC,$$
$$⑨: E \to aC, \quad ⑩: E \to aEC\}$$

である．まず，S に対して生成規則①を適用すると文形式 aB が得られる．ところが，次に適用できる生成規則は②だけであり，その結果は $a^3 c^3$ の導出へは至らない．したがって，前の生成規則①の適用を取り消し，次の可能性として③を選ぶ．しかしこれも同様にして取り消され，次に⑤が選ばれて文形式 aDB，さらに $a^2 B^2$ が導出される．ところが，これも $a^3 c^3$ の導出へは至らないことが確認され，以下同様の試行錯誤の結果，

$$aDB \underset{G}{\Longrightarrow} a^2 DB^2 \underset{G}{\Longrightarrow} a^3 DB^3$$

なる導出まで進む．これも $a^3 c^3$ の導出へは至らないことが確認されるが，aDB 以降に適用できる生成規則はこれですべて調べつくされている．したがって，試行を最初の S の位置まで後戻りし，残る生成規則⑧の適用可能性を調べる．すると，最終的には図 4.17 の最下段のような $a^3 c^3$ へ至る導出が見いだされ，"$a^3 c^3 \in L(G)$" と判定される．なお，

$$L(G) = \{a^i b^i \mid i \geqq 1\} \cup \{a^j c^j \mid j \geqq 1\}$$

である．

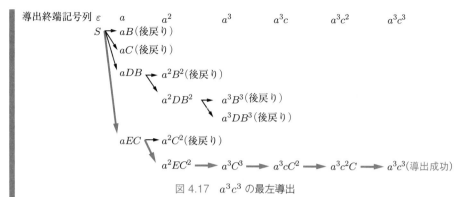

導出終端記号列 ε　a　　　a^2　　　　　a^3　　　a^3c　　　　a^3c^2　　　　a^3c^3

S → aB(後戻り)

aC(後戻り)

aDB → a^2B^2(後戻り)

a^2DB^2 → a^3B^3(後戻り)

a^3DB^3(後戻り)

aEC → a^2C^2(後戻り)

a^2EC^2 ⟶ a^3C^3 ⟶ a^3cC^2 ⟶ a^3c^2C ⟶ a^3c^3(導出成功)

図 4.17　a^3c^3 の最左導出

　一般に，文法 G に対する所属問題を解いた結果が $w \in L(G)$ であるとき，(所属性の判定結果のみならず) その w に対する G による導出木をも見つけることを，G に対する**構文解析** (parsing, syntax analysis) という (4.2 節 導出木 を参照)．

　構文解析あるいは所属問題を，前記のような単純な手法によるよりも効率よく実行するアルゴリズムとして，次項の CKY アルゴリズムが知られている．

■ 4.11.1　CKY アルゴリズム

　コック-嵩-ヤンガー (Cocke-Kasami-Younger) による構文解析アルゴリズム (**CKYアルゴリズム** (CKY algorithm)[Ka65], [Yo67]) は，与えられた終端記号列 $w = a_1 \cdots a_n \in \Sigma^*$ が文脈自由言語 L に属するか否かを効率よく解くアルゴリズムとして知られている．

　まず，与えられた文脈自由言語 L に対して $L = L(G)$ を満たすチョムスキー標準形の文脈自由文法 G を考えよう．すなわち，$G = (N, \Sigma, P, S)$ であり，P は $A \to BC$ または $A \to a$ $(A, B, C \in N, a \in \Sigma)$，あるいは $S \to \varepsilon$ のいずれかの形をしているとする．

　CKY アルゴリズムを構成する主要なアイデアは**動的計画法** (dynamic programming: **DP**) とよばれるアルゴリズム設計のための基本原理の一つにもとづいている．この考え方の概略は「G において，S から $w = a_1 \cdots a_n$ $(n \geqq 1)$ が生成されるか否かを決定するのに，w の長さ i のすべての部分記号列 x_i を短い順に(長さ $i = 1$ から始めて) 次々と調べていき，x_i を生成可能な非終端記号の集合 $N(x_i)$ を記憶する．このとき，一般に w の部分記号列 xy に対する集合 $N(xy)$ は，すでに計算済みである二つの集合 $N(x)$ と $N(y)$ とを組み合わせて得られる」という性質を利用す

るものである（ここで，$i = |w|$ のとき $x_{|w|} = w$ であり，S が w を生成するか否か
は，求めるべき非終端記号の集合 $N(w)$ が S を含むか否かで判定できることに留意
しよう）。

　以下では，例を用いてこのことを詳しく説明する．

▶**例 4.19**　文脈自由文法 $G = (\{S, A, B, X, Y\}, \{a, +, *\}, P, S)$ を考える．こ
こで，

$$P = \{\ S \to SX,\ S \to YX,\ S \to a,\ X \to AY,\ X \to AS,\ X \to BS,$$
$$Y \to SX,\ A \to +,\ B \to *\ \}\quad （\text{チョムスキー標準形}）$$

である．このとき，終端記号列

$$w = a + a * a$$

が $L(G)$ に属するか否かを調べたい．w の長さは $n = 5$ である．以下では，w に
現れる終端記号の位置を明示したいとき，

$$w = a_{(1)}+_{(2)}a_{(3)}*_{(4)}a_{(5)}$$

のように表示する．

[部分記号列長 $i = 1$]　w の長さ 1 の部分記号列は "$a_{(1)}$"，"$+_{(2)}$"，"$a_{(3)}$"，
"$*_{(4)}$"，"$a_{(5)}$" がすべてである．これらおのおのに対して生成可能な非終端記号
の集合を計算したい．（G がチョムスキー標準形であることを考慮すると）たと
えば，"$a_{(1)}, a_{(3)}, a_{(5)}$" に関しては $S \underset{G}{\Longrightarrow} a$ が唯一の生成過程であるから，これ
らの "a" に対しては $\{S\}$ が計算される．同様に，2 番目に出現している "$+_{(2)}$"
には $\{A\}$ が，そして，4 番目に現れている "$*_{(4)}$" には $\{B\}$ が計算される．これら
の情報は，図 4.18（a）のようなサイズ 5×5 の上三角行列 $M_G(w)$ の第 1 行目に
配置して記憶する．一般に，行列 $M_G(w)$ の第 i 行は w の部分記号列の長さ i を，
第 j 列は w における出現開始位置 j を表す（図 4.18（a）を参照）．この $M_G(w)$
は G の w に関する**解析行列**とよばれる．

[部分記号列長 $i = 2$]　次に，w の長さ 2 の部分記号列すべてを考える．それら
は "$a_{(1)}+_{(2)}$"，"$+_{(2)}a_{(3)}$"，"$a_{(3)}*_{(4)}$"，"$*_{(4)}a_{(5)}$" の四つである．これらを生成
可能な非終端記号の集合を計算したい．（G がチョムスキー標準形であることを考
慮すると）まず "$a_{(1)}+_{(2)}$" を生成するためには，これを $a_{(1)}$ と $+_{(2)}$ とに 2 分割
して考える．そしていま，$S \to a$ と $A \to +$ が P に属するので，もし "$Z \to SA$"

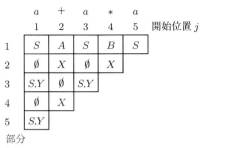

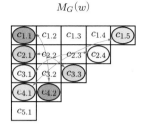

（a）$w = a + a * a$ に関する
　　解析行列 $M_G(w)$

（b）$c_{5,1}$ の計算に必要な
　　四つの組み合わせ

図 4.18　CKY アルゴリズムの実行例

の形の規則があれば Z は求める非終端記号である．しかし，この場合 P にはそのような規則は存在しないので，空集合 $\emptyset$ が求める集合となり，これを $M_G(w)$ の要素 $c_{2,1}$ とする．

　2 番目の "$+_{(2)}a_{(3)}$" に関しては，$A \to +$ と $S \to a$ に加えて $X \to AS$ があり，これが "$+a$" を生成する唯一の場合であるから，$\{X\}$ が求める集合であり，これを $c_{2,2}$ とする．以下同様にして，$c_{2,3} = \emptyset$ および $c_{2,4} = \{X\}$ と求まる（以下，一般に行列 $M_G(w)$ の各要素 $c_{i,j}$ は，「w の長さ i の部分記号列で位置 j から始まるもの $a_j a_{j+1} \cdots a_{j+i-1}$ を生成可能な非終端記号の集合の記憶場所」となるように構成する）．

[部分記号列長 $i = 3$]　w の長さ 3 の部分記号列は "$a_{(1)}+_{(2)}a_{(3)}$"，"$+_{(2)}a_{(3)}*_{(4)}$"，"$a_{(3)}*_{(4)}a_{(5)}$" の三つであり，これらを生成可能な非終端記号の集合を求めよう．考え方は基本的にいままでと同様であるが，ここでは少し複雑な考察が必要となる．まず $c_{3,1}$ を計算するために部分記号列 "$a_{(1)}+_{(2)}a_{(3)}$" を考察する．この部分記号列には 2 分割の仕方が二つ存在する．つまり（i）$a + a = a_{(1)} \cdot +_{(2)}a_{(3)}$ と（ii）$a + a = a_{(1)}+_{(2)} \cdot a_{(3)}$ である．

　（i）の場合，$a_{(1)}$ を生成する（すなわち $c_{1,1}$ に属する）非終端記号 S と $+_{(2)}a_{(3)}$ を生成する（$c_{2,2}$ に属する）非終端記号 X が存在して，かつ規則 $S \to SX$ が P に属するので，S は $c_{3,1}$ の要素となる．さらに $Y \to SX$ も P に属するので，$\{S, Y\} \subseteq c_{3,1}$ である．

　（ii）の場合，$a_{(1)}+_{(2)}$ を生成すべき $c_{2,1}$ が $\emptyset$ であるから，（$a_{(3)}$ を生成する可能性のある $c_{1,3}$ を調べるまでもなく）ただちに求める非終端記号はないと判明す

る．以上の (i) と (ii) から結局，$c_{3,1} = \{S, Y\}$ と計算される．

　他の二つの部分記号列 "$+_{(2)}a_{(3)}*_{(4)}$" と "$a_{(3)}*_{(4)}a_{(5)}$" に対しても，同様の考察により，おのおの $c_{3,2} = \emptyset$，$c_{3,3} = \{S, Y\}$ と計算できる．

［部分記号列長 $i = 4$］　w の長さ 4 の部分記号列は二つあり，"$a_{(1)}+_{(2)}a_{(3)}*_{(4)}$" と "$+_{(2)}a_{(3)}*_{(4)}a_{(5)}$" である．［部分記号列長 $i = 3$］と同様の考え方によって，これらを生成可能な非終端記号の集合を求める．すなわち，"$a_{(1)}+_{(2)}a_{(3)}*_{(4)}$" に対して 2 分割の仕方が 3 種類あり，調べるべき非終端記号の組み合わせは (i) $c_{1,1}$ ($= \{S\}$) と $c_{3,2}$ ($= \emptyset$)，(ii) $c_{2,1}$ ($= \emptyset$) と $c_{2,3}$ ($= \emptyset$)，および (iii) $c_{3,1}$ ($= \{S, Y\}$) と $c_{1,4}$ ($= \{B\}$) である．明らかに (i)，(ii) の場合は存在しない．また (iii) の場合は SB あるいは YB を右辺にもつ P の規則はないことから，結局 $c_{4,1} = \emptyset$ と計算できる．

　もう一つの部分記号列 "$+_{(2)}a_{(3)}*_{(4)}a_{(5)}$" に対しては，同様の考察により，$c_{4,2} = \{X\}$ が得られる．

［部分記号列長 $i = 5$］　w の長さ 5 の部分記号列は w 自身であり，"$a_{(1)}+_{(2)}a_3*_{(4)}a_{(5)}$" を生成可能な非終端記号の集合を求めたい．そのためにはこれを 2 分割する 4 種類の仕方のおのおのの場合を調べればよい．すなわち，(i) $c_{1,1}$ ($= \{S\}$) と $c_{4,2}$ ($= \{X\}$)，(ii) $c_{2,1}$ ($= \emptyset$) と $c_{3,3}$ ($= \{S, Y\}$)，(iii) $c_{3,1}$ ($= \{S, Y\}$) と $c_{2,4}$ ($= \{X\}$)，および (iv) $c_{4,1}$ ($= \emptyset$) と $c_{1,5}$ ($= \{S\}$) である（図 4.18（b）を参照）．これらのうちで (i) と (iii) の場合において，SX に関する $S \to SX$ と $Y \to SX$，YX に関する $S \to YX$ が P の規則であることから，最終的に，$c_{5,1} = \{S, Y\}$ と計算できる（図 4.18（a）および（b）を参照）．

［判定］　定義から，「S から w が生成可能である」ことは，「S が位置 1 から始まる長さ 5 の部分記号列（すなわち，w 自身）を生成できる」ことであり，これは「S が $c_{5,1}$ に属する」ことと同値である．したがって，この場合 $w = a + a * a$ は $L(G)$ に属することが判明する．実際，たとえば，

$$S \underset{G}{\Rightarrow} YX \underset{G}{\Rightarrow} SXX \underset{G}{\Rightarrow} aXX \underset{G}{\Rightarrow} aASX \underset{G}{\Rightarrow} a + SX \underset{G}{\Rightarrow} a + aX$$
$$\underset{G}{\Rightarrow} a + aBS \underset{G}{\Rightarrow} a + a * S \underset{G}{\Rightarrow} a + a * a$$

は w を生成する最左導出の一つである．

　チョムスキー標準形の文法 G に対し，以上の手続きは次のようなアルゴリズムとしてまとめられる．

CKY アルゴリズム

入力を終端記号列 $w = a_1 a_2 \cdots a_n \in \Sigma^*$ とする.

1. $w = \varepsilon$ のとき, $S \to \varepsilon \in P$ ならば "Yes" を, そうでなければ "No" を出力して終了.

2. w の各 a_j $(j = 1, \ldots, n)$ に対して, $X \to a_j \in P$ であるすべての X を $c_{1,j}$ に入れる.

3. 各 $i = 2, \ldots, n$ に対して, 以下を実行する.

   各 $j = 1, \ldots, n - i + 1$ に対して, 以下を実行する.

   各 k $(1 \leqq k \leqq i - 1)$ に対して,

   $Y \in c_{k,j}$ かつ $Z \in c_{i-k,j+k}$ かつ $X \to YZ \in P$ ならば,

   X を $c_{i,j}$ に入れる. そうでなければ, $c_{i,j} = \emptyset$ とする.

4. $S \in c_{n,1}$ ならば "Yes" を, そうでなければ "No" を出力して終了.

CKY アルゴリズムの正当性の証明　いま, 入力 $w = a_1 \cdots a_n$ とするとき, 任意の $1 \leqq i \leqq n$ と任意の $1 \leqq j \leqq n - i + 1$ に対して $\alpha_{i,j} = a_j \cdots a_{j+i-1}$ とする (すなわち, $\alpha_{i,j}$ は w の j 番目から始まる長さ i の部分記号列を表す). アルゴリズムの正しさは「任意の $X \in N$ と任意の $1 \leqq i \leqq n$ と任意の $1 \leqq j \leqq n - i + 1$ に対して

$$\text{“} X \in c_{i,j} \text{” であるとき, かつそのときに限り “} X \underset{G}{\overset{*}{\Rightarrow}} \alpha_{i,j} \text{”}$$

が成り立つ」ことを示せばよい (なぜならば, $X = S$, $i = n$, $j = 1$ のときを考えると「$S \in c_{n,1}$ であることと $w \in L(G)$ であることが同値となる」からである).

これは, 以下のように帰納法によって示すことができる.

$i = 1$ のとき, 定義より明らかに「$X \in c_{1,j}$ であるとき, かつそのときに限り $X \underset{G}{\Rightarrow} a_j \ (= \alpha_{1,j})$」が成り立つ.

次に, $i < m$ であるすべての i に対して上記の関係が成り立つと仮定し, $i = m$ のときを考える (以下, 記法 "$\Longleftrightarrow$" は同値であることを表す). このとき,

$$X \in c_{m,j} \Longleftrightarrow \text{ある } k \ (1 \leqq k < m) \text{ があって, } Y \in c_{k,j}, \ Z \in c_{m-k,j+k},$$
$$\text{かつ } X \to YZ \in P$$
$$\Longleftrightarrow \text{ある } k \ (1 \leqq k < m) \text{ があって, } Y \underset{G}{\overset{*}{\Rightarrow}} \alpha_{k,j}, \ Z \underset{G}{\overset{*}{\Rightarrow}} \alpha_{m-k,j+k},$$

$$\text{かつ } X \to YZ \in P \quad (\text{帰納法の仮定より})$$

$$\Longleftrightarrow \text{“} X \underset{G}{\overset{*}{\Rightarrow}} \alpha_{k,j}\, \alpha_{m-k,j+k} = \alpha_{m,j}\text{”}$$

となる。したがって、$i \leqq n$ である任意の i に対して成り立つ。　　　　　$\Box$

与えられた文脈自由文法 G に対して、CKY アルゴリズムが終了するまでに必要な時間（ステップ数）を考察する。入力の長さ n の関数として、アルゴリズムの手順 2. は n ステップですむ。手順 3. は i, j, k に関する繰り返し手続きが三つあり、おのおのは高々 $(n-1)$ ステップかかる。したがって、手順 3. 全体は高々 n^3 ステップでよい。他の操作は定数時間で終了するので、結局アルゴリズムは全体で n^3 の定数倍の時間で終了することがわかる。

■4.11.2　下降型構文解析

本節の最初において、所属問題を解く方法として説明したように、開始記号 S から出発して、終端記号列 w へ向かって解析を進めていく構文解析方式は、**下降型構文解析** (top-down parsing) とよばれる。ところで、一般の文脈自由文法に対して構文解析問題を解く場合には、例 4.18 においても見たように、その途中でどの生成規則を適用するべきかを一意的に決定できず、したがって、試行錯誤が必要になる。

ところで、下降型構文解析において、適用すべき生成規則の決定が一意的に行えるような文脈自由文法の部分クラスとして、**LL(k) 文法** (LL(k) grammar) とよばれるものがある。

正の整数 k に対して、文脈自由文法 $G = (N, \Sigma, P, S)$ が LL(k) 文法であるとは「最左導出により、

$$S \underset{G}{\overset{*}{\Rightarrow}} uA\beta \quad (u \in \Sigma^*, \; \beta \in (N \cup \Sigma)^*, \; A \in N)$$

まで解析が進んでおり、さらに、最左導出により最終的に、

$$uA\beta \underset{G}{\Rightarrow} u\alpha\beta \underset{G}{\overset{*}{\Rightarrow}} uv \quad (A \in N, \; \alpha\beta \in (N \cup \Sigma)^*, \; uv \in \Sigma^*)$$

となるべきとする。このとき、v の先頭から高々 k 個の記号を見るだけで、$uA\beta$ の A に適用すべき生成規則 $A \to \alpha$ が一意的に決定できる」という性質をもつときをいう。LL(k) の名称は **Left** から走査して、構文解析をすべき終端記号列 w の **Leftmost**（最左）導出を行うのに、**k** 個の先読みを許すことによって確定的に進められることに由来する。

なお，定義から LL(k) 文法は LL($k+1$) 文法である．また，ε-生成規則なしのグライバッハ標準形 LL(1) 文法のクラスは，4.7 節の単純決定性文法のクラスに一致する．

▶**例 4.20**　文脈自由文法 $G = (\{S, A, B, C, D\}, \{a, b, c\}, P, S)$ に対し，$w = abbac \in L(G)$ であるか否かを判定する．ここで，

$$P = \{①: S \to bAc, \quad ②: S \to aBc, \quad ③: A \to aaB, \quad ④: A \to abA,$$
$$⑤: A \to a, \quad ⑥: B \to bbA, \quad ⑦: B \to baB, \quad ⑧: B \to b\}$$

である．まず S に対して生成規則②を適用すると文形式 aBc が得られる．次に適用できる可能性のある生成規則は，⑥，⑦，⑧のいずれかであるが，$w = abbac$ の第 2 記号から始まる 2 記号の先読みを許すとそれは bb である．ところで，aBc に対する⑦，あるいは⑧の適用は，おのおの文形式 $abaBc$ あるいは abc となり，w の長さ 3 の接頭辞 abb を生成しない．したがって，⑥のみが有効となる．このとき，文形式は $abbAc$ となる．ここで，次に適用できる生成規則は③，④，⑤のいずれかであるが，$w = abbac$ の第 4 記号から 2 記号の先読みを許すとそれは ac である．ところが，$abbAc$ に対する③あるいは④の適用は，おのおの文形式 $abbaaBc$ あるいは $abbabAc$ となり，w の長さ 5 の接頭辞 $abbac$ を生成しない．したがって，⑤のみが有効となり，結局 $abbac$ を導出する．

このように，G は入力記号列を高々 2 記号だけ先読みすることが許されるならば，逐次どの生成規則を適用するべきかが一意的に決定できる．したがって，G は LL(2) 文法である．

なお，LL(k) 文法の概念はルイスとスターンズ (Lewis and Steams)[LS68] により提案され，さらにローゼンクランツとスターンズ (Rosenkrantz and Stearns)[RS70] によってその諸性質が調べられ，LL(k) 文法対の等価性判定が可能であることも示された．その後，決定性有限オートマトンに対する 2.2.3 項の手法を基本とした，より直接的で単純な等価性判定アルゴリズムも発表されている[OP77], [To83b]．

■ **4.11.3　上昇型構文解析**

構文解析へのもう一つのアプローチとして，**上昇型構文解析** (bottom-up parsing) とよばれるものがある．これは，解析の最初の段階では終端記号列 w の部分記号列で，後の段階では $(N \cup \Sigma)$ 上の部分記号列で，生成規則の右辺と一致するもの（こ

の部分記号列を**ハンドル** (handle) とよぶ) を見つけ，それを左辺の非終端記号で置き換える (**還元** (reduce) する) という操作を繰り返し行い，最終的に開始記号 S にまで還元することができるか否かを調べる方法である．この過程においても，一般に還元に関して試行錯誤が必要となる．

ところで，確定的に上昇型構文解析が可能な文脈自由文法の部分クラスとして，**LR(k) 文法** (LR(k) grammar) とよばれる文法がある．ここで，k は非負の整数である．

文脈自由文法 $G = (N, \Sigma, P, S)$ が LR(k) 文法であるとは，S が各生成規則の右辺には現れず，かつ「w の最右導出の逆の還元により，

$$\alpha\beta v \underset{G}{\overset{*}{\Longrightarrow}} w \quad (\alpha\beta \in (N \cup \Sigma)^*; \ v, w \in \Sigma^*)$$

まで解析が進められ，かつ**最右導出** (rightmost derivation) によって，

$$S \underset{G}{\overset{*}{\Longrightarrow}} \alpha A v \underset{G}{\Longrightarrow} \alpha\beta v$$

となるべきとする．このとき，v の先頭から高々 k 個の記号を見るだけで，$\alpha\beta v$ 中の β がハンドルであり，それを生成規則 $A \to \beta$ によって還元すべきことが一意的に決定できる」という性質をもつときをいう．LR(k) の名称は **Left** から走査して，構文解析をすべき終端記号列 w の **Rightmost**（最右）導出の逆の還元が k 個の先読みをすることによって確定的に行えることに由来する．

▶**例 4.21** 文脈自由文法
$$G = (\{S, E, F, T\}, \{a, +, \times, (,), \#\}, P, S)$$
に対し，
$$w = (a \times a + a)\# \quad \in L(G)$$
であるか否かを判定する．ここで，
$$P = \{①: S \to E\#, \ ②: E \to E+T, \ ③: E \to T, \ ④: T \to T \times F,$$
$$⑤: T \to F, \quad ⑥: F \to (E), \quad ⑦: F \to a\}$$
である．w の最右導出を逆方向にたどっていく還元の様子を表 4.1 に示す．

表 4.1 中，入力バッファ[1] の列における点線の下線を施した記号は先読みの対

象となっている記号を表し，また動作の列における"シフト"は入力バッファからスタックへ1記号読み込むことを意味する．ステップ5では，還元 $(E \to T)$ かシフトかを決定するために1記号 ($\times$) を先読みし，その結果シフトを選んでいる．これは，「G の生成する任意の文形式において，E の直後に出現し得る終端記号は "#，+，および，)" のみである．したがって，$E \to T$ により還元できるのはこれらの記号だけで，"$\times$" のときは還元できない」という G の導出に関する性質によっている．ステップ9，16においても同様の先読みが行われている（表4.1は先読みに関する情報が簡略化された受理動作を表している）．

表 4.1　$(a \times a + a)\#$ の構文解析における動作例

ステップ	入力バッファ	スタック	動作
1	$(a \times a + a)\#$		シフト
2	$a \times a + a)\#$	$($	シフト
3	$\times a + a)\#$	$(a$	$F \to a$ により還元
4	$\times a + a)\#$	$(F$	$T \to F$ により還元
5	$\times a + a)\#$	$(T$	（一つ先読みして次動作を決定）
6	$\underset{\cdots}{\times} a + a)\#$	$(T$	シフト
7	$a + a)\#$	$(T \times$	シフト
8	$+ a)\#$	$(T \times a$	$F \to a$ により還元
9	$+ a)\#$	$(T \times F$	（一つ先読みして次動作を決定）
10	$\underset{\cdots}{+} a)\#$	$(T \times F$	$T \to T \times F$ により還元
11	$+ a)\#$	$(T$	$E \to T$ により還元
12	$+ a)\#$	$(E$	シフト
13	$a)\#$	$(E +$	シフト
14	$)\#$	$(E + a$	$F \to a$ により還元
15	$)\#$	$(E + F$	$T \to F$ により還元
16	$)\#$	$(E + T$	（一つ先読みして次動作を決定）
17	$\underset{\cdots}{)}\#$	$(E + T$	$E \to E + T$ により還元
18	$)\#$	$(E$	シフト
19	$\#$	(E)	$F \to (E)$ により還元
20	$\#$	F	$T \to F$ により還元
21	$\#$	T	$E \to T$ により還元
22	$\#$	E	シフト
23		$E\#$	$S \to E\#$ により還元
24		S	受理

このように，G は入力バッファの記号列を高々1記号だけ先読みすることによって，ハンドルとその還元すべき生成規則を一意的に決定できる．したがって，G は LR(1) 文法である．なお，LR(k) 構文解析系を実際に構成するには，LR 構文解析表 (LR parsing table) とよばれる動作表を作成することから始められる[ALSU06]．

定義から，LR(k) 文法は LR($k+1$) 文法である．ここで，以下の性質が成り立つことが知られている．

1. 任意の LL(k) 文法は LR(k) 文法であるが，逆は真でない．
2. LR(0) 文法と LR(1) 文法とはその言語生成能力において真に違いがある．
3. $k \geq 1$ のとき，LR(k) 文法は k の値にかかわらずその言語生成能力は同じである．
4. 言語 L が LR(0) 文法で生成されるのは，L が接頭辞性質をもつ決定性言語であるとき，かつそのときに限られる[Ha78]．

なお，LR(k) 文法はクヌース (Knuth)[Kn65] により提案され，その後，より単純であるが実際的な SLR(k) 文法[De71]，あるいは LR(k) 文法の改良版である LALR(k) 文法[De69] などが発表された．これらの文法は，現在，（C++や Perl などを例外とする）多くのプログラミング言語に対する構文解析系を構成するのに役立っている[ALSU06]．また，以上に述べられた構文解析法をもととして，自然言語に対するすぐれた構文解析系もいくつか提案されている[Ta89]．なお，4.11.1 項の CKY アルゴリズムは上昇型構文解析の一種と考えることもできる．

4.12 文脈自由言語族の演算に関する閉包性

終端記号集合 Σ 上の文脈自由言語の全体から成る言語族を $\mathcal{CFL}_\Sigma$，あるいは単に $\mathcal{CFL}$ (CFL) と表す．本節では，2.6 節と同様に，言語族 $\mathcal{CFL}$ が各種の集合演算に関して閉じているか否かについて調べる．

二つの文脈自由文法を

$$G_i = (N_i, \Sigma, P_i, S_i) \qquad (i = 1, 2)$$

として，和集合，連接，スター閉包，共通集合，および補集合の五つの演算について考える．ここで，必要に応じて名前を変更することにより，一般性を失うことなく $N_1 \cap N_2 = \emptyset$ と仮定する．

(a) 和集合演算

新たに，記号 S を開始記号として導入し，生成規則の集合として，

$$P_1 \cup P_2 \cup \{S \to S_1, S \to S_2\}$$

をもつ文脈自由文法 G を考えると，明らかに，

$$L(G) = L(G_1) \cup L(G_2)$$

となる．したがって，$\mathcal{CFL}$ は和集合演算に関して閉じている．

(b) 連接演算

記号 S を開始記号として，

$$P_1 \cup P_2 \cup \{S \to S_1 S_2\}$$

を生成規則の集合としてもつ文脈自由文法 G' を考えると，

$$L(G') = L(G_1) L(G_2)$$

であることがわかる．すなわち，$\mathcal{CFL}$ は連接演算に関して閉じている．

(c) スター閉包演算

記号 S を開始記号として，

$$P_1 \cup \{S \to S_1 S, S \to \varepsilon\}$$

を生成規則の集合としてもつ文脈自由文法 G'' を考えると，

$$L(G'') = L(G_1)^*$$

が成り立つことが示せる．したがって，$\mathcal{CFL}$ はスター閉包演算に関して閉じている．

(d) 共通集合演算

$L_1 = \{a^i b^i c^j \mid i \geqq 1, j \geqq 1\}$, $L_2 = \{a^i b^j c^j \mid i \geqq 1, j \geqq 1\}$ なる二つの言語は，共に文脈自由言語であることは容易に示すことができる（演習問題 4.1(2) を参照）．このとき，これらの共通集合を考えると，

$$L_1 \cap L_2 = \{a^i b^i c^i \mid i \geqq 1\}$$

となり，これは（4.13節 非文脈自由言語 で見るように）文脈自由言語でないことが知られている．したがって，$\mathcal{CFL}$ は共通集合演算に関して閉じていない．

(e) 補集合演算

ド・モルガン則

$$L_1 \cap L_2 = \overline{(\overline{L_1} \cup \overline{L_2})}$$

と，上述した事実「$\mathcal{CFL}$ は和集合演算に関して閉じている」，および「$\mathcal{CFL}$ は共通集合演算に関して閉じていない」に注意すると，$\mathcal{CFL}$ は補集合演算に関して閉じていないことがわかる．

なお，決定性言語の族 $\mathcal{DL}$ (DL)，および単純決定性言語の族 $\mathcal{SDL}$ (SDL) に対する同演算に関する結果を合わせてまとめると，表4.2のようになる（表において，〇は閉じていることを，×は閉じていないことを示す）．

表4.2 演算に関する閉包性

演算 言語族	和集合	連接	スター閉包	共通集合	補集合
文脈自由 ($\mathcal{CFL}$)	〇	〇	〇	×	×
決定性 ($\mathcal{DL}$)	×	×	×	×	〇
単純決定性 ($\mathcal{SDL}$)	×	〇	×	×	×

4.13 非文脈自由言語

いかなる文脈自由文法によってもちょうどそれだけを生成することは不可能であるような言語は，**非文脈自由言語** (non-context-free language) とよばれる．

非文脈自由言語の例として，$\Sigma = \{a, b, c\}$ 上の言語

$$L_2 = \{a^i b^i c^i \mid i \geqq 1\}$$

をあげることができる．さて，文脈自由言語

$$L_1 = \{0^i 1^i \mid i \geqq 1\}$$

は自己埋め込みな文脈自由文法 $G_1 = (\{S_1\}, \{0, 1\}, \{S_1 \to 01, S_1 \to 0S_1 1\}, S_1)$ により生成可能で，導出される終端記号 0 の個数と 1 の個数との対応は，自己埋め

込み記号 S_1 の前部と後部との対応により制御される. ところが, そのような自己埋め込み構造だけでは 3 箇所以上の部分の無限個数の制御はもはや不可能であり, そのためには, 導出を文形式中の前後関係によって制御することがさらに必要となる. しかし, 文脈自由文法ではそのような規則を表現することは不可能であり, したがって文脈自由文法では, $L_2 = \{a^i b^i c^i \mid i \geqq 1\}$ の要素だけを生成し, その他のものは生成しないようにすることは不可能となる (なお, L_2 は文脈依存文法とよばれる文法によっては生成することができ, 文脈依存言語とよばれる. 5.5.1 項の例 5.3 (180 ページ) を参照).

このことを厳密に確かめるためには, $L_1 = \{0^i 1^i \mid i \geqq 1\}$ が正規言語でないことの証明 (2.7 節 非正規言語 参照) の場合と同じような方針で考察すればよい.

L_2 の非文脈自由性の証明　背理法による証明のため, $L(G_2) = L_2$ である文脈自由文法

$$G_2 = (N_2, \{a, b, c\}, P_2, S_2)$$

が存在すると仮定してみよう. ここで, この文法 G_2 は ε-なしのチョムスキー標準形であるとしても一般性を失わない. そこで, その非終端記号の個数を $|N_2| = n_2$ としたとき, とくに, L_2 中で長さが 2^{n_2} 以上の終端記号列 $a^l b^l c^l$ に着目する. すなわち, $a^l b^l c^l \in L_2$, かつ $|a^l b^l c^l| \geqq 2^{n_2}$ である. すると, 仮定より $L(G_2) = L_2$ であるから, $a^l b^l c^l \in L(G_2)$ でもあり,

$$S_2 \underset{G_2}{\overset{*}{\Longrightarrow}} a^l b^l c^l$$

なる導出が可能で, それに対応した導出木が存在する. そこで, その導出木の中で根から最も遠い葉へ至るような経路に着目し, その経路の長さは $h+1$ であったとする. すると, 文法 G_2 はチョムスキー標準形としており, さらに仮定より, この導出木の葉の個数 $= |a^l b^l c^l| \geqq 2^{n_2}$ としていたことより, $h \geqq n_2$ でなければならない (図 4.6 (123 ページ) を参照). そうすると, 着目した葉節点から上へさかのぼって根へ至る経路 (両端も含む) 中の内部節点は $n_2 + 1$ 個以上あることになる. したがって, これらの内部節点のうちで同じ非終端記号ラベルの付けられているものが少なくとも 1 組は存在し, そのラベルを A ($\in N_2$) とする. そこで,

$$S_2 \underset{G_2}{\overset{*}{\Longrightarrow}} a^l b^l c^l$$

なる導出を, この A に関して次のように分けて考える (図 4.19 を参照).

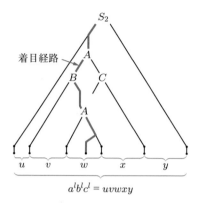

図 4.19　$a^l b^l c^l$ に対する導出木

$$S_2 \overset{*}{\underset{G_2}{\Longrightarrow}} uAy$$

$$\overset{*}{\underset{G_2}{\Longrightarrow}} uvAxy$$

$$\overset{*}{\underset{G_2}{\Longrightarrow}} uvwxy = a^l b^l c^l \qquad (u, v, w, x, y \in \{a\}^* \{b\}^* \{c\}^*).$$

ここで，

$$A \overset{*}{\underset{G_2}{\Longrightarrow}} vAx$$

であるが，G_2 は ε-なしのチョムスキー標準形としているので，この導出の最初の
ステップは

$$A \underset{G_2}{\Longrightarrow} BC$$

なる形式のものであり，したがって $v = x = \varepsilon$（すなわち，$vwx = w$）とはなり得
ない．すなわち，$v \neq \varepsilon$，あるいは $x \neq \varepsilon$ である．ところで，生成規則は文脈に関
係なく適用できるので，

$$S_2 \overset{*}{\underset{G_2}{\Longrightarrow}} uvAxy$$

$$\overset{*}{\underset{G_2}{\Longrightarrow}} uvvAxxy$$

$$\overset{*}{\underset{G_2}{\Longrightarrow}} uv^2 wx^2 y$$

なる導出も可能で，$uv^2 wx^2 y \in L(G_2)$ となる．

　さてここで，u，v，w，x，y と $a^l b^l c^l$ との対応について考察する．

まず，$vwxy \in \{b\}^*\{c\}^*$ である場合を考えると，uv^2wx^2y 中の a の個数は l であるのに対して，b あるいは c の個数は l より大きくなり（$v \neq \varepsilon$，あるいは $x \neq \varepsilon$ であるから），$uv^2wx^2y \notin L_2$ である．ところが，これは $L(G_2) = L_2$ との仮定に反する．ゆえに，このような場合は起こり得ず，$u \in \{a\}^*$，$vwxy \in \{a\}^+\{b\}^*\{c\}^*$ でなければならない．

そこで次に，$v = a^{l_1}b^{l_2}c^{l_3}$ $(l_1 \geqq 1)$ であるとすると，$v^2 = a^{l_1}b^{l_2}c^{l_3}a^{l_1}b^{l_2}c^{l_3}$ であるから，$uv^2wx^2y \in L_2$ であるためには，$l_2 = l_3 = 0$ でなければならない．すなわち，$uv \in \{a\}^*$ でなければならない．

以上と同様にして，$xy \in \{c\}^*$ でなければならないことも導かれる．

ところが，$uv \in \{a\}^*$，$xy \in \{c\}^*$ である場合には，uv^2wx^2y 中の b の個数は l であるのに対して，a あるいは c の個数は l より大きくなり（$v \neq \varepsilon$，あるいは $x \neq \varepsilon$），$uv^2wx^2y \notin L_2$ である．ところが，これは $L(G_2) = L_2$ なる仮定に反する．

したがって，いずれの場合も矛盾が生じることになり，結局，最初に $L(G_2) = L_2$ なる文脈自由文法 G_2 が存在すると仮定したことが否定される．ゆえに，$L_2 = \{a^ib^ic^i \mid i \geqq 1\}$ は非文脈自由言語である． □

なお，この事実（L_2 が文脈自由言語でないこと）は，4.7 節 自己埋め込み における "反復定理" を用いると，より簡潔に示すことができる（演習問題 4.7）．

Coffee Break

 文脈自由文法と遺伝子解析

　国際共同研究の一つであるヒトゲノム解析プロジェクトの成功により，ヒトの遺伝情報をつかさどる DNA の全配列も解読されている．そして，この遺伝子の解析に計算機を利用・応用する研究が活発に行われている．一般に，生体の遺伝情報は 4 種類の核酸（ヌクレオチド）とよばれる基本単位が 1 本鎖上に連結してできた鎖状の高分子であり，DNA 配列と RNA 配列の 2 種類がある．これらは各塩基を一つの記号とすると 4 文字アルファベット上の記号列と考えることができる．RNA 配列はアデニン **A** とウラシル **U** およびシトシン **C** とグアニン **G** のいわゆるワトソン-クリック相補性塩基の対が水素結合することにより，生物的回文構造とよばれる 2 次構造を形成している．RNA の 2 次構造は RNA 配列によって発現する遺伝子の機能と深く関わっているため，2 次構造のモデル化や予測は機能予測のために重要な問題となっている．

　この RNA 配列の 2 次構造は，本章で学んだ文脈自由文法を用いると非常にうまくモデル化することができる．たとえば，次のような文脈自由文法 G_{rna} を用いると，

図4.20に示されるようにRNA配列の2次構造のモデル化が可能となる.

$$G_{rna} = (\{S, X_1, \ldots, X_{14}\}, \{a, c, g, u\}, P, S),$$

$$P = \left\{ \begin{array}{llll} S \to aX_1 u, & X_1 \to cX_2 g, & X_2 \to gX_3 c, & X_3 \to X_4 X_5, \\ X_4 \to uX_6 a, & X_5 \to cX_8 g, & X_6 \to gX_7, & X_7 \to ug, \\ X_8 \to X_9 X_{10}, & X_9 \to aX_{11} u, & X_{10} \to uX_{13} g, & X_{11} \to aX_{12} u, \\ X_{12} \to cg, & X_{13} \to aX_{14} u, & X_{14} \to gc. \end{array} \right\}$$

ここでは，4種類の塩基のアルファベットはすべて小文字 a, c, g, u で表されている.

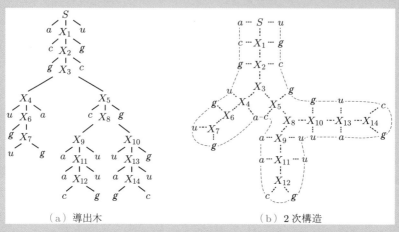

（a）導出木　　　　　　　　　　（b）2次構造

図4.20　RNA配列 $acgugugacaacguuuagcuggcgu$ に対する文法 G_{rna} の導出木（a）と対応する2次構造（b）

　一般に，このような形の生成規則から成る文脈自由文法を用いると，図4.20に示されるような方法により，文法が生成する導出木とRNAの2次構造を対応させることができる．実際，文脈自由文法 G_{rna} は次のような導出過程により，RNA配列を生成する.

$$S \Rightarrow aX_1 u \Rightarrow acX_2 gu \Rightarrow acgX_3 cgu \Rightarrow acgX_4 X_5 cgu$$
$$\Rightarrow acguX_6 aX_5 cgu \Rightarrow acguX_6 acX_8 gcgu \Rightarrow acgugX_7 acX_8 gcgu$$
$$\Rightarrow acgugugacX_8 gcgu$$
$$\Rightarrow acgugugacX_9 X_{10} gcgu$$
$$\vdots$$
$$\Rightarrow acgugugacaacguuuaX_{14} uggcgu$$
$$\Rightarrow acgugugacaacguuuagcuggcgu$$

この導出過程は，図4.20（a）にあるような導出木により表示される．導出木は文

法 G_{rna} によるこの RNA 配列の構文構造を表すが，この木構造は図 4.20（b）に示されるような RNA 配列の 2 次構造と対応している．たとえば，文法 G_{rna} における生成規則 $X_1 \to cX_2g$ はワトソン-クリック相補対 c と g を表し，同図（b）に示される RNA の 2 次構造では c と g による水素結合が対応している．生成規則 $X_3 \to X_4X_5$ は分岐構造を表し，同図（b）の RNA の 2 次構造では，対応する分岐構造を形成している．

　一般に文脈自由文法は本質的にあいまいであるため，一つの文字列に対して複数の異なる導出木が存在する．すると RNA 配列に対しても異なる導出木が存在することになり，その結果として複数の 2 次構造が導かれることになる．この問題を解決するために，文法規則に確率を付与した確率文法を用いて複数の異なる導出木の中で最も確率値の高い導出木によって，その RNA 配列の 2 次構造を決定するような方法が研究されている[SBRUMH94],[SKY01]（第 2 章文献）．文献［UHKY99］では，文脈自由文法を拡張した木文法にもとづく予測アルゴリズムが提案され，よい精度の予測結果を得ている．さらに，深層学習とよばれる AI 技術を用いた RNA の 2 次構造予測アルゴリズムも提案されている[SAS21]（本話題に関する詳細は Web 資料を参照されたい）．

　文脈自由文法による RNA 配列の構文解析や導出木の生成には，たとえば 4.11.1 項の CKY アルゴリズムなどをもとにした動的計画法を用いることにより，効率的に行うことができる．

演習問題

4.1 以下の言語 $L_i \ (i = 1, 2, 3, 4)$ を生成する文脈自由文法 G_i を構成せよ（ヒント：例 4.1 の文法および導出木をもととすると考えやすいであろう）．

(1) $L_1 = \{0^n 1^{2n+1} \mid n \geqq 0\}$

(2) $L_2 = \{a^i b^i c^j \mid i \geqq 1, \ j \geqq 1\}$

(3) $L_3 = \left\{ x \in \{a, b\}^* \mid x = x^R \right\}$　（x^R に関しては，4.8.2 項，例 4.10 を参照）．

(4) $L_4 = \left\{ w \in \{a, b\}^* \mid \#_a(w) = \#_b(w) \right\}$

　　（$\#_s(w)$ は，w に含まれる記号 s の個数を表す）．

4.2 次の生成規則の集合によって与えられる文脈自由文法 G を考える．

$$S \to aS, \quad S \to SS, \quad S \to bA, \quad A \to BB, \quad A \to D, \quad B \to CC,$$

$$B \to ab, \quad B \to aAbC, \quad C \to \varepsilon, \quad D \to aD, \quad E \to aA.$$

このとき，

(1) G と等価な ε-なし文脈自由法 G' を求めよ．

(2) G' から，G と等価で単位生成規則をもたない既約な文脈自由文法 G'' を求めよ．

4.3 次の問に答えよ．

(1) 英文 "Time flies like an arrow" は，正しい構文として複数の解釈をもつあいまいな文である．この文に対する可能な解釈を三つ以上考えよ．

(2) 上記の文のように，正しい英文であるが "あいまい" である文の他の例をあげよ．

4.4 言語 $L = \{a^i b^j c^k \mid$ "$i = j \geq 1$ かつ $k \geq 1$"，または "$i \geq 1$ かつ $j = k \geq 1$"$\}$ を生成する，チョムスキー標準形の文脈自由文法 G を構成せよ．

4.5 次の生成規則をもつ文脈自由文法 G を，グライバッハ標準形に変換せよ．

$$S \to AB, \ A \to BS, \ A \to b, \ B \to SA, \ B \to a.$$

4.6 4.6 節 自己埋め込み の例 4.7 (2) の文法 G_2 において，$\Sigma = \{a, b, c\}$，$u = a$，$v = ab$，$w = aa$，$x = c$，$y = abc$ とする．このとき，

(1) G_2 をチョムスキー標準形の文法 $G_2' = (N_2', \Sigma, F_2', S)$ に変換せよ．

(2) $uvwxy = a \cdot ab \cdot aa \cdot c \cdot abc$ に対し，文法 G_2' による導出木を描け．

4.7 反復定理を用いて，言語 $L = \{a^n b^n c^n \mid n \geq 1\}$ が文脈自由言語でないことを証明せよ．

4.8 以下の各言語に関して，それが接頭辞性質をもつか否かを答えよ．

(1) $L_1 = \{b, ab, acb, aa, caa\}$

(2) $L_2 = \{w \in \{a, b\}^* \mid w$ は偶数個の a と偶数個の b を含む $\}$

(3) $L_3 = \{ab^n \mid n \geq 1\}$

4.9 S を初期記号とし，次の生成規則をもつチョムスキー標準形の文脈自由文法 G を考える．

$$S \to XY, \quad X \to AX, \quad X \to a, \quad A \to a, \quad Y \to BA, \quad Y \to BZ,$$

$$Z \to YA, \quad B \to b$$

(1) 記号列 $abba$，$abbaa$ は $L(G)$ に属するか否かを，CKY アルゴリズムにおける解析行列を作成して調べよ．

(2) 言語 $L(G)$ を求めよ．

4.10 演習問題 4.1 において考察した各言語 L_i $(i = 1, 2, 3, 4)$ を受理する決定性または非決定性のプッシュダウンオートマトン M_i $(i = 1, 2, 3, 4)$ (すなわち，$L(M_i) = L_i$) を構成せよ．また，各言語 L_i が単純決定性言語であるか否かを，理由を付けて答えよ．

4.11 言語 $\{wc \mid w \in \{a, b\}^*\} \cup \{a^n b^n d \mid n \geq 1\}$ は LR(0) 文法で生成されることを示せ．

4.12 L_1，L_2 を空でない言語とし，L_1 は接頭辞性質をもつとする．このとき，次のことを示せ：

　　$L_1 L_2$ が接頭辞性質をもつための必要十分条件は，L_2 が接頭辞性質をもつことである．

4.13 L を終端記号の有限集合 Σ 上の任意の文脈自由言語，R を Σ 上の任意の正規言語とする．このとき，言語 $L \cap R$ もまた文脈自由言語であることを示せ．

4.14 Σ を終端記号の有限集合とする．このとき，Σ 上の**準同形写像** (homomorphism) h とは，Σ の各要素 a に対して Σ^* の要素 $h(a)$ を一意的に対応付ける写像（関数）をいう．h は，任意の $x = a_1 a_2 \cdots a_n \in \Sigma^*$ $(a_i \in \Sigma)$ に対して，

$$\begin{cases} h(\varepsilon) = \varepsilon \\ h(x) = h(a_1)h(a_2)\cdots h(a_n) \end{cases}$$

とすることにより，Σ^* の任意の記号列 x に対して定義される写像になる．さらに，h は，任意の $L \subseteq \Sigma^*$ に対して，

$$h(L) = \big\{ h(w) \mid w \in L \big\}$$

と定義することにより，Σ 上の言語 L に対する写像に拡張される．

　このとき，任意の文脈自由言語 L に対して，$h(L)$ もまた文脈自由言語となることを示せ．

4.15 言語 $\{w \in \{a,b,c,d\}^* \mid \#_a(w) = \#_b(w) = \#_c(w) \geq \#_d(w) \geq 1\}$ は文脈自由言語でないことを証明せよ（ヒント：前問 4.13 と 4.14 の結果を用いる）．

句構造文法とチューリング機械

▶本章では，文脈自由文法とプッシュダウンオートマトンをおのおの一般
化した概念である"句構造文法"と"チューリング機械"をとりあげる．
さらに，この一般化の過程の途中に位置する"文脈依存文法"と"線形拘
束オートマトン"についてふれ，"計算可能性"についても言及する．

5.1 句構造文法

句構造文法 (phrase structure grammar: **PSG**) あるいは **0 型文法** (type 0 grammar) とよばれる文法は，非終端記号の有限集合 N，終端記号の有限集合 Σ，生成規則の有限集合 P，および開始記号 S を指定することにより規定される形式文法

$$G = (N, \Sigma, P, S)$$

で，生成規則 $(\in P)$ が次の形式のものである．

$$\alpha \to \beta \quad (\alpha \in (N \cup \Sigma)^* N (N \cup \Sigma)^*,\ \beta \in (N \cup \Sigma)^*)$$

すなわち，生成規則の<u>左辺に少なくとも 1 個の非終端記号が含まれること</u>以外には何ら制限の付けられていないものである．

記号列 $\varphi\alpha\psi$，$\varphi\beta\psi$ (φ (phi)，ψ (psi) $\in (N \cup \Sigma)^*$) に対し，句構造文法 G が $\alpha \to \beta$ なる生成規則をもつとき，この生成規則により $\varphi\alpha\psi$ は $\varphi\beta\psi$ を**直接に導出**するといい，

$$\varphi\alpha\psi \underset{G}{\Longrightarrow} \varphi\beta\psi$$

と表す．さらに，

$$\alpha_i \underset{G}{\Longrightarrow} \alpha_{i+1} \quad (i = 1, 2, \ldots, n\ (n \geqq 1))$$

であるか，あるいは $n = 0$ であるとき，α_1 は α_{n+1} を導出するといい，

$$a_1 \underset{G}{\overset{*}{\Longrightarrow}} \alpha_{n+1}$$

と表す. とくに,

$$S \underset{G}{\overset{*}{\Rightarrow}} \omega \qquad \left(\omega \in (N \cup \Sigma)^* \right)$$

なる ω は**文形式** (sentential form) とよばれ, さらに $\omega \in \Sigma^*$ である場合には**文** (sentence) とよばれる.

句構造文法 G の生成する言語は,

$$L(G) = \left\{ w \in \Sigma^* \,\middle|\, S \underset{G}{\overset{*}{\Rightarrow}} w \right\}$$

と定義され, **句構造言語** (phrase structure language: **PSL**) とよばれる.

▶例 **5.1** 形式文法 $G = (\{S, A, B, C\}, \{a\}, P, S)$, ここで,

$$P = \{① : S \to BAB, \quad ② : BA \to BC, \ ③ : CA \to AAC,$$
$$④ : CB \to AAB, ⑤ : A \to a, \qquad ⑥ : B \to \varepsilon\}$$

を考えよう. 定義により, G は句構造文法である. G によって生成される言語を調べるために, まず S に対する規則①から始めて, 規則②, ④を適用し, さらに規則②, ③, ④を, それから規則②, ③, ③, ③, ④の順で適用すると,

$$S \underset{G}{\overset{①}{\Rightarrow}} BAB \underset{G}{\overset{②}{\Rightarrow}} BCB \underset{G}{\overset{④}{\Rightarrow}} BAAB$$

$$\underset{G}{\overset{②}{\Rightarrow}} BCAB \underset{G}{\overset{③}{\Rightarrow}} BAACB \underset{G}{\overset{④}{\Rightarrow}} BAAAAB$$

$$\underset{G}{\overset{②}{\Rightarrow}} BCAAAB \underset{G}{\overset{③}{\Rightarrow}} BAACAAB \underset{G}{\overset{③}{\Rightarrow}} BAAAACAB$$

$$\underset{G}{\overset{③}{\Rightarrow}} BA^6CB \underset{G}{\overset{④}{\Rightarrow}} BA^8B$$

なる導出が可能である. なお, $\underset{G}{\Rightarrow}$ の上の ①, ②, ... などは, 適用規則を示すための単なる注意書きであり, 非終端記号列の下の点線は, その適用規則の左辺部分を明示するためのものである.

一般に, 任意の $i \geqq 0$ に対して,

$$S \underset{G}{\overset{*}{\Rightarrow}} BA^{2^i}B$$

が得られる. この $\omega_i = BA^{2^i}B$ からは, 規則⑤を 2^i 回用いれば $Ba^{2^i}B$ が導出され, 最後に規則⑥を 2 回適用することにより,

$$Ba^{2^i}B \underset{G}{\overset{*}{\Rightarrow}} a^{2^i}$$

となる．したがって，

$$S \underset{G}{\overset{*}{\Rightarrow}} a^{2^i}$$

である．もし，$\omega_i = BA^{2^i}B$ に対して，さらに規則 ② から始めて，規則 ③, ③, ..., ③, ④ をこの順で適用すると，

$$\omega_{i+1} = BA^{2^{i+1}}B \quad \left(\underset{G}{\overset{*}{\Rightarrow}} a^{2^{i+1}} \right)$$

が得られる．これ以外の文の導出はできないので，結局，

$$L(G) = \{a^{2^n} \mid n \geqq 0\}$$

となる．

注 非終端記号 B は**境界記号** (boundary symbol) として用いられているにすぎない．また，この例の G は句構造文法であるが，生成される言語 $L(G)$ は，5.5 節で述べられる文脈依存文法でも生成可能である（演習問題 5.1 を参照）．

5.2 チューリング機械

プッシュダウンオートマトンにおいては，プッシュダウンスタックによりある種の無限の記憶も可能となるが，そのプッシュダウンスタックの操作の仕方が LIFO に限定されたものであるため，言語受理能力にも限界が生じる（4.10.2 項 非決定性プッシュダウンオートマトンから文脈自由文法への変換，および 4.13 節 非文脈自由言語 を参照）．

これに対し，記憶した記号の読みとり可能位置を任意とし，また，任意の位置で記号の書き換え，あるいは新しい書き込みを許すようにした，より一般的なオートマトンが**チューリング機械** (Turing machine: **TM**) [Tu36] である．なお，チューリング機械においては，読み/書き可能な 1 次元無限長の記憶機構が複数個ある場合でも，それらは一つにまとめることが可能である（5.3 節（b）を参照）．そこで，チューリング機械の基本的モデルでは，有限の状態集合 Q 以外の記憶機構としては，読み/書き可能な 1 次元テープ 1 本だけとし，これは左右いずれの方向にも必要に応じていくらでも伸ばすことができるものとする．したがって，このテープは入力テープ

も兼ねるものである．このテープの全体は同じ大きさの**区画** (cell) に区切られており，そこに書き込むことができるのはテープ記号とよばれる記号で，その有限集合 Γ があらかじめ指定される．入力記号の有限集合 Σ は，この Γ の部分集合として与えられる．とくに，$\Gamma - \Sigma$ の中には，空白を表す記号 b が含まれる．

チューリング機械はテープに読み/書きするための 1 個のヘッドをもち，現在の状態 p ($\in Q$) と読みとったテープ記号 a ($\in \Gamma$) との組み合わせに対して，次の時点の状態 q ($\in Q$) およびテープ記号の書き換え b ($\in \Gamma$) と，右 (R) または左 (L) 方向への 1 区画のヘッド移動が高々 1 通り指定される．この**動作** (move) を指定するのが**次動作関数** (next move function) δ であり，

$$\delta(p, a) = (q, b, D) \qquad (D = L, \text{ あるいは } D = R)$$

なる形式で与えられる．ここで，p, a の組み合わせによっては $\delta(p, a)$ が定義されない場合も含む．状態のうちで，とくに 1 個の初期状態 q_0，および最終状態の集合 F が指定されることは，プッシュダウンオートマトンなどの場合と同様である．

形式的には，(決定性) チューリング機械 M は，これらを次の順序で並べた 7 項組として，次のように表される．

$$M = (Q, \Gamma, \Sigma, \delta, q_0, b, F) .$$

入力記号列 w ($\in \Sigma^*$) に対するチューリング機械 M の動作は，以下のようになされる．まず最初，テープ上の連続した区画に入力記号列 w が書き込まれたものが用意され，ヘッドは w の左端に置かれる．なお，その他の部分のテープ上には空白記号 b が書き込まれているものとみなす．さらに，内部状態が初期状態 q_0 に設定され，M の動作が開始される．そのときの状況は，

$$(q_0, w, 1)$$

と表され，**初期計算状況** (initial configuration) あるいは**初期時点表示** (initial instantaneous description) とよばれる．以後，逐次動作が進められ，ある時点において M の状態は p，テープ上に書き込まれているテープ記号列は

$$\cdots b b\, a_1 a_2 \cdots a_n\, b b \cdots$$

(すなわち，$a_1 a_2 \cdots a_i \cdots a_n$ ($\in \Gamma^*$) の左右は空白記号 b のみ) であり，ヘッドは a_i 上にあるとする (図 5.1 を参照)．この状況を，

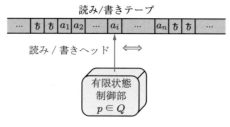

図 5.1 チューリング機械

$$(p, \ a_1a_2\cdots a_i\cdots a_n, \ i)$$

と表し，これを**計算状況** (configuration) あるいは**時点表示** (instantaneous description: **ID**) とよぶ．ここで，i はヘッドの位置を示すものであるが，この計算状況をさらに見やすくするため，

$$(p, \ a_1a_2\cdots \overset{\downarrow}{a_i}\cdots a_n, \ i)$$

のように矢印で強調して示すこともある．また，そのときには最後の i の記入を略すこともある．この計算状況に対し，

$$\delta(p, a_i) = (q, b, R)$$

であるならば，M は状態を p から q に変え，テープ記号 a_i を b に書き換えると共に，ヘッドを1区画右へ移動する．この**動作**を，

$$(p, \ a_1a_2\cdots \overset{\downarrow}{a_i}\cdots a_n, \ i) \underset{M}{\vdash} (q, \ a_1a_2\cdots a_{i-1}b\overset{\downarrow}{a}_{i+1}\cdots a_n, \ i+1)$$

と表す．また，

$$\delta(p, a_i) = (q, b, L)$$

であるならば，M は前と同様の状態変化とテープ記号書き換えを行うと共に，ヘッドを1区画左へ移動する．この**動作**を，

$$(p, \ a_1a_2\cdots \overset{\downarrow}{a_i}\cdots a_n, \ i) \underset{M}{\vdash} (q, \ a_1a_2\cdots \overset{\downarrow}{a}_{i-1}ba_{i+1}\cdots a_n, \ i-1)$$

と表す．ただし，ヘッドが空白記号列以外のテープ記号列の端にある場合には，ヘッドは移動後空白記号 ♭ 上にくることになる．すなわち，$i = n$ でヘッドが右端にあり，$\delta(p, a_n) = (q, b, R)$ であるときには，

$$(p, \ a_1a_2\cdots \overset{\downarrow}{a}_n, \ n) \underset{M}{\vdash} (q, \ a_1a_2\cdots a_{n-1}b\overset{\downarrow}{♭}, \ n+1)$$

となる．また，$i = 1$ でヘッドが左端にあり，$\delta(p, a_1) = (q, b, L)$ であるときには，

$$(p, \ \overset{\downarrow}{a_1} a_2 \cdots a_n, \ 1) \ \underset{M}{\vdash} \ (q, \ \overset{\downarrow}{b} b a_2 \cdots a_n, \ 0)$$

となる．

　もし，M の計算状況が $(p, a_1 a_2 \cdots \overset{\downarrow}{a_i} \cdots a_n, i)$ であって $\delta(p, a_i)$ が定義されていない場合には，M はそこで動作を停止する．このような計算状況は**終端計算状況** (terminal configuration) とよぶ．

　計算状況 $C_1, C_2, \ldots, C_{n+1}$ に対し，

$$C_i \ \underset{M}{\vdash} \ C_{i+1} \qquad (i = 1, 2, \ldots, n)$$

であるか，あるいは $n = 0$ であるとき，

$$C_1 \ \underset{M}{\overset{*}{\vdash}} \ C_{n+1}$$

と表す．対象の M が明らかである場合には，$\underset{M}{\vdash}$，$\underset{M}{\overset{*}{\vdash}}$ は，おのおの単に $\vdash$，$\overset{*}{\vdash}$ と書くこともある．

　入力記号列 w をテープ上に置いた初期計算状況 $(q_0, w, 1)$ から逐次 M の動作が続けられて終端計算状況へ到達したとき，その状態が最終状態であるならば w は M に**受理** (accept) されるという．また，M が受理する言語 $L(M)$ を次のように定める．

$$L(M) = \big\{ w \in \Sigma^* \mid (q_0, w, 1) \underset{M}{\overset{*}{\vdash}} (q_f, \gamma, i), \ (q_f, \gamma, i) \text{ は終端計算状況で } q_f \in F \big\}.$$

▶**例 5.2** チューリング機械 $M = (Q, \Gamma, \Sigma, \delta, q_0, \flat, F)$，ここで，

$$Q = \{q_0, q_1, q_2, q_3, q_f\}, \ \Sigma = \{a, b\},$$

$$\Gamma = \Sigma \cup \{A, B\} \cup \{\flat\}, \ F = \{q_f\},$$

$$\delta(q_0, a) = (q_1, A, R), \ \delta(q_0, B) = (q_3, B, R), \ \delta(q_1, a) = (q_1, a, R),$$

$$\delta(q_1, b) = (q_2, B, L), \ \delta(q_1, B) = (q_1, B, R), \ \delta(q_2, a) = (q_2, a, L),$$

$$\delta(q_2, A) = (q_0, A, R), \ \delta(q_2, B) = (q_2, B, L), \ \delta(q_3, B) = (q_3, B, R),$$

$$\delta(q_3, \flat) = (q_f, \flat, R), \ \delta(q_0, b) = (q_0, b, L), \ \delta(q_0, \flat) = (q_0, a, L)$$

を考える．以下は，入力記号列 $aabb$ に対する M の動作例である．

$$(q_0, \overset{\downarrow}{a}abb) \underset{M}{\vdash} \qquad (q_1, A\overset{\downarrow}{a}bb) \underset{M}{\vdash} \qquad (q_1, A\overset{\downarrow}{a}bb) \underset{M}{\vdash}$$

$$(q_2, A\overset{\downarrow}{a}Bb) \underset{M}{\vdash} \qquad (q_2, \overset{\downarrow}{A}aBb) \underset{M}{\vdash} \qquad (q_0, A\overset{\downarrow}{a}Bb) \underset{M}{\vdash}$$

$$(q_1, AA\overset{\downarrow}{B}b) \underset{M}{\vdash} \qquad (q_1, AAB\overset{\downarrow}{b}) \underset{M}{\vdash} \qquad (q_2, AA\overset{\downarrow}{B}B) \underset{M}{\vdash}$$

$$(q_2, \overset{\downarrow}{A}ABB) \underset{M}{\vdash} \qquad (q_0, A\overset{\downarrow}{A}BB) \underset{M}{\vdash} \qquad (q_3, AAB\overset{\downarrow}{B}) \underset{M}{\vdash}$$

$$(q_3, AABB\overset{\downarrow}{b}) \underset{M}{\vdash} \quad (q_f, AABB\overset{\downarrow}{b}b).$$

$\delta(q_f, b)$ は定義されていないので $(q_f, AABB\overset{\downarrow}{b})$ は終端計算状況であり，$q_f \in F$ であるから，$aabb \in L(M)$ である．

一方で，入力記号列 bb に対する動作は，以下のようになる．

$$(q_0, \overset{\downarrow}{b}b) \underset{M}{\vdash} (q_0, \overset{\downarrow}{b}bb) \underset{M}{\vdash} (q_0, \overset{\downarrow}{b}abb) \underset{M}{\vdash} (q_0, \overset{\downarrow}{b}aabb) \overset{*}{\underset{M}{\vdash}} (q_0, \overset{\downarrow}{b}aa\cdots abb) \underset{M}{\vdash} \cdots.$$

このような動作は無限に続き，M は停止しない．しかも，$q_0 \notin F$ である．したがって，$bb \notin L(M)$ である．

以上の動作を一般的に考察すると，

$$L(M) = \{a^i b^i \mid i \geqq 1\}$$

が得られる．

5.3 チューリング機械の変形

前節においては，チューリング機械の最も基本的なモデルをあげたが，この他にも，次に示すような種々の変形を考えることができる．しかし，これらはいずれも言語受理能力に関しては基本的モデルのものと変わりがない．このことは，チューリング機械の一般性を認める一つの根拠となるものである．

(a) 片側無限テープチューリング機械

片側無限テープチューリング機械 (TM with a one-way infinite tape) とは，テープが左あるいは右の片側1方向だけにしか無限に伸びないと制限したものである（図5.2（a）を参照）．

2方向に伸びた無限テープは適当なある区画を基準（0番地）にしてアドレスを考

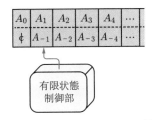

（a）片側無限テープチューリング機械
（¢はあとから追加した特殊記号）

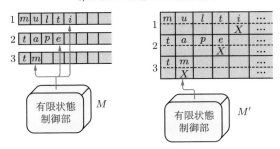

（b）多テープチューリング機械とその模倣
（X はヘッドの位置を示すマーカー）

図 5.2 チューリング機械の変形

えることができる．すなわち，0 番地より右に伸びる各区画には正の整数値を，左の区画には負の整数値をアドレスとして与える．このとき，2 方向に伸びた無限テープ $\ldots, A_{-2}, A_{-1}, A_0, A_1, A_2, \ldots$ は，負のアドレス "$-i$" をもつ各区画を正のアドレス "i" をもつ区画と対にして新たな区画を考えると，たとえば右側 1 方向だけに伸びる無限テープで代用することができる（図 5.2（a）を参照）．このようにして，片側無限テープチューリング機械は記号対の列を片側無限テープ上で操作することにより，基本モデルのチューリング機械を模倣することができる．

(b) 多テープチューリング機械

多テープチューリング機械 (multitape TM) とは，2 本以上のテープと，それぞれに対する読み/書きヘッドをもつように拡張したものである（図 5.2（b）左図を参照）．
　チューリング機械 M が k 本のテープをもつとする．このとき，（a）と同様にしてその上の一つの区画が $2k$ 個の記号から成るような無限テープを考える．すなわち，新たなチューリング機械 M' は一つのテープ上に $2k$ 個のトラックをもち，各 2 トラックを用いて，M がもつ k 本のテープのうちの一つのテープ上の処理を代用する（図 5.2（b）右図を参照）．2 トラックのうちの一つはヘッドの位置を示すマーカー

(X) を記入するためのみに用いられ，残りのトラックには M のもつ各テープの内容が再現される．このようにして，基本モデルのチューリング機械 M' は多テープチューリング機械 M を模倣する．

(c) 非決定性チューリング機械

非決定性チューリング機械 (nondeterministic TM) とは，状態とテープ記号の一つの組み合わせに対して，次の動作が有限複数個可能であるようなチューリング機械である．ここでは，入力記号列 w をテープ上においた初期計算状況 $(q_0, w, 1)$ から出発して，最終状態を含むある終端計算状況へ到達するような動作の系列が1通りでも可能であるとき，その w は受理されるという．

与えられた非決定性チューリング機械 M において，次動作の選択数の最大値を m とすると，どのような有限長の動作系列もアルファベット $\{1, 2, \ldots, m\}$ 上の有限長の記号列に対応している（もちろん，すべての有限長の記号列が動作系列を表しているわけではないから，逆は必ずしもいえない）．M を模倣する3テープチューリング機械 M' を，次のように構成する．M' は第1のテープ上に M の入力テープを保存し，第3テープ上にそのコピーを作る．さらに，第2のテープ上で $\{1, 2, \ldots, m\}$ 上の有限長の記号列 s を（それを m 進数として）小さい順に次々と生成していき，各 s に対して，コピーされた入力に対する M による動作系列 s を，第3のテープ上で模倣する．もし，M が最終状態に入るならば，そのような動作系列が存在し，第2テープ上で必ず生成されるから，そのとき M' も最終状態に入り受理する．もし，M が最終状態へ入るような動作系列が存在しないのならば，M' も受理しないことになる．

前記（b）で見たように，3テープチューリング機械は基本モデルで模倣できるから，結局，非決定性チューリング機械は基本モデルで模倣できる．

このように，上記の変形チューリング機械はみな基本モデルのチューリング機械とその受理能力は同等であるが，各入力を受理するための時間的，空間的な効率は，おのおの非常に異なっていることに注意しよう．

5.4 チューリング機械と句構造文法

任意の句構造言語に対して，それを受理するチューリング機械が存在し，また逆に，チューリング機械に受理される言語は句構造言語であることが知られている．

すなわち，チューリング機械の言語受理能力と句構造文法の言語生成能力とは同等である[Ch59]．これを以下で考察してみよう．

■ 5.4.1 句構造文法からチューリング機械への変換
いま，

$$G = (N, \Sigma, P, S)$$

を句構造文法とし，$L = L(G)$ とする．このとき，L を受理する非決定性チューリング機械

$$M = (Q, \Gamma, \Sigma, \delta, q_0, \flat, F)$$

$$(ここで，\ \Gamma = N \cup \Sigma \cup \{\flat, \#, B\},\ \flat,\ \#,\ B \notin N \cup \Sigma)$$

を構成したい．ここでは，M の次動作関数 δ を正確に記述するのでなく，M がどのように振舞えばよいかについて述べるに留める．

さて，$w \in \Sigma^*$ なる入力が与えられたとき，M はそのテープ上に $\#S\#w\#$ なる内容を作ることから始める．

いま，G においてある規則 $\alpha \to \gamma\ (\in P)$ によって，

$$S \underset{G}{\overset{*}{\Rightarrow}} \beta_1 \alpha \beta_2 \underset{G}{\Rightarrow} \beta_1 \gamma \beta_2$$

なる導出が可能であるとし，かつ M のテープ上には $\#\beta_1\alpha\beta_2\#w\#$ があると仮定する．このとき，M は部分記号列 $x = \#\beta_1\alpha\beta_2\#$ を左端から見ていき，α の x における位置を非決定的に選択し，γ で置き換えて新たなテープ内容 $\#\beta_1\gamma\beta_2\#w\#$ を得る（このとき，$|\alpha| > |\gamma|$ であるならば，残りの部分記号列 $\beta_2\#w\#$ を左へシフトして空白を詰めたり，$|\alpha| < |\gamma|$ である場合には，残りの部分記号列をあらかじめ $|\gamma| - |\alpha|$ だけ右へシフトさせておく）．この結果，もし $\beta_1\gamma\beta_2$ と w が一致したならば，w を受理する．そうでなければ，再び左端から非決定的に G における次の書き換えを予測しながら，この置き換えを続ける．

このようにして，M は G の導出を（非決定的に）模倣する．前節で見たように，非決定性チューリング機械はチューリング機械の基本モデルで模倣できるから，結局，句構造文法はチューリング機械の基本モデルで模倣できることになる．

■5.4.2　チューリング機械から句構造文法への変換

L を，チューリング機械

$$M = (Q, \Gamma, \Sigma, \delta, q_0, \flat, F)$$

によって受理される言語とする．このとき，$L = L(G)$ となるような句構造文法 $G = (N, \Sigma, P, S)$ を構成したい．実際，

$$G = (N, \Sigma, P, S)$$

は次のようにする：（以下において，$\Sigma' = \Sigma \cup \{\varepsilon\}$ とする）．

$N = Q \cup \{S, S_1, S_2\} \cup \big\{ [a, A] \mid a \in \Sigma', A \in \Gamma \big\}$

$P = \{S \to q_0 S_1\} \cup \big\{ S_1 \to [a, a] S_1 \mid a \in \Sigma \big\}$ 　　　　　　　　　（1）

　　$\cup \{S_1 \to S_2\} \cup \{S_2 \to [\varepsilon, \flat] S_2\} \cup \{S_2 \to \varepsilon\}$ 　　　　　　（2）

　　$\cup \big\{ p[a, A] \to [a, B] q \mid a \in \Sigma', p \in Q, A \in \Gamma, \delta(p, A) = (q, B, R) \big\}$ 　（3）

　　$\cup \big\{ [a, X] p[b, Y] \to q[a, X][b, Z] \mid X, Y, Z \in \Gamma, a, b \in \Sigma', p \in Q,$

　　　　$\delta(p, Y) = (q, Z, L) \big\}$ 　　　　　　　　　　　　　　　　（4）

　　$\cup \big\{ [a, A] p_f \to p_f a p_f, p_f [a, A] \to p_f a p_f, p_f \to \varepsilon \mid a \in \Sigma', A \in \Gamma,$

　　　　$p_f \in F \big\}.$ 　　　　　　　　　　　　　　　　　　　　（5）

G の動作の概要を説明しよう．まず，P の上記定義におけるブロック（1），（2）に属する規則を用いて，

$$S \overset{*}{\underset{G}{\Rightarrow}} q_0 [a_1, a_1][a_2, a_2] \cdots [a_n, a_n][\varepsilon, \flat]^k$$

なる導出をする（ここで，k は M が入力 $w = a_1 a_2 \cdots a_n$ を受理するとき，その全動作に必要な区画の個数である．G は非決定的にこの k を推測する）．

さらに，ブロック（3），（4）に属する規則を用いて，最終状態 p_f が生成されるまで，

$$q_0 [a_1, a_1][a_2, a_2] \cdots [a_n, a_n][\varepsilon, \flat]^k \overset{*}{\underset{G}{\Rightarrow}}$$
$$[a_1, Z_1][a_2, Z_2] \cdots [a_{t-1}, Z_{t-1}] p_f [a_t, Z_t] \cdots [a_{n+k}, Z_{n+k}]$$

なる導出をする（ここで，$a_j = \varepsilon\ (n+1 \leqq j \leqq n+k)$ である．また，Z_i の後ろのほうのいくつかはブランク記号 $\flat$ であることに留意）．入力 w を終端記号列として

導出するには, 第(5)のブロックに属する規則を用いて,

$$[a_1, Z_1][a_2, Z_2] \cdots [a_{t-1}, Z_{t-1}] p_f [a_t, Z_t] \cdots [a_{n+k}, Z_{n+k}] \underset{G}{\overset{*}{\Rightarrow}} a_1 a_2 \cdots a_n$$

とすればよい. 実際, 「M において,

$$(q_0, a_1 a_2 \cdots a_n, 1) \underset{M}{\overset{*}{\vdash}} (p, Z_1 Z_2 \cdots Z_{n+k}, t)$$

であるならば, G において,

$$q_0 [a_1, a_1][a_2, a_2] \cdots [a_n, a_n][\varepsilon, \flat]^k \underset{G}{\overset{*}{\Rightarrow}}$$
$$[a_1, Z_1][a_2, Z_2] \cdots [a_{t-1}, Z_{t-1}] p [a_t, Z_t] \cdots [a_{n+k}, Z_{n+k}]$$

である」ことが, M における動作のステップ数に関する帰納法によって証明できる.
すなわち,

$$L(M) \subseteqq L(G)$$

が成り立つ. 逆に, もしこの G が終端記号列 w を生成するならば, 第(5)ブロック
の規則を用いているが (G の構成法から), それは M が w を入力したとき最終状態
へ推移すること, すなわち, M は w を受理することを意味する. したがって,

$$L(G) \subseteqq L(M)$$

となり, 結局,

$$L(M) = L(G)$$

であることがわかる.

以上, 5.4.1 項と本項とから, チューリング機械の言語受理能力と句構造文法の言
語生成能力とは同等であることがいえる.

5.5 文脈依存文法と線形拘束オートマトン

■ 5.5.1 文脈依存文法

句構造文法 $G = (N, \Sigma, P, S)$ の生成規則が,

$$\beta A \gamma \to \beta \alpha \gamma \qquad (\alpha, \beta, \gamma \in (N \cup \Sigma)^*, A \in N, \alpha \neq \varepsilon)$$

なる形式のものだけであるか, あるいはそれに $S \to \varepsilon$ (ただし, S は生成規則の右辺

には現れない) を加えたものだけであるとき, G は**文脈依存文法** (context-sensitive grammar: **CSG**) あるいは **1 型文法** (type 1 grammar) とよばれる. これは, 前記規則により記号列中の A を α で書き換えることができるのは, A が左右の文脈 β, γ 中にあるときだけに限られることに由来している. 文脈依存文法の生成する言語は**文脈依存言語** (context-sensitive language: **CSL**) とよばれる.

　なお, 文脈依存文法は, 「任意の生成規則 $\alpha \to \beta$ において $|\alpha| \leqq |\beta|$ (すなわち, 書き換えにより長さが減少しない), あるいは $\alpha = S$, $\beta = \varepsilon$ (ただし, S は生成規則の右辺には現れない)」 が成立するような句構造文法である, とする定義もある[1). この定義によっても, 生成される言語の族は前定義による場合と変わりはない (次の例を参照).

▶**例 5.3**　文脈依存文法 $G = (\{S, B, C, X, Y\}, \{a, b, c\}, P, S)$, ここで,

$$P = \{S \to aBC, aB \to ab, bC \to bc, S \to aSBC, CB \to XB,$$
$$XB \to XY, XY \to BY, BY \to BC, bB \to bb, cC \to cc\}$$

を考える. これよりただちに,

$$CB \underset{G}{\overset{*}{\Rightarrow}} BC$$

がわかる (なお, 文脈依存文法の第 2 の定義による場合には, 先の $CB \to XB$, $XB \to XY$, $XY \to BY$, $BY \to BC$ の代わりに生成規則 $CB \to BC$ を用いればよい. 一般に, この逆を行えば, 第 2 の定義による生成規則は第 1 の定義のものに変換される).

　さらに, $n \geqq 2$ の場合に対しては, 以下のような導出が成り立つ.

$$(BC)^n = B(CB)^{n-1}C \underset{G}{\overset{*}{\Rightarrow}} B(BC)^{n-1}C = B^2(CB)^{n-2}C^2$$
$$\underset{G}{\overset{*}{\Rightarrow}} B^2(BC)^{n-2}C^2 \underset{G}{\overset{*}{\Rightarrow}} \cdots \underset{G}{\overset{*}{\Rightarrow}} B^nC^n.$$

たとえば,

$$(BC)^3 = B\underline{CB}CBC \underset{G}{\overset{*}{\Rightarrow}} BB\underline{CCB}C \underset{G}{\overset{*}{\Rightarrow}} BB\underline{CB}CC \underset{G}{\overset{*}{\Rightarrow}} BBBCCC$$

となる. また, 次のような導出も成り立つ.

---

1) この定義による場合, **単調文法** (monotonic grammar) ともよばれる.

$$a^3 B^3 C^3 = a^2 \underline{aB} BBC^3 \underset{G}{\Rightarrow} a^2 a\underline{bB} BC^3 \underset{G}{\Rightarrow} a^2 ab\underline{bB} C^3 \underset{G}{\Rightarrow} a^2 abb\underline{bC} C^2$$

$$\underset{G}{\Rightarrow} a^3 b^3 \underline{cC}^2 \underset{G}{\Rightarrow} a^3 b^3 c\underline{cC} \underset{G}{\Rightarrow} a^3 b^3 c^3.$$

（ただし，記号列の点線は，そこで適用される生成規則の左辺部分を明示するためのものである）．この例より，文脈自由文法の場合とは異なり，文脈依存文法による導出過程において，"文脈"を利用できることの威力が理解できよう．

一般に，

$$S \underset{G}{\overset{*}{\Rightarrow}} a^{n-1} S(BC)^{n-1} \underset{G}{\Rightarrow} a^n (BC)^n \underset{G}{\overset{*}{\Rightarrow}} a^n B^n C^n \underset{G}{\Rightarrow} a^n b B^{n-1} C^n$$

$$\underset{G}{\overset{*}{\Rightarrow}} a^n b^n C^n \underset{G}{\overset{*}{\Rightarrow}} a^n b^n c^n \qquad (n \geqq 1)$$

である．これ以外の形式の終端記号列は生成されないことが確認でき，$L(G) = \{a^i b^i c^i \mid i \geqq 1\}$ となる．

この文脈依存文法 G による，たとえば $a^3 b^3 c^3$ の導出過程は，文脈自由文法に対する導出木（4.2節）を拡張した，図 5.3 のような**導出図式**（derivation diagram）として表すことができる（ただし，生成規則 $CB \to BC$ を使用）．

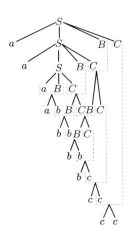

図 5.3　$a^3 b^3 c^3$ に対する導出図式

■5.5.2　線形拘束オートマトン

句構造文法とチューリング機械とがその言語規定に関する能力として同等であったのと同様に，文脈依存文法と同等の能力をもつチューリング機械を得るためには，どのような制限を加えればよいのであろうか．

　次のようなチューリング機械の制限モデルを考えよう．それは，「1本のテープを
もつ非決定性チューリング機械で，最初に入力記号列が置かれたテープ領域内だけ
にヘッドの動きが拘束される」というものである．このようなモデルを（非決定性）
線形拘束オートマトンあるいは**線形有界オートマトン** (linear bounded automaton:
LBA) という．この入力記号集合 Σ の中には，入力記号列の左および右の端を示す
特別な記号 ¢, \$ が含まれ，最初に入力記号列 w $(\in (\Sigma - \{¢, \$\})^*)$ は，テープ上に
$¢w\$$ なる形式で与えられる．テープ記号の集合を Γ $(\supseteq \Sigma)$ としたとき，以後いつ
の時点においてもテープ上の内容は $¢\alpha\$$（ただし，$\alpha \in (\Gamma - \{¢, \$\})^*$ で $|w| = |\alpha|$）
なる形式を保つ（図 5.4 を参照）．その他の点は非決定性チューリング機械と同様で
あるが，このような制限により，言語規定能力は一般のチューリング機械よりも真に
減少する．なお，動作途中に使用可能なテープ領域を最初の入力記号列の領域の長
さ $|¢w\$|$ の定数倍としても言語受理に関する能力は変わらず，これが線形拘束オー
トマトンの名前の由来となっている．

　線形拘束オートマトンに受理される言語は文脈依存言語であり，逆に文脈依存言
語に対してはそれを受理する線形拘束オートマトンが存在することが知られてい
る[Ku64]．

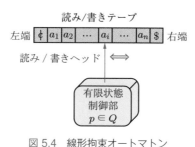

読み/書きテープ

左端　¢ a_1 a_2 ⋯ a_i ⋯ a_n \$　右端

読み / 書きヘッド　⟺

有限状態
制御部
$p \in Q$

図 5.4　線形拘束オートマトン

5.6　計算可能性

　チューリング機械によって受理される言語は**帰納的可算** (recursively enumerable)
であるとよばれる．5.4 節において学んだ，チューリング機械の言語受理能力と句構
造文法の言語生成能力の等価性を思い起こそう．チューリング機械によって受理さ
れる任意の入力記号列は句構造文法によって生成（導出）されるから，たとえば導出
のステップ数を 1 ずつ増加させていくことにより，ある順序に従って，受理される
すべての記号列を次々と**枚挙** (enumerate) することができる．"帰納的可算"の名

前は，この"次々と順序付けて枚挙できる"ことに由来する．

　一般に，ある入力記号列がチューリング機械によって受理されないとき，この機械は停止することもあるし，停止しないこともある．もし，任意の入力記号列に対して（受理されないときでも）必ず停止するようなチューリング機械によって受理される言語は**帰納的** (recursive) であるとよばれる．ここで，文脈依存言語は帰納的である．なお，帰納的な言語のクラスは，帰納的可算な言語のクラスに真に含まれることが知られている．

　これまでに学んだいくつかの形式言語族の間の包含関係を図 5.5 に示す（ここで，言語 $L_0 \sim L_6$ は各言語族の真の包含関係を表す）．これを**チョムスキーの言語族階層** (Chomsky hierarchy) とよぶ．

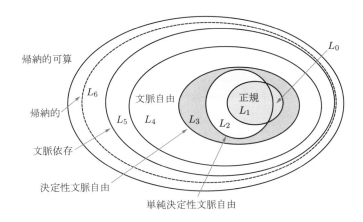

$$L_0 = \{ab^n \mid n \geqq 1\}, \qquad L_1 = \{a^n b \mid n \geqq 1\},$$
$$L_2 = \{a^n b^n \mid n \geqq 1\},$$
$$L_3 = \{a^n b^n \mid n \geqq 1\} \cup \{a^n c^n \mid n \geqq 1\},$$
$$L_4 = \{a^m b^m c^n \mid m,n \geqq 1\} \cup \{a^m b^n c^n \mid m,n \geqq 1\},$$
$$L_5 = \{a^n b^n c^n \mid n \geqq 1\},$$
$$L_6 = \{w_n \mid n \geqq 1, w_n \notin L(G_n), G_n は文脈依存文法\}.$$

図 5.5　チョムスキーの言語族階層

言語 L_6 の補足的説明　与えられた終端アルファベット Σ に対して，辞書式順序[1)] において第 n $(\geqq 1)$ 番目の記号列を w_n とする．また，一般に文脈依存文法 G を記述したものは（あるアルファベット上の）記号列とみなせるので，第 n $(\geqq 1)$ 番目の文脈依存文法を G_n と表すことにより，すべての文脈依存文法の数えあげ $G_1, G_2, \ldots$ が可能となる．このとき，言語 L_6 は「$n \geq 1$ に対して，第 n 番目の記号列 $w_n \in \Sigma^*$ が第 n 番目の文脈依存文法 G_n によって生成されないようなすべての w_n」から成る（図 5.6 において，L_6 は「対角線上の太線で囲まれた枠の記号列 w_n の全体から成る言語」であり，この例の場合 $L_6 = \{w_1, w_3, \ldots, w_n, \ldots\}$ となっている）．このような言語が構成できることは，文脈依存文法に対する所属問題が決定可能であることによる．

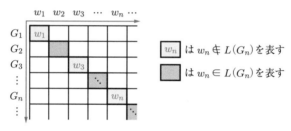

図 5.6　言語 L_6 の構成法

　形式文法のクラスとオートマトンの種類，およびそれらによって生成（あるいは認識）される言語族との関係をまとめると，表 5.1 のようになる（表において，停止条件付きチューリング機械というのは，「任意の入力に対して停止するチューリング機械」を表す．また，帰納的言語族に対応する形式文法のクラスは知られていない）．

表 5.1　文法のクラスとオートマトンの種類と言語族との関係

言語族	形式文法のクラス	オートマトンの種類
帰納的可算	句構造文法（0 型文法）	チューリング機械
帰納的	—	停止条件付きチューリング機械
文脈依存	文脈依存文法（1 型文法）	線形拘束オートマトン
文脈自由	文脈自由文法（2 型文法）	非決定性プッシュダウンオートマトン
決定性文脈自由	LR(k) 文法（$k \geq 1$）	決定性プッシュダウンオートマトン
単純決定性	単純決定性文法	単純決定性プッシュダウンオートマトン
正規	正規文法（3 型文法）	有限オートマトン

---

1)　長さの短い順で，かつ同じ長さの記号列はアルファベット順に並べる順序．

　ところで，チューリング機械は，言語受理機としてだけでなく，もともとは一般的に計算の手続きを記述するためのできる限り単純なモデルとして考えられたものである．ここで，初期計算状況に入力記号列として与えた数値に対し，決定性チューリング機械が逐次動作を進めていって終端計算状況に達したとき，テープ上の記号列が表す数値は，その計算結果とみなすことができる．この計算結果は入力に依存して高々1通りに定まるものであるから，決定性チューリング機械は一つの関数を定義し，具体的に変数値が与えられればその計算を実行する機械であると考えることができる．しかも，およそ実際に計算できると考えられるいかなる関数も，(決定性) チューリング機械の動作の集積として表現することが可能である，と一般に認められるに至っている (これを**チャーチの仮説** (Church's hypothesis)[K143] とよぶ)．したがって，対象とする変数へのすべての入力値に対してその計算を実行して停止するチューリング機械で表されるような関数が，**計算可能** (computable) であるとよばれる．また，関数を表現するチューリング機械が，対象変数へのある入力値に対しては永久に動作を続けて結果が出ない場合を含むとき，その関数は**部分的計算可能** (partially computable) であるとよばれる (ここで，部分的計算可能な関数のクラスは帰納的可算言語のクラスに対応し，計算可能な関数のクラスは帰納的言語のクラスに対応していることに留意されたい)．

　このように，一つの (部分的) 計算可能関数に対応して，それを計算する (少なくとも) 1台のチューリング機械が存在する．ところで，もし「ある特定のチューリング機械であって，"任意の"(部分的) 計算可能関数の計算が可能であるようなものが存在する」ならば，非常に好都合である．そのような機械は**万能チューリング機械** (universal Turing machine: **UTM**) とよばれる．万能チューリング機械は，「それ自身もチューリング機械であって，かつ，他の任意のチューリング機械の任意の入力に対する動作を模倣できるようなもの」である，といいかえることができる．このような機械を実際に構成するための基本的なアイデアは，"任意のチューリング機械 M とそれへの任意の入力 w との対 (M, w) を何らかの符号化技法によりデータ化し，それを入力として与えられたとき，M の w に対する動作を復元して模倣する"ということである．実際，チューリング機械のもつ一般性 (汎用性) から，この考えにもとづく構成が可能であることが知られている．また，この万能な能力をもつチューリング機械のうちで，より簡単なものを構成しようという研究もなされている (本章末の Coffee Break，および図 5.7 を参照)．

5.7 句構造言語族の演算に関する閉包性

終端記号の有限集合 Σ 上の句構造言語の全体から成る言語族を $\mathcal{PSL}$ (PSL)，また，文脈依存言語の全体から成る言語族を $\mathcal{CSL}$ (CSL) と表す．本節では，2.6 節あるいは 4.12 節と同様に，言語族 $\mathcal{PSL}$ および $\mathcal{CSL}$ が各種の言語演算に関して閉じているか否かについて調べる．

いま，二つの句構造文法を

$$G_i = (N_i, \Sigma, P_i, S_i) \qquad (i = 1, 2)$$

として，和集合，連接，スター閉包，共通集合，補集合の五つの演算について考える．ここで，必要に応じて名前を変更することにより，一般性を失うことなく $N_1 \cap N_2 = \emptyset$ と仮定する．

(a) 和集合演算

記号 S を新たな開始記号として導入し，生成規則の集合として，

$$P_1 \cup P_2 \cup \{S \to S_1, S \to S_2\}$$

をもつ句構造文法 G を考えると，明らかに，

$$L(G) = L(G_1) \cup L(G_2)$$

となる．したがって，$\mathcal{PSL}$ は和集合演算に関して閉じている．この議論は各 G_i $(i = 1, 2)$ を文脈依存文法としても成り立つので，$\mathcal{CSL}$ も和集合演算に関して閉じていることがわかる．

(b) 連接演算

記号 S を新たな開始記号として，

$$P_1 \cup P_2 \cup \{S \to S_1 S_2\}$$

を生成規則の集合としてもつ句構造文法 G' を考えると，

$$L(G') = L(G_1) L(G_2)$$

であることがわかる. すなわち, $\mathcal{PSL}$ は連接演算に関して閉じている. 同様にして, $\mathcal{CSL}$ も連接演算に関して閉じていることが示せる.

(c) スター閉包演算

記号 S を新たな開始記号として, 生成規則の集合

$$P' = P_1 \cup \{S \to \varepsilon, S \to S_1 S', S \to S_1\}$$
$$\cup \{aS' \to aS_1, aS' \to aS_1 S' \mid a \in \Sigma\}$$

をもつ句構造文法 G' を考えると,

$$L(G') = L(G_1)^*$$

が成り立つ. したがって, $\mathcal{PSL}$ はスター閉包演算に関して閉じている. G_1 が文脈依存文法の場合は,

$$P'' = P' - \{S \to \varepsilon\}$$

を生成規則の集合としてもつ文脈依存文法 G'' を考えると,

$$L(G'') = L(G_1)^+$$

が成り立つことが示せる. したがって, $\mathcal{CSL}$ は(正)スター閉包演算に関して閉じている.

(d) 共通集合演算

M_i $(i = 1, 2)$ を二つのチューリング機械 (あるいは, 二つの線形拘束オートマトン) とする. このとき,

$$L(M_1) \cap L(M_2) = L(M)$$

なるチューリング機械 (あるいは, 線形拘束オートマトン) M は次のようにして構成できる. M は一つのテープ上に三つのトラックをもち, 第1トラックに入力 w を保持する. 第2トラック, 第3トラックではおのおの M_1, M_2 における w の計算を模倣し, 共に受理するとわかったら M は w を受理する. このように, $\mathcal{PSL}$ および $\mathcal{CSL}$ は共通集合演算に関して閉じている.

(e) 補集合演算

言語 L を Σ 上の任意の句構造言語とすると，あるチューリング機械 M があって $L = L(M)$ である．ここで，仮に $\overline{L}$ もまた句構造言語であるとすると，別のチューリング機械 $\overline{M}$ があって $\overline{L} = L(\overline{M})$ となっている．この二つのチューリング機械から，新たなチューリング機械 M' で，「M' は入力 $w \in \Sigma^*$ に対して，M と $\overline{M}$ の w に対する計算を 1 ステップずつ交互に実行する」ようなものを構成することができる．すると，w は $L(M)$ に属するか $L(\overline{M})$ に属するかのいずれかであるから，この M' は任意の入力 $w \in \Sigma^*$ に対して必ず停止し，したがって L は（前節 計算可能性において述べられた）帰納的な言語になる．L は任意であるから，すべての句構造言語（すなわち帰納的可算言語）は帰納的言語であることになり，この結論は「帰納的可算言語の族は帰納的言語の族を真に含む」という事実と矛盾する．これは，$\overline{L}$ が句構造言語であると仮定したことによっている．したがって，$\mathcal{PSL}$ は補集合演算に関して閉じていない．

$\mathcal{CSL}$ は補集合演算に関して閉じているか否かということは，長い間未解決の問題であったが，1980 年代の終わりに近くなって，「$\mathcal{CSL}$ は補集合演算に関して閉じている」ことが証明された[Im88]．

以上の結果をまとめると，表 5.2 のようになる（表において，○は閉じていることを，×は閉じていないことを示す）．

表 5.2 演算に関する閉包性

言語族 ＼ 演算	和集合	連接	スター閉包	共通集合	補集合
句構造（$\mathcal{PSL}$）	○	○	○	○	×
文脈依存（$\mathcal{CSL}$）	○	○	○	○	○

Coffee Break

 ## 万能チューリング機械の小型化コンテスト
— その最新事情

アラン・チューリング（Alan Turing）は 1936 年「計算しうる関数」という論文[Tu36] の中で，初めて今日のいわゆる "チューリング機械" の着想を提出しているが，彼はまた**万能チューリング機械**（universal Turing machine: UTM）というアイデアについても論じている．

　万能チューリング機械(万能 TM)とは, それ自体チューリング機械であって, かつ, 他のどのようなチューリング機械の動作も模倣できるようなものをいう. これは今日われわれが目に見, 手にするプログラム内蔵方式によるコンピュータの原型となっている数学的な模型である. なぜならば, 今日のコンピュータは,「任意に与えられた特定の作業をするチューリング機械の作業手順をプログラム P として入力されたとき, その指示されたとおりを実行(模倣)し, 結果を出力する」ような万能チューリング機械である, というように説明できるからである(図 5.7 を参照. この図における d_M は「模倣すべきチューリング機械 M の記述」を表し, プログラム P に対応する).

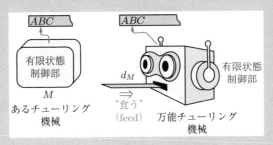

図 5.7　万能チューリング機械

　この万能チューリング機械にまつわる面白い話題として, 1950 年代の後期からの一時期,「小型化コンテスト」が世界中でブームとなった. これは万能チューリング機械の大きさ[サイズ]をその[状態数]と[テープ記号数]との積と定義したとき, 万能なチューリング機械として, この積をどこまで小さくできるか?(すなわち, どこまで小さな万能チューリング機械の構成が可能であるか?)を競い合うものである.

　このコンテストが始まる以前に, シャノン(Shannon)は,「状態数 2 の万能チューリング機械, またテープ記号数 2 の万能チューリング機械は作れるが, 状態数 1 の万能チューリング機械は作れない」ことを主張したが, のちにこの結果については フィッシャー(Fisher)や野崎昭弘によって万能性の定義に問題があることが指摘された. シャノンはこの論文において[状態数]と[テープ記号数]との積がほぼ一定値であることから, この積を万能チューリング機械の[サイズ]としてみなせることを述べている.

　これまでに知られている万能 TM コンテストの"記録の履歴"が表 5.3 にまとめられている. この万能 TM の小型化コンテストには, 後になって求めるべき万能 TM に関する条件によっていくつかの異なる設定が提案されている. 表の"設定の種類"において,「標準」とは通常の 1 テープの決定性 TM を対象にしている.「変形 1」はテープ上の左側の余白部にある記号列のコピーを無限個もっている TM を,「変形 2」はさらに(今度はテープ上の右側に)別の記号列のコピーを無限個もっているような

表5.3 万能チューリング機械の最小化の歴史

設定の種類	状態数	記号数	状態数 × 記号数	著者（年代）
標準	12	6	72	高橋秀俊（1958）
	10	6	60	池野信一（1958）
	8	6	48	渡辺 茂（1960）
	7	6	42	ミンスキー（Minsky 1960）
	8	5	40	渡辺 茂（1961）
	7	4	28	ミンスキー（Minsky 1962）
	9	3	27	後藤英一（1966）
	4	6	24	ロゴツィン（Rogozhin 1996）
	6	4	24	ニアリー–ウッズ（Neary & Woods 2007）
標準	2	18	36	ロゴツィン（Rogozhin 1996）
	18	2	36	ニアリー–ウッズ（Neary & Woods 2007）
変形1	5	4	20	渡辺 茂（1972）
	4	5	20	ウッズ–ニアリー（Woods & Neary 2007）
変形2	6	2	12	ニアリー–ウッズ（Neary & Woods 2007）
	2	4	8	ニアリー–ウッズ（Neary & Woods 2007）
変形3.1	2	4	8	プリーズ（Priese 1979）
変形3.2	2	2	4	プリーズ（Priese 1979）

TM を表す.「変形 3.1」は 2 次元テープを一つもつ TM を，また「変形 3.2」は 2 次元テープを二つもつ TM を考察する場合である.

　表 5.3 からもわかるように，各設定における「現在の最小記録」に関して，"[状態数] × [記号数] ＝ 一定" という法則が見られるのは興味深い. また,「標準」の設定における日本人研究者の活躍はめざましいものがあった. まず, 高橋は 1958 年に 12 状態 × 6 記号の万能 TM を示すと, すぐに池野はそれを 10 状態 × 6 記号にまで小型化して構成できることを示した. 渡辺は 1961 年にこれを 8 状態 × 5 記号にまで縮小してみせた. これに対して, ミンスキーは 7 状態 × 4 記号の機械にまで簡約化した. その後, この記録はしばらく破られなかったが, 1966 年に後藤は 9 状態 × 3 記号を発表している. その数か月後, 渡辺は「変形 1」の設定において 7 状態 × 3 記号の解を見つけた. チューリング自身が構成した最初の万能チューリング機械のサイズは数百を超える代物であったことを思うと, これらは格段の前進である. その後, さらに渡辺は「変形 1」の設定において 5 状態 × 4 記号の万能 TM を示している.

　なお, 万能チューリング機械のサイズに関する下限としては, 標準設定においては 3 状態 × 2 記号（さらに, 2 状態 × 3 記号）の機械は存在しないことが報告されている [Ai74], [WN09].

演習問題

5.1 次の文法を考える.

$$G = (\{S, A, B_1, B_2, C, D, E\}, \{a\}, P, S),$$

ここで, P は以下から成る:

$$S \to aa, \ S \to B_1AAB_2, \ B_2B_2 \to aa, \ B_1A \to aB_2, \ B_1A \to CDEA,$$

$$B_2A \to aB_2, \ EA \to DDE, \ EB_2 \to AB_2, \ DA \to AA, \ CA \to B_1A.$$

(1) G によって生成される終端記号列を短い順に三つあげよ.

(2) $L(G)$ はどのような言語か?

(3) $L(G)$ を受理するチューリング機械 M を構成せよ (入力は ¢w\$ ($w \in \{a\}^*$) の形で与えられると仮定する).

5.2 以下の言語を生成する句構造文法を構成せよ.

(1) $L_1 = \{wcw \mid w \in \{a, b\}^+\}$

(2) $L_2 = \{a^m b^n c^{m+n} \mid m, n \geqq 1\}$

5.3 言語 $L = \{a^{n^2} \mid n \geqq 1\}$ に関して,

(1) L を生成する文脈依存文法 (あるいは, 単調文法) G を構成せよ.

(2) L を受理する線形拘束オートマトン M を構成せよ.

5.4 $\Sigma = \{a, b\}$ とし, $\Sigma^* \times \Sigma^* = \{(x, y) \mid x, y \in \Sigma^*\}$ と定義する (すなわち, Σ^* と Σ^* の**直積集合**である. 8 ページ (iv) を参照). このとき, $\Sigma^* \times \Sigma^*$ から Σ^* への関数 $hairpin$ を以下で定義する:

$$\text{任意の } (x, y) \in \Sigma^* \times \Sigma^* \text{ に対して, } hairpin(x, y) = xyx^R$$

(x^R は x の逆である. 4.8.2 項の例 4.10 を参照).

このとき, 関数 $hairpin$ を実現するチューリング機械, すなわち, 入力として (x, y) がテープ上に "x\$$y$" の形 (\$ $\notin \Sigma$) で与えられたとき, それをテープ上で "xyx^R" なる記号列に変換して停止するチューリング機械を構成せよ (このように, チューリング機械は記号列変換器として動作し, 一般に関数を実現することができる).

5.5 言語 $L_p = \{a^p \mid p \text{ は素数}\}$ を考える. このとき,

(1) L_p を受理するチューリング機械 M_p の動作を述べよ.

(2) L_p は (文脈自由言語ではない) 文脈依存言語であることを示せ.

6 決定問題

▶本章では，チューリング機械をアルゴリズムの数学的モデルとして考察することにより，決定問題という話題を扱う．そして，アルゴリズムによって解ける問題のクラス，およびアルゴリズムでは解けない問題のクラスの存在について学ぶ．

6.1 アルゴリズムと Yes-No 問題

　前章 5.6 節における計算可能性の概念は，単に数値計算に限定されるものではなく，一般に，「機械的に実行できる**手続き** (procedure) とは，チューリング機械の動作として記述できるものである」とみなされている．とくに，ある問題を解くための手続きが，いかなる具体例に対しても必ずいつかは停止して結果を出すことが保証されている場合，その手続きは**実行可能（効果的）手続き** (effective procedure) あるいは**アルゴリズム** (algorithm) とよばれる．

　たとえば，与えられた実係数の 1 元 1 次方程式 $ax+b=0$ を解く問題を考えたとき，これを解く手続きは明らかに存在し，どのような実係数 a, b が具体例として与えられても（すなわち，任意の方程式に対して），必ず解を出して停止することができる．したがって，この手続きはアルゴリズムである．

　一方，たとえば，有名なフェルマーの最終予想「$m \geqq 3$ のとき，$x^m + y^m = z^m$ を満たす正整数の解 (x, y, z) は存在しない」に対して，次のような手続きは容易に考えられる．入力として四つの正整数から成る組 (m, x, y, z) を $(3, 1, 1, 1)$ から始めて適当な順で次々に生成していって，$x^m + y^m = z^m$ を満たすか否かを調べていく．そのとき，この等式を満足する (m, x, y, z) が見いだされたら，それを出力して停止する．しかしながら，フェルマーの予想が正しいこと（すなわち，そのような整数の組が存在しないこと）が，問題提起後 360 年の期間を経て，ようやく明確に証明された[Wi95]．したがって，この手続きはいつになっても停止しないので，アルゴリズムではない．

　ところで，答えが Yes か No のいずれかであるような問題を一般に **Yes-No 問題**

(Yes-No problem) とよび，そのような個々の具体的な問題を Yes-No 問題の**実例**（**イ
ンスタンス** (instance)）という．たとえば，「整数係数の多変数多項式 $p(x_1, \ldots, x_n)$
に関して，方程式 $p(x_1, \ldots, x_n) = 0$ が整数解をもつか否か」という問題は Yes-No
問題であり，「$x^3 - 2x^2 + 4x - 8 = 0$ は整数解をもつか否か」という問題はその実
例である．

　ある Yes-No 問題の実例全体から成る問題のクラスを考えよう．このクラスに属
する任意の実例を入力として与えたとき，その実例の答え（Yes あるいは No）を出力
するようなアルゴリズム（**決定アルゴリズム** (decision algorithm) という）が存在す
るとき，その問題のクラス（あるいは，単にその問題）は，**決定可能** (decidable)，ある
いは**可解** (solvable) であるという．決定可能でない問題を**決定不能** (undecidable)，
あるいは**非可解** (unsolvable) な問題という．

　一般に，与えられた Yes-No 問題 P に対して，その決定可能性を問うことを**決定
問題** (decision problem) とよぶ．すなわち，P に関する決定問題を解くとは，（も
し P が決定可能であるとき）その決定アルゴリズムを求めること，あるいは P が決
定不能であることを示すことをいう．

　決定可能性をより形式的に説明すると，以下のようになる．ある Yes-No 問題 P
の任意の実例 I が与えられたとき，適当な符号化によって I をあるアルファベット
Σ 上の記号列 d_I で記述することができる．このとき，ある（固定された）チューリ
ング機械が存在して，d_I を入力として与えると，答えが Yes のとき受理状態で
停止し，No のとき非受理状態で停止するならば，問題 P は決定可能であるという．

　たとえば，上述の「整数係数の多変数多項式 $p(x_1, \ldots, x_n)$ が任意に与えられた
とき，方程式 $p(x_1, \ldots, x_n) = 0$ が整数解をもつか否かを決定する」という問題は，
ヒルベルトの第 10 問題 (Hilbert's tenth problem) とよばれているが，これは決定
不能であることが知られている [Ma71]．

　次節では，基本的な二つの決定不能問題について述べる．

6.2 基本的な決定不能問題

■ 6.2.1 チューリング機械の停止問題

　チューリング機械 M と記号列 w から成る対 (M, w) が任意に与えられたとき，w
を入力としたとき M は停止するか否かを決定することを，**チューリング機械の停**

止問題 (halting problem) という [Tu36]. この問題が決定不能な問題であることは, 次のように背理法によって示される.

この問題を解くアルゴリズムの存在を仮定する. すなわち, チューリング機械 M_H があって, 次の性質を満たすとする. 「任意の実例であるチューリング機械 M と記号列 w との対 $I = (M, w)$ を M_H への入力としたとき, もし M がその入力 w に対して停止するならば Yes を, そうでなければ No を出力して停止する」. 前述したように, 任意のチューリング機械 M の動作記述 d_M と記号列 w は, 適当な符号化によってある固定した有限アルファベット上の記号列 $I(M, w) = d_M \# w$ として表せる. たとえば, 記号列 $I(M_H, w)$, $I(M, d_M) (= d_M \# d_M)$, あるいは $I(M_H, d_{M_H})$ なども M_H の入力記号列であり, しかもどのような入力記号列に対しても M_H は必ず停止する (と仮定した) ことに留意しよう.

このとき, 図 6.1 のような "へそ曲がり" チューリング機械 M_H' を考えることができる. M_H' は M_H と相反する動作をする. すなわち, 任意のチューリング機械 M の動作記述 d_M に関して $I(M, d_M)$ が入力として与えられたとき, M_H' は M_H の動作を模倣し, 「もし M_H が入力 $I(M, d_M)$ に対して Yes で停止するならば, M_H' 自体は適当な無限ループに入り永遠に停止しない」. さらに, 「もし M_H が入力 $I(M, d_M)$ に対して No で停止する (すなわち, M が d_M で停止しないと M_H が判定した) ならば, M_H' 自体は停止する」(このような M_H' は, M_H の存在を仮定して初めて考えられることに注意しよう).

このとき, M_H' に対して入力記号列 $I(M_H', d_{M_H'})$ を与えると, どのようなことが起こるかを見てみよう. M_H' の定義から,

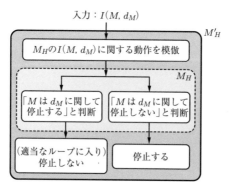

図 6.1　M_H' の構成と動作

1. もし M_H が入力 $I(M'_H, d_{M'_H})$ に対して Yes で停止する，すなわち，"M'_H は $d_{M'_H}$ を入力としたとき停止する" ならば，「M'_H は無限ループに入り永遠に停止しない」ことになる．

2. もし M_H が入力 $I(M'_H, d_{M'_H})$ に対して No で停止する，すなわち，"M'_H は $d_{M'_H}$ を入力したとき停止しない" ならば，「M'_H 自体は停止する」ことになる．

このように，いずれの場合も矛盾を生じる．これは，M_H というチューリング機械の存在を仮定したことに起因する．したがって，このようなチューリング機械 M_H は存在し得ないことが結論付けられる．すなわち，チューリング機械の停止問題は決定不能である．

■ 6.2.2　ポストの対応問題

ポストの対応問題 (Post's Correspondence Problem: **PCP**)[Po46] とは決定問題の一つであり，やはり決定不能であることが知られている．この問題の実例とは，記号の有限集合 Σ 上の記号列から成る二つのリスト

$$L_1 = [x_1, \ldots, x_m], \quad L_2 = [y_1, \ldots, y_m]$$

が与えられたとき，

$$x_{i_1} \cdots x_{i_k} = y_{i_1} \cdots y_{i_k} \quad (k \geqq 1)$$

となる添字の数列 $i_1, \ldots, i_k$ が存在するか否かを決定することである．このような数列 $(i_1, \ldots, i_k)$ が存在するとき，すなわち答えが Yes のとき，この実例は解 $(i_1, \ldots, i_k)$ をもつという．以下では，リストの対 (L_1, L_2) を単に PCP の実例とよぶことにする．

▶ **例 6.1**　実例 $(L_1, L_2) = ([aa, bb, abb], [aab, ba, b])$ を考えよう．このとき，添字の数列 $(1, 2, 1, 3)$ に対して，

$$aa \cdot bb \cdot aa \cdot abb = aab \cdot ba \cdot aab \cdot b \quad (= aabbaaabb)$$

であるから，数列 $(1, 2, 1, 3)$ は実例 (L_1, L_2) の解である．

▶ **例 6.2**　実例 $(L_1, L_2) = ([0, 110], [01, 1110])$ を考えよう．このとき，どのような添字の数列に対しても，対応する L_2 による記号列の長さは常に L_1 によるそれ

┃ よりも長いから，実例 (L_1, L_2) は解をもたない.

このように，個々のいくつかの実例に対して解をもつか否かを決定することは可能である．実際，記号の有限集合を1文字に制限した実例だけを問題にすると，そのような PCP は決定可能になる．しかし，（このような制限をしない）一般の場合，PCP は決定不能な問題である．すなわち，「$|\Sigma| \geqq 2$ の場合，PCP の任意の実例に対してそれが解をもつか否かを決定できるようなアルゴリズムは存在しない」ということが知られている．これは，チューリング機械の停止問題に帰着させるという標準的な方法によって証明される（"帰着" に関しては，次の 6.3 節を参照）．

PCP のもつこの決定不能な性質は，文脈自由文法（言語）に関するさまざまな性質を決定する問題を始めとして，種々の決定問題の決定不能性を示すのにしばしば用いられる（次節を参照）．

6.3 言語に関する主な決定問題

形式言語に関する決定問題の多くは，それが決定可能であるか，あるいは決定不能であるかのいずれかがすでに証明されている．たとえば，2.2.3項で見たように，任意に与えられた二つの有限オートマトンが等価であるか否かを問う決定問題は，決定可能（可解）であった．

ある問題のクラス P' が決定不能であることを示す標準的な方法は，すでに決定不能であるとわかっている問題のクラス P に**帰着** (reduction) すること，すなわち，「P の任意の実例 I が与えられたとき，それをもとに P' に属する実例 I' を構成して，

"I が Yes の答えをもつとき，かつそのときに限り，I' は Yes の答えをもつ"

ようにできる」ことを示せばよい．なぜならば，もし P' が決定可能であると仮定すると，P の任意の実例 I の答え（Yes か No か）は，I' を P' の決定アルゴリズムに入力したときの出力（答え）としてわかることになり，P が決定不能であることに矛盾するからである．

二つの文脈自由言語の共通性問題 [BPS61]（第4章の文献）

ここでは，決定不能であることを示す方法の一例として「任意に与えられた二つの文脈自由文法 G_1, G_2 に関して，

$$L(G_1) \cap L(G_2) \neq \emptyset$$

であるか？」という決定問題をとりあげ，その証明方法を示す．

リストの対 (L_1, L_2) を PCP の任意の実例とする．すなわち，

$$L_1 = [x_1, \ldots, x_m], \quad L_2 = [y_1, \ldots, y_m] \quad (\text{ここで，} x_i, y_i \in \Sigma^*, \ |\Sigma| \geqq 2)$$

が与えられたとする．このとき，二つの文脈自由文法

$$G_i = (\{S_i\}, \Sigma', P_i, S_i) \qquad (i = 1, 2)$$

を次のように構成する：

$$\Sigma' = \Sigma \cup \{d_1, d_2, \ldots, d_m\},$$

$$P_1 = \{S_1 \to x_i S_1 d_i, S_1 \to x_i d_i \mid 1 \leqq i \leqq m\},$$

$$P_2 = \{S_2 \to y_i S_2 d_i, S_2 \to y_i d_i \mid 1 \leqq i \leqq m\}.$$

ここで，$\{d_1, d_2, \ldots, d_m\} \cap \Sigma = \emptyset$ であるようにする．

このとき，

$$L(G_1) = \{x_{i_1} x_{i_2} \cdots x_{i_k} d_{i_k} \cdots d_{i_2} d_{i_1} \mid k \geqq 1\},$$

$$L(G_2) = \{y_{i_1} y_{i_2} \cdots y_{i_k} d_{i_k} \cdots d_{i_2} d_{i_1} \mid k \geqq 1\}$$

となる．

さて，「$L(G_1) \cap L(G_2) \neq \emptyset$ であるか否かの答えが "Yes" である」としよう．すると，$w \in L(G_1) \cap L(G_2)$ となる w が存在するが，$L(G_i)$ の要素の形から，

$$w = x_{i_1} x_{i_2} \cdots x_{i_k} d_{i_k} \cdots d_{i_2} d_{i_1}$$

$$= y_{i_1} y_{i_2} \cdots y_{i_k} d_{i_k} \cdots d_{i_2} d_{i_1},$$

すなわち，ある $k \geqq 1$ に対して，

$$x_{i_1} x_{i_2} \cdots x_{i_k} d_{i_k} \cdots d_{i_2} d_{i_1} = y_{i_1} y_{i_2} \cdots y_{i_k} d_{i_k} \cdots d_{i_2} d_{i_1}$$

となっている．これは「この PCP の実例 (L_1, L_2) が解 $(i_1, i_2, \ldots, i_k)$ をもつ（答えは "Yes" である）」ことを示す．

逆に，「実例 (L_1, L_2) が解 $(i_1, i_2, \ldots, i_k)$ をもつ（答えは "Yes" である）」とすると，記号列

$$w = x_{i_1} x_{i_2} \cdots x_{i_k} d_{i_k} \cdots d_{i_2} d_{i_1}$$

$$= y_{i_1} y_{i_2} \cdots y_{i_k} d_{i_k} \cdots d_{i_2} d_{i_1}$$

は $L(G_1)$ と $L(G_2)$ の両方に属することになり,「$L(G_1) \cap L(G_2) \neq \emptyset$ であるか否かの答えは "Yes"」となる.

以上により,"$L(G_1) \cap L(G_2) \neq \emptyset$ であるか否かの答えが Yes であるとき,かつそのときに限り,PCP の実例 (L_1, L_2) が解をもつ(答えは "Yes" である)" が示せた.このようにして,「任意に与えられた二つの文脈自由文法 G_1,G_2 に関して,$L(G_1) \cap L(G_2) \neq \emptyset$ であるか否か?」という問題は "決定不能" であることが証明される.

各階層の文法 (G または G_1: G_2) あるいは対応したオートマトンに対する,いくつかの主要な決定問題が可解(決定可能)であるか非可解(決定不能)であるかの結果を,表 6.1 にまとめて示す.

表 6.1 言語に関する主要な決定問題

問題 ＼ 文法／オートマトン	正規 (3型) 有限	ε-規則なし LL(1) 単純決定性 プッシュダ ウン	LR(k) 決定性 プッシュ ダウン	文脈自由 (2型) 非決定性 プッシュ ダウン	文脈依存 (1型) 非決定性 線形拘束	句構造 (0型) チュー リング
$w \in L(G)$?　(所属問題)	○	○	○	○	○	×
$L(G) = \emptyset$?　(空集合問題)	○	○	○	○	×	×
$L(G)$ は有限集合?　(有限集合問題)	○	○	○	○	×	×
$L(G) = \Sigma^*$?　(全集合問題)	○	○	○	×	×	×
$L(G)$ は正規?　(正規性問題)	◎	○	○	×	×	×
$L(G_1) = L(G_2)$?　(等価性問題)	○	○	●	×	×	×
$L(G_1) \subseteqq L(G_2)$?　(包含性問題)	○	×	×	×	×	×
G はあいまい?　(あいまい性問題)	○	○	○	×	—	—
$L(G)$ は本質的にあいまい?　(本質的あいまい性問題)	◎	◎	◎	×	—	—

(◎は明らかに可解,○は可解,×は非可解,—は対象外,●は第4章 文献 [Sé01] 参照).

演習問題

6.1 言語 L を任意の正規言語とし，$M = (Q, \Sigma, \delta, p_0, F)$ を $L = L(M)$ なる決定性有限オートマトンとする．ここで，状態の個数を $|Q|$ で表す．このとき，

(1) 「L が空集合であるための必要十分条件は，M は長さが $|Q|$ 未満の記号列を受理しないことである」を証明せよ．

(2) 「任意に与えられた決定性有限オートマトン M に対して，$L(M) = \Sigma^*$ か否かは決定可能である」ことを示せ．

6.2 任意の文脈自由文法 G に対して，次の決定問題は，おのおの決定可能であることを示せ．

(1) $L(G) = \emptyset$ であるか否か？

(2) $L(G)$ は有限であるか否か？

6.3 PCP の任意の実例を $(L_1, L_2) = ([x_1, x_2, \ldots, x_m], [y_1, y_2, \ldots, y_m])$ とする．ここで，$x_i, y_i \in \Sigma^*$ $(i = 1, 2, \ldots, m)$，$|\Sigma| \geqq 2$ である．このとき，

(1) ある線形拘束オートマトン M を構成して，「M がある $z \in \Sigma^*$ を受理するための必要十分条件は，実例 (L_1, L_2) が解 $(i_1, i_2, \ldots, i_k)$ をもつことである」となるようにせよ．ここで，$z = x_{i_1} x_{i_2} \cdots x_{i_k} = y_{i_1} y_{i_2} \cdots y_{i_k}$ である．

(2) 「任意に与えられた文脈依存文法 G に対して，$L(G) = \emptyset$ か否かは決定不能である」ことを示せ．

6.4 正の整数全体の集合を $\mathbf{N}$ とする．

(1) 任意の正整数 i, j の対 $(i, j) \in \mathbf{N} \times \mathbf{N}$ は，たとえば，$(1,1), (2,1), (1,2), (3,1)$, $(2,2), (1,3), (4,1), (3,2), \ldots$ のような順番で，どこかの位置に 1 度，かつ 1 度だけ必ず出現するように並べることができる．この条件を満足して，一般に正整数の対 (i, j) が n 番目に出現するとしたとき，n を i, j の関数 $f(i, j)$ $(f(1,1) = 1, f(2,1) = 2, f(1,2) = 3, \ldots)$ として表せ．

(2) 入力記号の有限集合 Σ をもつチューリング機械 M が与えられたとき，$L(M)$ のすべての記号列を枚挙する手続き P を構成せよ（ヒント: (1) の関数 $f(i, j)$ を利用する）．

6.5 句構造文法 $G = (N, \Sigma, P, S)$ に対する導出可能性問題とは，$N \cup \Sigma$ 上の任意の記号列 w_0, w に関して，$w_0 \underset{G}{\overset{*}{\Rightarrow}} w$ であるか否かを決定することをいう．このとき，

(1) 句構造文法に対する導出可能性問題は決定可能か？

(2) 文脈依存文法に対する導出可能性問題は決定可能か？

について答えよ．

演習問題の解答例

第1章

1.1 電卓，パソコン，電子ゲーム機，銀行の ATM (Automatic Teller Machine) など.

1.2 $A \cup B = \{a, b, aa, ab, ba, bb\}$. $A \cap B = \{a, bb\}$. $A - B = \{b, aa\}$. $A \times B = \{(a, a), (a, ab), (a, ba), (a, bb), (b, a), (b, ab), (b, ba), (b, bb), (aa, a), (aa, ab), (aa, ba), (aa, bb), (bb, a), (bb, ab), (bb, ba), (bb, bb)\}$. $2^A = \{\emptyset, \{a\}, \{b\}, \{aa\}, \{bb\}, \{a, b\}, \{a, aa\}, \{a, bb\}, \{b, aa\}, \{b, bb\}, \{aa, bb\}, \{a, b, aa\}, \{a, b, bb\}, \{a, aa, bb\}, \{b, aa, bb\}, \{a, b, aa, bb\}\}$.

1.3 ベン図によらない方法を示す．以下において，"$P \Longleftrightarrow Q$" は，"P ならば Q，かつ，Q ならば P"（すなわち，P と Q は等価）を表す．また，Ω は全体集合を表す．

$$x \in \overline{A \cap B} \Longleftrightarrow x \in \Omega - (A \cap B)$$

$$\Longleftrightarrow x \in \Omega \text{ かつ } x \notin (A \cap B)$$

$$\Longleftrightarrow x \in \Omega \text{ かつ } (x \notin A \text{ または } x \notin B)$$

$$\Longleftrightarrow (x \in \Omega \text{ かつ } x \notin A) \text{ または } (x \in \Omega \text{ かつ } x \notin B)$$

$$\Longleftrightarrow (x \in \Omega - A) \text{ または } (x \in \Omega - B)$$

$$\Longleftrightarrow x \in \overline{A} \text{ または } x \in \overline{B}$$

$$\Longleftrightarrow x \in \overline{A} \cup \overline{B}$$

したがって，$\overline{A \cap B} = \overline{A} \cup \overline{B}$ （$\overline{A \cup B} = \overline{A} \cap \overline{B}$ も同様）.

第2章

2.1 解図 2.1 のとおり．M_e の状態数は 3 で，M_o の状態数は 5.

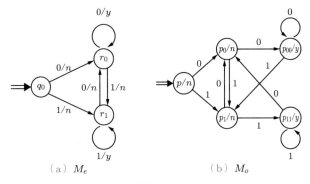

（a）M_e　　　　　　（b）M_o

解図 2.1

補足　題意を満たす有限オートマトンは "非決定性" を許すことにより解図 2.2 の
ものを直接的に得ることができる．これを "決定性" とするために部分集合構成法
を適用すると，下記の解図 2.3 のようになる．

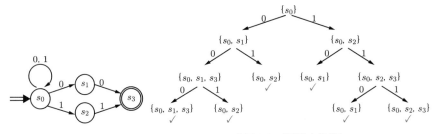

解図 2.2　　　　　　　　　　　　解図 2.3　部分集合構成法

ここで，$\{s_0\} \to p$, $\{s_0, s_1\} \to p_0$, $\{s_0, s_2\} \to p_1$, $\{s_0, s_1, s_3\} \to p_{00}$, $\{s_0, s_2, s_3\}$
$\to p_{11}$ なる状態名の付け替えを行うと，ムーア型順序機械 M_o と同形の決定性有限
オートマトンとなる．ただし，p_{00}, p_{11} が最終状態．

2.2　求めるミーリー型順序機械は，解図 2.4 のようになる．

2.3　$\mathrm{NR}(M) = \{p_2, p_5\}$，$\mathrm{D}(M) = \{p_6, p_7\}$．

2.4　対象とする決定性有限オートマトンを M，その初期状態を q_0，入力記号集合を Σ
としたとき，任意の入力記号列 $x \in \Sigma^*$ に対して，q_0 から x による推移先の状態は
必ず 1 個一意的に存在する．ここで，次の命題 **E**(n) $(n \geqq 0)$ が成立し，その結果
として本題意が証明される．

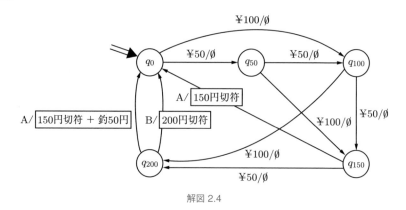

解図 2.4

命題 $\mathbf{E}(n)$

　　$|x| \leqq n$ である任意の $x \in \Sigma^*$ に対して，もし，

$$q_0 \underset{M}{\overset{x}{\Longrightarrow}}{}^* p$$

（すなわち，x により状態 p は q_0 より到達可能）であるならば，到達可能状態検出木の構成が完了後，その中の節点としてラベルが p である節点が必ず存在する.

命題 $\mathbf{E}(n)$ の証明　　n に関する帰納法による.

［帰納法基礎］　$n = 0$ の場合，$p = q_0$ は到達可能状態検出木の根のラベルであり，$\mathbf{E}(0)$ の成立は自明.

［帰納的ステップ］　$\mathbf{E}(k)$ $(k \geqq 0)$ が成立すると仮定したとき，$\mathbf{E}(k+1)$ が成立することを証明する.

　　ある任意の

$$y = xa \in \Sigma^* \qquad (|y| = k + 1,\ a \in \Sigma)$$

を考えたとき，$|x| = k$ であるので，$x \in \Sigma^*$ による推移先の状態を p としたとき，帰納法の仮定により，ラベルが p である節点は到達可能状態検出木の節点として存在する. このラベル p をもつ節点のうちで，到達可能状態検出木の構成過程中で一番最初に出現した節点に注目すると，その節点は内部節点となっている. そこで，$\delta(p, a) = p'$ としたとき，入力記号 a による推移結果より，ラベルが p' である節点は，到達可能状態検出木でラベルが p である内部節点の子節点としてとり入れられて存在している. 以上より，命題 $\mathbf{E}(k)$ の前提のもとで，命題 $\mathbf{E}(k+1)$ の成立が証明された.

　　したがって，帰納法による帰結として，任意の非負整数 n に対して，命題 $\mathbf{E}(n)$ が成立する. □

2.5　(1) $\varepsilon, aa, bb, aaaa, aabb, abab, abba, baab, baba, bbaa, bbbb$

　　(2) $L(M)$ は $\{a, b\}$ 上の記号列で，偶数個の a と偶数個の b を含むもの全体から成

る集合.

入力記号列の長さに関する帰納法により証明する. この帰納法 (における帰納的ステップ) の証明をしやすくするため, 若干拡張した次の命題 $\mathbf{P}(n)$ が任意の非負整数 n に関して成立することを証明する.

命題 $\mathbf{P}(n)$

　　初期状態 q_0 から出発して状態 q_i $(i = 0, 1, 2, 3)$ へ到達するまでに入力される $\{a, b\}$ 上の入力記号列 x $(|x| \leqq n)$ 中における a, b の個数の偶奇性について, 以下が成立する.

　　0)　$i = 0$ のとき, a の個数は偶数, b の個数は偶数
　　1)　$i = 1$ のとき, a の個数は奇数, b の個数は偶数
　　2)　$i = 2$ のとき, a の個数は奇数, b の個数は奇数
　　3)　$i = 3$ のとき, a の個数は偶数, b の個数は奇数

命題 $\mathbf{P}(n)$ の証明

［帰納法基礎］　$n \leqq 2$ において成立することは, 具体的に確認することにより明らか.

［帰納的ステップ］　$n = k$ まで $\mathbf{P}(n)$ が成立していると仮定したとき, $n = k + 1$ においても $\mathbf{P}(n)$ が成立することを証明する.

1) $i = 1$ のとき,

　(i)　$x = x'a$ $(|x| \leqq k + 1)$ の場合；$|x'| \leqq k$ で, 初期状態 q_0 から x' 部分によって到達している状態は q_0 で $|x'| \leqq k$ であるから, 帰納法の仮定より, x' 中の a の個数は偶数, b の個数は偶数である. したがって, $x = x'a$ 中の a の個数は奇数, b の個数は偶数である.

　(ii)　$x = x'b$ $(|x| \leqq k + 1)$ の場合；状態 q_2 を経由することにより, 同様に証明できる.

2) $i = 2$, 3) $i = 3$, 0) $i = 0$ の場合も, 同様にして証明できる.

　以上より, 帰納法の帰結として, 任意の非負整数 n に対して命題 $\mathbf{P}(n)$ が成立する.　　　　　　　　　　　　　　　　　　　　　　　　　　　　　　　□

　上記命題 $\mathbf{P}(n)$ において, とくに $i = 0$ の場合を考えると, (2) の後半の証明がなされていることになる.

2.6　M_2 に対して部分集合構成法を適用すると解図 2.5 のようになる. これより, 求める決定性有限オートマトン M_1 は解図 2.6 となる.

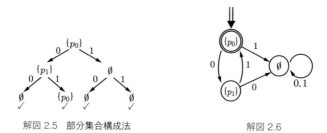

解図 2.5 部分集合構成法

解図 2.6

2.7 求める M と M_d は，おのおの（1），（2）のとおり．

（1）

解図 2.7 M

（2）

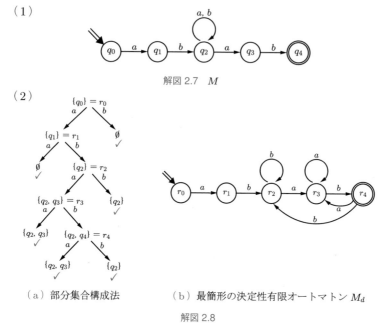

（a）部分集合構成法 （b）最簡形の決定性有限オートマトン M_d

解図 2.8

2.8 部分集合構成法の適用結果より，$\{p_0\} = r_0$，$\{p_1, p_3\} = r_1$，$\{p_4\} = r_2$，$\{p_3, p_4\} = r_3$ として，（広い意味での）決定性有限オートマトン M'' は解図 2.9 のとおり．

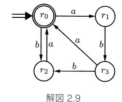

解図 2.9

2.9 部分集合構成法を適用すると解図 2.10 のようになり，状態集合 $\{q_0\}$，$\{q_0, q_1, q_2\}$，$\{q_1, q_2\}$，$\{q_2\}$ をそれぞれ新たに状態 r_0，r_0'，r_1，r_2 と名付け直し，その状態間推

移を部分集合構成法の過程に対応して設けると，解図 2.11（a）の 4 状態の決定性有限オートマトンが求められる．さらに，ここで状態 r_0 と r_0' とは等価であることがわかるので，r_0' を r_0 に統合して簡単化すると，解図 2.11（b）の最簡形の（広い意味での）決定性有限オートマトン M_1'' が得られる．

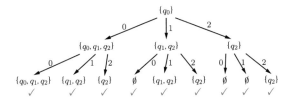

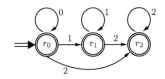

状態集合 M_1'	新しい状態
$\{q_0\}$	$\longrightarrow r_0$
$\{q_0, q_1, q_2\}$	$\longrightarrow r_0'$
$\{q_1, q_2\}$	$\longrightarrow r_1$
$\{q_2\}$	$\longrightarrow r_2$

解図 2.10　部分集合構成法

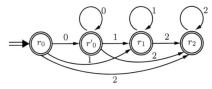

（a）部分集合構成法による決定性有限オートマトン　　　　　（b）最簡形 M_1''

解図 2.11

2.10　求める（a）M_1，（b）M_2，（c）M_3 は解図 2.12 のとおり．

　　　［M_2 についての説明］　演習問題 2.5 との類似性に着目すると，図 2.58 における最終状態を q_1 に変更すればよいことがわかる．

　　　［M_3 についての説明］（以下，解図 2.13 を参照）　まず，言語 L_3 の補集合を受理するオートマトンを考える．すなわち，bb を部分記号列として含む記号列を受理する非決定性有限オートマトンは M で与えられる．部分集合構成法によってこれを決定性に変換すると M' を得る．ここで状態 r_2 と r_3 とは等価であることに留意してこれらを r_2 に統合すると M'' が得られる．その後，M'' の最終状態と非最終状態を入れ替えると，s_2 は死状態となるので除去する．この結果，最終的に求めるオートマトン M_3 が得られる（ただし，M_3 は広い意味での決定性有限オートマトンである）．

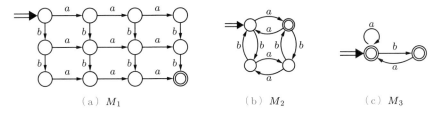

（a）M_1　　　　　　　　　（b）M_2　　　　　　　　（c）M_3

解図 2.12

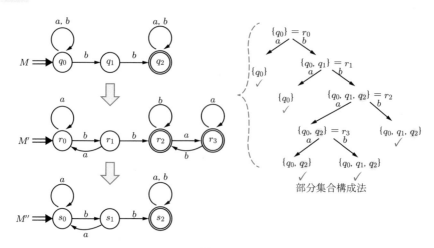

解図 2.13

2.11 等価判定木は解図 2.14 のとおり．これより，判定結果は（1）$M_1 \equiv M_2$，（2）
$M_1 \equiv M_2$ である．

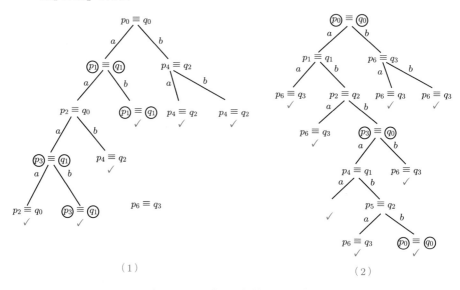

（1）　　　　　　　　　　　　　　　　　　　（2）

解図 2.14　○印は最終状態を表す．

2.12 (1)　正規表現を求める手法のうち，まず（その 1）による方法を示し，その後で（その 2）による解法を示す．

　　（その 1）による解法：　$M_1 = (\{q_1, q_2, q_3\}, \{a, b\}, \delta_1, q_1, \{q_3\})$，ここで，

$$\delta_1(q_1, a) = q_2, \ \delta_1(q_1, b) = q_3, \ \delta_1(q_2, a) = q_3,$$
$$\delta_1(q_2, b) = q_2, \ \delta_1(q_3, a) = q_3, \ \delta_1(q_3, b) = q_3$$

である．このとき，

$$L(M_1) = R_{13}^3 = R_{13}^2 \cup R_{13}^2 (R_{33}^2)^* R_{33}^2$$

であるため，

$$R_{13}^2 = R_{13}^1 \cup R_{12}^1 (R_{22}^1)^* R_{23}^1 \quad \text{および} \quad R_{33}^2 = R_{33}^1 \cup R_{32}^1 (R_{22}^1)^* R_{23}^1$$

を求めればよい．

$$R_{11}^0 = \{\varepsilon\},\ R_{12}^0 = \{a\}, R_{13}^0 = \{b\},\ R_{21}^0 = \emptyset,\ R_{22}^0 = \{b, \varepsilon\},\ R_{23}^0 = \{a\},$$
$$R_{31}^0 = \emptyset,\ R_{32}^0 = \emptyset,\ R_{33}^0 = \{a, b, \varepsilon\}$$

より，

$$R_{12}^1 = R_{12}^0 \cup R_{11}^0 (R_{11}^0)^* R_{12}^0 = \{a\} \cup \{\varepsilon\}\{\varepsilon\}^* \{a\} = \{a\}$$
$$R_{13}^1 = R_{13}^0 \cup R_{11}^0 (R_{11}^0)^* R_{13}^0 = \{b\} \cup \{\varepsilon\}\{\varepsilon\}^* \{b\} = \{b\}$$
$$R_{22}^1 = R_{22}^0 \cup R_{21}^0 (R_{11}^0)^* R_{12}^0 = \{b, \varepsilon\} \cup \emptyset \{\varepsilon\}^* \{a\} = \{b, \varepsilon\}$$
$$R_{23}^1 = R_{23}^0 \cup R_{21}^0 (R_{11}^0)^* R_{13}^0 = \{a\} \cup \emptyset \{\varepsilon\}^* \{b\} = \{a\}$$
$$R_{32}^1 = R_{32}^0 \cup R_{31}^0 (R_{11}^0)^* R_{12}^0 = \emptyset \cup \emptyset \{\varepsilon\}^* \{a\} = \emptyset$$
$$R_{33}^1 = R_{33}^0 \cup R_{31}^0 (R_{11}^0)^* R_{13}^0 = \{a, b, \varepsilon\} \cup \emptyset \{\varepsilon\}^* \{b\} = \{a, b, \varepsilon\}$$
$$R_{13}^2 = R_{13}^1 \cup R_{12}^1 (R_{22}^1)^* R_{23}^1 = \{b\} \cup \{a\}\{b, \varepsilon\}^* \{a\} = \{b\} \cup \{a\}\{b\}^* \{a\}$$
$$R_{33}^2 = R_{33}^1 \cup R_{32}^1 (R_{22}^1)^* R_{23}^1 = \{a, b, \varepsilon\} \cup \emptyset \{b, \varepsilon\}^* \{a\} = \{a, b, \varepsilon\}$$

となる．ゆえに，

$$L(M_1) = R_{13}^3 = R_{13}^2 \cup R_{13}^2 (R_{33}^2)^* R_{33}^2$$
$$= \{b\} \cup \{a\}\{b\}^* \{a\} \cup \big(\{b\} \cup \{a\}\{b\}^* \{a\}\big)\{a, b, \varepsilon\}^* \{a, b, \varepsilon\}$$
$$= \big(\{b\} \cup \{a\}\{b\}^* \{a\}\big)\big(\{\varepsilon\} \cup \{a, b\}^* \{a, b, \varepsilon\}\big)$$
$$= \big(\{b\} \cup \{a\}\{b\}^* \{a\}\big)\{a, b\}^*$$

これを表す正規表現は，

$$(\mathbf{b} + \mathbf{a}\mathbf{b}^*\mathbf{a})(\mathbf{a} + \mathbf{b})^*$$

である．

（その2）による解法：解図 2.15 より，$(\mathbf{a}\mathbf{b}^*\mathbf{a} + \mathbf{b})(\mathbf{a} + \mathbf{b})^*$ を得る．

(2) 正規表現を求める手法のうちの（その2）による解法を示す（なお，（その1）による解法は Web 資料に記載）．

（その2）による解法：解図 2.16 より，

$$(\mathbf{b}\mathbf{a}^*\mathbf{b}\mathbf{b}^*\mathbf{a} + \mathbf{a})^*$$

を得る．

(3) 正規表現を求める手法のうちの（その2）による解法を示す（なお，（その1）に

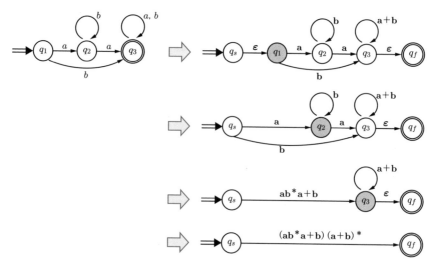

解図 2.15　●は除去対象の状態を表す.

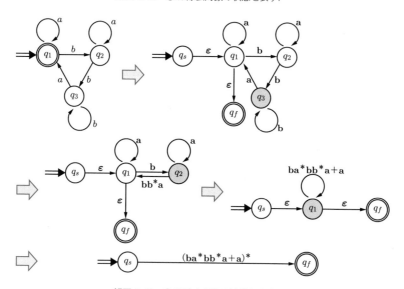

解図 2.16　●は除去対象の状態を表す.

よる解法は Web 資料に記載).

（その2）による解法：解図 2.17 より，

$$\mathbf{a(aa)}^*\mathbf{(ab+b)+b = (aa)}^*\mathbf{(ab+b) = a^*b}, \quad \text{および} \quad \mathbf{(aa)}^*\mathbf{(ab+b) = a^*b}$$

という二つの等式関係を用いて簡約化すると，

$$\mathbf{a^*b((a + b)a^*b)}^*\mathbf{((a + b)(aa)}^* + \varepsilon) + \mathbf{a(aa)}^*$$

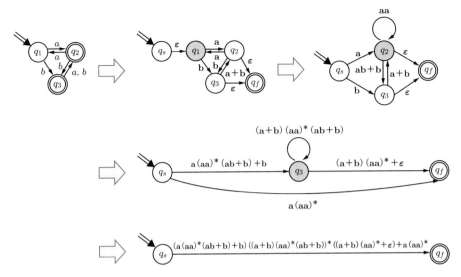

解図 2.17

を得る.

2.13 (1) $\mathbf{E}_1$ より非決定性の有限オートマトンを作る.これより部分集合構成法により,求める決定性有限オートマトン M_1 が得られる.解図 2.18.

(2) $\mathbf{E}_2$ より非決定性の有限オートマトンを作る.これより (1) と同様に部分集合構成法を適用して,求める決定性有限オートマトン M_2 が得られる.解図 2.19.

(3) $\mathbf{E}_3$ より非決定性の有限オートマトンを作る.これより拡張した部分集合構成法を適用すると,求める決定性有限オートマトン M_3 が得られる.解図 2.20.

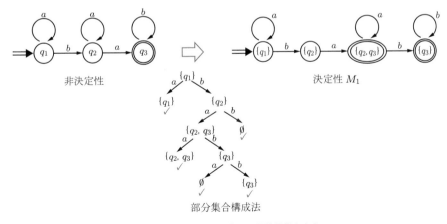

解図 2.18 青色の網掛け部分は最終状態を表す.

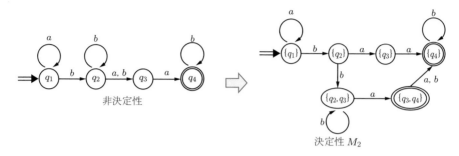

解図 2.19

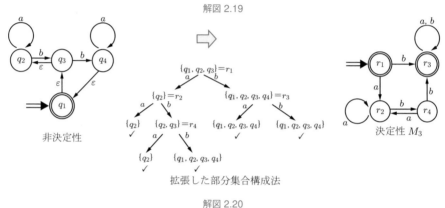

解図 2.20

2.14 求めるオートマトンは図 2.54 (77 ページ) の M_1 である.

解説 **10*1** 中の **0*** に対応する有限オートマトンは，冗長な ε-動作の除去 (iii) を考慮に入れると，図 2.54 中で，q_2 から 0 により出て入る自己ループにより構成される，状態 q_2 だけから成る有限オートマトンとして構成される．**10*** に対応する有限オートマトンは，1 による推移に続く前記結果において，冗長な ε-動作の除去 (ii) を考慮することにより，図 2.54 中の，q_1, q_2 部分から成る有限オートマトンとなる．**10*1** に対する有限オートマトンは，その結果の後に 1 による推移をさらに ε-動作の除去 (ii) を考慮した上で追加することにより，図 2.54 中の左上部から成る有限オートマトンとして得る．さらに，$(\mathbf{0} + \mathbf{10*1})$ に対する有限オートマトンは，**0+** に対応する部分を ε-動作の除去 (i) を考慮して追加することにより，図 2.54 中から q_3 よりの推移を除いた部分から成る有限オートマトンとなる．また，$(\mathbf{0} + \mathbf{1})^*$ に対する有限オートマトンは，冗長な ε-動作の除去 (iii) を考慮することにより，図 2.54 中における，q_3 から 0，1 により出て入る自己ループだけから成る有限オートマトンとなる．この結果を前記に得られている $(\mathbf{0} + \mathbf{10*1})$ に対する有限オートマトンと合わせ，冗長な ε-動作の除去 (ii) を考慮することにより，図 2.54 の有限オートマトンを得る．これは最簡で決定性であり，要請された最終結果となっている．

2.15 対象とする DFA M_1, M_2 の入力記号集合を Σ_1, Σ_2 としたとき，おのおのの入力記号集合を $\Sigma = \Sigma_1 \cup \Sigma_2$ へと拡張した DFA を改めて M_1, M_2 とする．このよ

うな M_1, M_2 が基本定義による DFA (completely specified DFA) でない場合，すなわち，46 ページにおける "広い意味での決定性有限オートマトン" である場合には，前処理として，必要に応じて死状態とそれに至る推移を付加することにより，基本定義による DFA に変換する（演習問題 2.6 を参照）．したがって，こうして得られる DFA の対を改めて M_1, M_2 とおく．これにより，任意の入力記号列に対して，各 DFA はその全体を読みつくす推移が可能で，全推移完了後の状態が必ず 1 個一意的に存在する．以下で，正当性の証明を行う．

I.　判定が非等価 ($M_1 \not\equiv M_2$) である場合：

　　　等価性判定木中に，一方が最終状態で，他方が非最終状態の状態対が生じた場合であるから，$M_1 \not\equiv M_2$ が真であることは明らか．

II.　判定が等価 ($M_1 \equiv M_2$) である場合：

　　　等価との判定を下してアルゴリズムが終端した時点の等価性判定木において，次の命題 $\mathbf{E}_n$ ($n = 0, 1, 2, \ldots$) が成立する．

命題 $\mathbf{E}_n$

　　M_1, M_2 の初期状態をおのおの q_{01}, q_{02} とする．このとき，$|x| \leqq n$ である任意の $x \in \Sigma^*$ に対して，

$$q_{01} \xrightarrow[M_1]{x}{}^* p_1 \quad \text{かつ} \quad q_{02} \xrightarrow[M_2]{x}{}^* p_2$$

としたとき，

　　① p_1, p_2 は共に最終状態であるか，あるいは共に非最終状態である．

　　② ラベルが $p_1 \equiv p_2$ である節点が，<u>等価性判定木中の節点</u>として存在する．

命題 $\mathbf{E}_n$ の証明　　n に関する帰納法による．

[帰納法基礎]　$n = 0$ の場合，$p_1 \equiv p_2$ は等価性判定木の根のラベルであり，$\mathbf{E}_0$ の②が成立しており，①の成立も確認されている．

[帰納的ステップ]　$\mathbf{E}_n$ が成立すると仮定したとき，$\mathbf{E}_{n+1}$ が成立することを証明する．

　　任意の $y = xa \in \Sigma^*$ ($|y| = n + 1$, $a \in \Sigma$) を考えたとき，$|x| = n$ であるので，帰納法の仮定により，$x \in \Sigma^*$ 部分に関しては命題 $\mathbf{E}_n$ の①，②が成立する．したがって，その②より，ラベルが $p_1 \equiv p_2$ である節点が，等価性判定木中の節点として存在する．

　　このラベル $p_1 \equiv p_2$ をもつ節点のうちで，等価性判定木構成過程中の一番最初に出現した節点に注目する．すると，対象の DFA は基本定義によるもの (completely specified) であるとしているので，その節点は内部節点となっている．そこで，$\delta(p_1, a) = p_1'$, $\delta(p_2, a) = p_2'$ としたとき，入力記号 a による推移結果より，ラベルが $p_1' \equiv p_2'$ である節点は，等価性判定木中でラベルが $p_1 \equiv p_2$ である内部節点の子節点としてとり入れられて存在している (②)．したがって，p_1', p_2' が共に最終状態であるか，あるいは非最終状態であるかの成立確認もなされている (①)．

　　以上より，命題 $\mathbf{E}_n$ の前提のもとで，命題 $\mathbf{E}_{n+1}$ の成立が証明された．

したがって，帰納法による帰結として，任意の非負整数 n に対して，命題 $\mathbf{E}_n$ が成立する． $\qquad\square$

この①より，2.2.3 項の最初に示してある，$M_1 \equiv M_2$ が成立するための条件が成立していることになる．ゆえに，$M_1 \equiv M_2$ は真に成立している．

以上 I, II より，$M_1 \not\equiv M_2$ および $M_1 \equiv M_2$ のいずれの判定に対しても，その判定結果は正しい．

2.16 (i) $L(M) = L(M')$ であることを示す．まず，"$Q_k = Q_{k-1}$ ならば，任意の $i \geqq 0$ に対して，$Q_{k-1} = Q_{k+i}$" であることに留意（すなわち，"任意の $q, q' \in Q$ に対して，$q \equiv_{k-1} q'$ ならば $q \equiv q'$" である）．さて，$Q' (= Q_{k-1})$ の要素で q_i を含む状態を $[p_i]$ とする．このとき，「任意の $q_i \in Q$ と，任意の $x \in \Sigma^*$ に対して，$\delta(q_i, x) \in F \Longleftrightarrow \delta'([p_i], x) \in F'$」を示す（ここで，$A \Longleftrightarrow B$ は "A ならば B，かつ，B ならば A である" を表す）．証明は $|x| = n$ に関する帰納法による．

[帰納法基礎]　$n = 0$ の場合，定義より明らかに「$\delta(q_i, \varepsilon) \in F$ ならば $\delta'([p_i], \varepsilon) \in F'$」である．逆に，「$\delta'([p_i], \varepsilon) \in F'$ ならば $\delta(q_i, \varepsilon) \in F$」は，$F'$ と $\equiv$ の定義からいえる．

[帰納的ステップ]　$n = t$ まで成り立つと仮定し，$|x| = t + 1$ を考え，$x = ay$ $(a \in \Sigma, \ y \in \Sigma^*)$ とする．このとき，

$$\delta(q_i, x) \in F \Longleftrightarrow \delta(q_i', y) \in F \qquad (\text{ここで } q_i' = \delta(q_i, a))$$
$$\Longleftrightarrow \delta'([p_i'], y) \in F' \qquad (\text{ここで } [p_i'] = \delta'([p_i], a))$$
$$\Longleftrightarrow \delta'(\delta'([p_i], a), y) \in F'$$
$$\Longleftrightarrow \delta'([p_i], x) \in F'.$$

したがって，$n = t + 1$ のときも成り立ち，帰納法による証明が終了する．以上により，$L(M) = L(M')$ が得られる．

(ii) M' は M の最簡形であることを示す．$M'' = (Q'', \Sigma, \delta'', p_0'', F'')$ なる DFA で，$L(M) = L(M') = L(M'')$ かつ $|Q| \geqq |Q'| > |Q''|$ であるものが存在すると仮定し，矛盾を導く．各 $p_i'' \in Q''$ に関して，$R(p_i'') = \{x \in \Sigma^* \mid \delta''(p_0'', x) = p_i''\}$ とする（同様に，各 $[p_i] \in Q'$ に対しても $R([p_i]) = \{x \in \Sigma^* \mid \delta'([p_0], x) = [p_i]\}$ とする）．$|Q'| > |Q''|$ であるから，ある $p_i'' \in Q''$, x, $y \ (\neq x) \in \Sigma^*$ および $[p_x]$, $[p_y] \ (\neq [p_x]) \in Q'$ が存在して，"$x, y \in R(p_i'')$ かつ $x \in R([p_x])$, $y \in R([p_y])$" となっている．M' において，$\delta'([p_0], x) = [p_x]$, $\delta'([p_0], y) = [p_y]$ であり，$[p_x] \neq [p_y]$ であるから，ある $z \in \Sigma^*$ が存在して，$\delta'([p_x], z)$, $\delta'([p_y], z)$ のいずれか一つのみが F' に属する．すなわち，xz か yz のいずれか一つのみが $L(M') \ (= L(M) = L(M''))$ に属することになる．ところが，M'' においては，$\delta''(p_0', x) = \delta''(p_0'', y) \ (= p_i'')$ であるから，上記 z に対して，$\delta''(p_0'', xz)$, $\delta''(p_0'', yz)$ は共に F'' に属するか，あるいは共に属さないかのいずれかである．これは，いずれの場合にも $L(M'') = L(M') \ (= L(M))$ という仮定に反する．したがって，このような M'' は存在せず，M' は M の最簡形である．

2.17 背理法による証明を 2 通り示す.

[その 1]　L が正規言語であると仮定し，L と正規表現 $\mathbf{aa}^*\mathbf{bb}^*$ で表される正規言語との共通集合を考える.

$$L' = L \cap L(\mathbf{aa}^*\mathbf{bb}^*) = \{a^n b^n \mid n \geqq 1\}.$$

正則言語族は共通集合の演算に関して閉じているので，L' も正規言語でなければならない. しかし，2.7 節で見たように L' は非正規言語であり，矛盾する. したがって，L は正規言語でない.

[その 2]　L が正規言語と仮定し，マイヒル–ネローデの定理における同値関係 R_L を考える. この定理より，R_L による同値類は有限個である. ここで $w_i = a^i$ $(i \geqq 1)$ とすると，$i \neq j$ のとき，「$a^i b^i \in L$ かつ $a^j b^i \notin L$」であるので，w_i と w_j は R_L に関して同値でない. よって，同値類 $[w_i]_{R_L}$ は無限個存在することになり，矛盾する.

第 3 章

3.1 求める構文木は解図 3.1 のとおり.

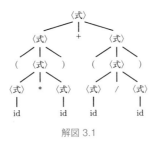

解図 3.1

3.2 $L = L(G_r)$ となる右線形文法

$$G_r = (N_r, \Sigma, P_r, S_r)$$

で非終端記号の個数が最小のものは，

$$N_r = \{S_r, A\}, \text{ かつ } P_r = \{S_r \to sheisA, \ A \to veryA, \ A \to young\}$$

で与えられる.

3.3 G_r と等価な正規文法

$$G = (N, \Sigma, P, S)$$

で非終端記号の個数が最小のものは，

$$N = \{S, A, A_1, A_2, A_3, A_4, B_1, B_2, B_3, C_1, C_2, C_3, C_4\}$$

$$\begin{aligned}
P = \{ & S \to sA_1, \ A_1 \to hA_2, \ A_2 \to eA_3, \ A_3 \to iA_4, \ A_4 \to sA, \ A \to vB_1, \\
& B_1 \to eB_2, \ B_2 \to rB_3, \ B_3 \to yA, \ A \to yC_1, \ C_1 \to oC_2, \ C_2 \to uC_3, \\
& C_3 \to nC_4, \ C_4 \to g\}
\end{aligned}$$

で与えられる.

3.4 求める有限オートマトン M の状態推移図は解図 3.2 のとおり.

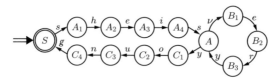

解図 3.2

4.1 (1) $G_1 = \big(\{S\}, \{0, 1\}, \{S \to 1, S \to 0S11\}, S\big)$

    (2) $G_2 = \big(\{S, A, B\}, \{a, b, c\},$
$$\{S \to AB, A \to ab, A \to aAb, B \to c, B \to cB\}, S\big)$$

    (3) $G_3 = \big(\{S\}, \{a, b\}, \{S \to \varepsilon, S \to a, S \to b, S \to aSa, S \to bSb\}, S\big)$

    (4) $G_4 = \big(\{S\}, \{a, b\}, \{S \to \varepsilon, S \to aSb, S \to bSa, S \to SS\}, S\big)$

4.2 (1) $G' = (\{S, A, B\}, \{a, b\}, P', S)$. ここで, P' は次のものから成る (無効記号は含まない).

$$S \to aS, \ S \to SS, \ S \to b, \ S \to bA, \ A \to B, \ A \to BB, \ B \to ab,$$

$$B \to aAb.$$

    (2) $G'' = (\{S, A, B\}, \{a, b\}, P'', S)$. ここで, P'' は次のものから成る.

$$S \to aS, \ S \to SS, \ S \to b, \ S \to bA, \ A \to ab, \ A \to aAb,$$

$$A \to BB, \ B \to ab, \ B \to aAb.$$

4.3 (1) (解釈 1):時は矢のように飛ぶ (光陰矢の如し),

       (解釈 2):時蠅は矢を好む,

       (解釈 3):矢のように蠅を計れ (time は動詞の "計る"), など.

    (2) They are flying planes. この英文は構文として, They are {flying planes} (それらは飛んでいる飛行機である), および They {are flying} planes (彼らは飛行機を飛ばしている), のように二つの異なる解釈が可能である.

4.4 $G = (\{S, A, B, C, D, \langle a \rangle, \langle b \rangle, \langle c \rangle, X, Y\}, \{a, b, c\}, P, S)$. ここで, P は以下のものから成る.

$$S \to AB, \ S \to CD, \ A \to \langle a \rangle X, \ A \to \langle a \rangle \langle b \rangle, \ B \to \langle c \rangle B, \ B \to c,$$

$$C \to \langle a \rangle C, \ C \to a, \ D \to \langle b \rangle Y, \ D \to \langle b \rangle \langle c \rangle, \ X \to A \langle b \rangle, \ Y \to D \langle c \rangle,$$

$$\langle a \rangle \to a, \ \langle b \rangle \to b, \ \langle c \rangle \to c.$$

4.5 S を開始記号とし，生成規則の集合は以下のものから成る.

$$S \to aSB, \qquad S \to aZSB, \qquad S \to bB, \qquad S \to bBASB,$$
$$S \to bBAZSB, \quad A \to aS, \qquad A \to aZS, \qquad A \to b,$$
$$A \to bBAS, \qquad A \to bBAZS, \quad B \to a, \qquad B \to aZ,$$
$$B \to bBA, \qquad B \to bBAZ, \qquad Z \to aSBBA, \qquad Z \to aSBBAZ,$$
$$Z \to aZSBBA, \quad Z \to aZSBBAZ, \quad Z \to bBBA, \qquad Z \to bBBAZ,$$
$$Z \to bBASBBA, \ Z \to bBASBBAZ, \ Z \to bBAZSBBA, \ Z \to bBAZSBBAZ.$$

4.6 (1) $N_2' = N \cup \{\langle a \rangle, \langle b \rangle, \langle c \rangle, \langle bc \rangle\}$.
$P_2' = \{S \to EF, E \to GA, G \to a, F \to \langle a \rangle \langle bc \rangle, \langle a \rangle \to a, \langle bc \rangle \to \langle b \rangle \langle c \rangle,$
$\langle b \rangle \to b, \langle c \rangle \to c, A \to BC, B \to DA, D \to \langle a \rangle \langle b \rangle, A \to \langle a \rangle \langle a \rangle,$
$C \to c\}$.

(2) 解図 4.1 のような導出木となる.

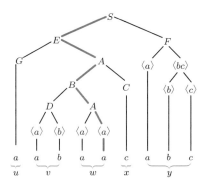

図 4.1　太線は，図 4.6 に対応させたもの.

4.7 L が CFL であると仮定すると，反復定理の条件を満たす定数 p_L が存在する．L の要素 $z = a^{p_L} b^{p_L} c^{p_L}$ を考えると，反復定理におけるように $z = uvwxy$ と分解できる．ここで，z における a と c との間には少なくとも p_L 個の記号があり，かつ $|vwx| \leqq p_L$ であるから，v と x とが共に a, c の両方を含むことはない．したがって，以下の場合に分けて考える．すなわち，（ⅰ）$v, x \in \{a, b\}^*$ の場合：反復定理の条件 $vx \neq \varepsilon$ から uwy における a あるいは b の個数は p_L より少なくなり，c の個数は p_L であるから，反復定理の条件 $uwy \in L$ に矛盾する．（ⅱ）$v, x \in \{b, c\}^*$ の場合：（ⅰ）と同様に，uwy における b あるいは c の個数は a の個数（$= p_L$）より少なくなり，$uwy \in L$ に矛盾する．以上より，L は CFL でない．

4.8 (1) L_1 は接頭辞性質をもつ.
(2) 記号例 bb, $bbaa$ は共に L_2 の要素であり，かつ bb は $bbaa$ の真の接頭辞である．したがって，L_2 は接頭辞性質をもたない.
(3) 記号例 ab, abb は共に L_3 の要素であり，かつ ab は abb の真の接頭辞である．したがって，L_3 は接頭辞性質をもたない.

4.9 (1) *abba* と *abbaa* に関する解析行列を計算すると解図 4.2 のようになる.
この結果により, $abba \notin L(G)$, $abbaa \in L(G)$ を得る.

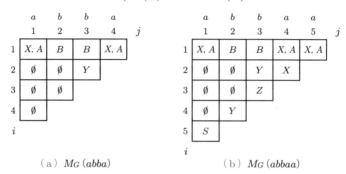

	a 1	b 2	b 3	a 4	j
1	X, A	B	B	X, A	
2	$\emptyset$	$\emptyset$	Y		
3	$\emptyset$	$\emptyset$			
4	$\emptyset$				
i					

（ a ）$M_G(abba)$

	a 1	b 2	b 3	a 4	a 5	j
1	X, A	B	B	X, A	X, A	
2	$\emptyset$	$\emptyset$	Y	X		
3	$\emptyset$	$\emptyset$	Z			
4	$\emptyset$	Y				
5	S					
i						

（ b ）$M_G(abbaa)$

解図 4.2

(2) G の生成規則の集合は以下の集合と等価である.

$$S \to XY, X \to aX, X \to a, Y \to bYa, Y \to ba.$$

これより, $L(G) = \{a^m b^n a^n \mid m, n \geqq 1\}$.

4.10 以下では, 各 M_i は最終状態 p_f で受理するものとする. p_0, Z_0 は, おのおの初期状態, 初期スタック記号を表す. δ_i の構成のみを示す.

(1) M_1 の δ_1 (決定性) は, 次のとおり.

$(p_0, Z_0) \overset{0}{\to} (p_0, XXZ_0)$, $\qquad$ $(p_0, Z_0) \overset{1}{\to} (p_f, Z_0)$,

$(p_0, X) \overset{0}{\to} (p_0, XXX)$, $\qquad$ $(p_0, X) \overset{1}{\to} (p_1, \varepsilon)$,

$(p_1, X) \overset{1}{\to} (p_1, \varepsilon)$, $\qquad$ $(p_1, Z_0) \overset{1}{\to} (p_f, Z_0)$.

(2) M_2 の δ_2 (決定性) は, 次のとおり.

$(p_0, Z_0) \overset{a}{\to} (p_0, AZ_0)$, $\qquad$ $(p_0, A) \overset{a}{\to} (p_0, AA)$,

$(p_0, A) \overset{b}{\to} (p_1, \varepsilon)$, $\qquad$ $(p_1, A) \overset{b}{\to} (p_1, \varepsilon)$,

$(p_1, Z_0) \overset{c}{\to} (p_f, Z_0)$, $\qquad$ $(p_f, Z_0) \overset{c}{\to} (p_f, Z_0)$.

(3) M_3 の δ_3 (非決定性) は, 次のとおり (以下において, $X \in \{Z_0, A, B\}$ である).

$\delta_3(p_0, a, X) = \{(p_0, AX),$ $\qquad$ $\delta_3(p_0, b, X) = \{(p_0, BX),$

$\qquad\qquad (p_1, X)\},$ $\qquad\qquad\qquad\qquad (p_1, X)\},$

$\delta_3(p_0, \varepsilon, X) = \{(p_1, X)\},$

$\delta_3(p_1, a, A) = \{(p_1, \varepsilon)\},$ $\qquad$ $\delta_3(p_1, b, B) = \{(p_1, \varepsilon)\},$

$\delta_3(p_1, \varepsilon, Z_0) = \{(p_f, Z_0)\}.$

(4) M_4 の δ_4 (非決定性) は, 次のとおり.

$\delta_4(p_0, \varepsilon, Z_0) = \{(p_f, \varepsilon)\},$ $\qquad$ $\delta_4(p_0, a, Z_0) = \{(p_0, BZ_0)\},$

$\delta_4(p_0, b, Z_0) = \{(p_0, AZ_0)\},$ $\qquad$ $\delta_4(p_0, b, A) = \{(p_0, AA)\},$

$\delta_4(p_0, a, A) = \{(p_0, \varepsilon)\},$ $\qquad$ $\delta_4(p_0, a, B) = \{(p_0, BB)\},$

$\delta_4(p_0, b, B) = \{(p_0, \varepsilon)\}.$

　　L_1 は単純決定性言語(演習問題 4.1 の解答の G_1 は単純決定性文法である). L_2〜L_4 は単純決定性言語でない (4.8.3 項で "接頭辞性質" を定義した直後で述べたように, 単純決定性言語は接頭辞性質をもつ. ところが, L_2〜L_4 は接頭辞性質をもたない).

4.11　言語 L が $LR(0)$ 文法で生成されるのは, L が接頭辞性質をもつ決定性言語であるとき, かつそのときに限る (4.11.3 項を参照). 言語 $L = \{wc \mid w \in \{a, b\}^*\} \cup \{a^n b^n d \mid n \geq 1\}$ は, 明らかに接頭辞性質をもつ. したがって, L が決定性言語であることを示せばよい. 実際, L を (最終状態で) 受理する決定性プッシュダウンオートマトン $M = (\{p_0, p_1, p_2, p_f\}, \{A, Z_0\}, \{a, b, c, d\}, \delta, p_0, Z_0, \{p_f\})$ は次のように構成できる.

$$\delta(p_0, a, Z_0) = (p_0, AZ_0),\ \ \delta(p_0, b, Z_0) = (p_1, Z_0),\ \ \delta(p_0, c, X) = (p_f, \varepsilon),$$
$$\delta(p_0, a, A) = (p_0, AA),\ \ \ \ \ \delta(p_0, b, A) = (p_2, \varepsilon),\ \ \ \ \ \ \delta(p_1, s, X) = (p_1, X),$$
$$\delta(p_1, c, X) = (p_f, \varepsilon),\ \ \ \ \ \ \ \delta(p_2, a, A) = (p_1, \varepsilon),\ \ \ \ \ \ \delta(p_2, b, A) = (p_2, \varepsilon),$$
$$\delta(p_2, s, Z_0) = (p_1, Z_0),\ \ \ \ \ \delta(p_2, c, X) = (p_f, \varepsilon),\ \ \ \ \ \delta(p_2, d, Z_0) = (p_f, \varepsilon).$$
　　(ここで, $s \in \{a, b\}$, $X \in \{A, Z_0\}$ である.)

4.12　$P = $ "$L_1 L_2$ が接頭辞性質をもつ", $Q = $ "L_2 が接頭辞性質をもつ", とする.

(a) まず, 「$P \Rightarrow Q (P$ ならば $Q)$」が成り立つことを示す. そのためには, その対偶, すなわち「Q でない $\Rightarrow P$ でない」を示せばよい. "Q でない", すなわち, "L_2 は接頭辞性質をもたない" と仮定する. このとき, ある $x, y \in L_2$ とある $z \neq \varepsilon$ が存在して, $x = yz$ となっている. これより, 任意の $w \in L_1$ に対して $wx, wy \in L_1 L_2$ かつ $wx = wyz, z \neq \varepsilon$. したがって, $L_1 L_2$ は接頭辞性質をもたない.

(b) 次に, 「$Q \Rightarrow P (Q$ ならば $P)$」が成り立つことを示す. そのためには, その対偶, すなわち「P でない $\Rightarrow Q$ でない」を示せばよい.

　　"P でない", すなわち, "$L_1 L_2$ が接頭辞性質をもたない" と仮定する. このとき, ある $x, y \in L_1 L_2$ とある $z \neq \varepsilon$ が存在して, $x = yz$ となっている. ここで, $x = x_1 x_2$ $(x_i \in L_i;\ i = 1, 2)$ とし, 3 つの場合に分けて考える.

(b-1) ある $z' \neq \varepsilon$ に対して $x_1 = yz'$ であるとき:$y \in L_1 L_2$ であるから, ある y_1, y_2 が存在して $y = y_1 y_2$ かつ $y_1 \in L_1$ が成り立つ. このとき, $x_1 = yz' = y_1 y_2 z' \in L_1$ かつ $y_2 z' \neq \varepsilon$ となり, L_1 が接頭辞性質をもつことに矛盾する.

(b-2) $x_1 = y$, $x_2 = z$ のとき:$y \in L_1 L_2$ かつ $y = x_1 \in L_1$ であるから, $\varepsilon \in L_2$ となる. このとき, $z (= x_2) \in L_2$ であるから, L_2 は接頭辞性質をもたない.

(b-3) ある $y' \neq \varepsilon$ に対して $y = x_1 y'$ であるとき:$x = x_1 y' z$ であるから, $y'z \in L_2$ となる. このとき, $y \in L_1 L_2$ かつ $x_1 \in L_1$ であるから, $y' \in L_2$ となり, $(z \neq \varepsilon$ であったので) L_2 は接頭辞性質をもたない.

　　以上, (a) と (b) により, 「$P \Longleftrightarrow Q$」が証明された.

4.13　$G = (N, \Sigma, P, S)$ を $L = L(G)$ なる CFG とし, $M = (Q, \Sigma, \delta, p_0, F)$ を $L(M) = R$ なる DFA とする. L, R はともに ε-なしと仮定してよい. すなわち, $(L - \{\varepsilon\}) \cap (R - \{\varepsilon\}) = L(G')$ なる CFG G' が構成できることを示せばよい (なぜならば, $\varepsilon \in L \cap R$ となるのは, L と R がともに ε を含むとき, かつそのときに限られ,

このときは，$G' = (N', \Sigma, P', S')$ を修正して（新たな初期記号 S'' を導入して）$\{S'' \to \varepsilon, \ S'' \to S'\} \cup P'$ を生成規則の集合とする CFG を考えればよい）．したがって，G は ε-なしのチョムスキー標準形であると仮定できる．ここで，$F = \{q_1, \ldots, q_t\}$，$R_i = L(M_i)$，$M_i = (Q, \Sigma, \delta, p_0, \{q_i\})$ としたとき，

$$L \cap R = (L \cap R_1) \cup (L \cap R_2) \cup \cdots \cup (L \cap R_t)$$

である．ところで，文脈自由言語の族は和集合演算に関して閉じている．したがって，結局各 i に対して $L \cap R_i = L(G_i)$ なる CFG $G_i = (N_i, \Sigma, P_i, S_i)$ を構成できればよい．

文法 G_i の構成は以下のとおり．$N_i = \{(A, p, p') \mid A \in (N \cup \Sigma), p, p' \in Q\}$，$S_i = [S, p_0, a_i]$ かつ P_i は以下の形式のすべてのものから成る．

1. $[A, p, p'] \to [B, p, p''][C, p'', p']$
   $\qquad\qquad$（ここで，$A \to BC \in P$，かつ $p, p', p'' \in Q$）
2. $[A, p, p'] \to [a, p, p']$ $\quad$（ここで，$A \to a \in P$，かつ $p, p' \in Q$）
3. $[a, p, p'] \to a$ $\qquad\qquad$（ここで，$\delta(p, a) = p'$，$a \in \Sigma$）．

（G_i の非終端記号である三つ組の第 1 成分は G の導出を模倣し，得られた終端記号列のうちで，3 番目の規則により M_i の受理動作を満たすものだけが G_i から生成される）．このとき，$L(G_i) = L \cap R_i$ が成り立つ．

4.14 $G = (N, \Sigma, P, S)$ を $L = L(G)$ なる CFG とする．このとき，$G' = (N, \Sigma, P', S)$ なる CFG を考える．ここで，$P' = \{A \to \tilde{h}(\alpha) \mid A \to \alpha \in P\}$ であり，$\tilde{h}$ は任意の $A \in N$ に対して $\tilde{h}(A) = A$，任意の $a \in \Sigma$ に対して $\tilde{h}(a) = h(a)$ を満たすものとする．このとき，$L(G') = h(L)$ が成り立つ．したがって，$h(L)$ もまた文脈自由言語である．

4.15 $L = \{w \in \{a, b, c, d\}^* \mid \#_a(w) = \#_b(w) = \#_c(w) \geqq \#_d(w) \geqq 1\}$ を CFL と仮定し，矛盾を導く．アルファベット $\{a, b, c, d\}$ 上の準同形写像 $h(d) = \varepsilon$，$h(s) = s$（$\in \{a, b, c\}$）を考えると，問題 4.14 より，言語 $h(L) = \{w \in \{a, b, c\}^* \mid \#_a(w) = \#_b(w) = \#_c(w) \geqq 1\}$ は CFL でなければならない．さらに，問題 4.13 より，言語 $h(L) \cap L(\mathbf{a^*b^*c^*}) = \{a^n b^n c^n \mid n \geqq 1\}$ も CFL であることが要求される．ところが，この言語は CFL ではない（問題 4.7 あるいは 4.13 節を参照）．したがって，矛盾する．

第 5 章

5.1 (1) aa, $aaaa$, a^8.

(2) $L(G) = \{a^{2^i} \mid i \geqq 1\}$.

(3) 初期状態を p_0，最終状態を p_f とする．M の δ は以下のとおり：

$\delta(p_0, \cent) = (p_1, \cent, R)$, $\quad \delta(p_2, \#) = (p_2, \#, R)$, $\quad \delta(p_1, a) = (p_2, a, R)$,

$\delta(p_3, \#) = (p_3, \#, R)$, $\quad \delta(p_2, a) = (p_3, \#, R)$, $\quad \delta(p_3, \$) = (p_f, \$, R)$,

$\delta(p_3, a) = (p_4, a, R)$, $\quad \delta(\tilde{p}_1, \#) = (\tilde{p}_1, \#, R)$, $\quad \delta(p_4, a) = (\tilde{p}_1, \#, R)$,

$\delta(\tilde{p}_1, \$) = (p_5, \$, L)$, $\quad \delta(\tilde{p}_1, a) = (\tilde{p}_2, a, R)$, $\quad \delta(\tilde{p}_2, \#) = (\tilde{p}_2, \#, R)$,

$\delta(\tilde{p}_2, a) = (\tilde{p}_3, \#, R)$, $\quad \delta(\tilde{p}_3, \#) = (\tilde{p}_3, \#, R)$, $\quad \delta(\tilde{p}_3, a) = (\tilde{p}_4, a, R)$,

$\delta(p_4, \#) = (p_4, \#, R)$, $\quad \delta(\tilde{p}_3, \$) = (p_5, \$, L)$, $\quad \delta(\tilde{p}_4, \#) = (\tilde{p}_4, \#, R)$,

$$\delta(\tilde{p}_4, a) = (\tilde{p}_1, \#, R), \quad \delta(p_5, \#) = (p_5, \#, L), \quad \delta(p_5, a) = (p_5, a, L),$$
$$\delta(p_5, \mathbb{c}) = (p_1, \mathbb{c}, R).$$

入力テープ上で $\mathbb{c}$ を左端，$\$$ を右端とする入力記号列 $\mathbb{c}w\$$ に対して，M は $w\ (= a^n)$ を左から右へ 1 回読み終える（スキャンする）ごとに，w に含まれる a の個数を半分にしていく．この操作は，$n = 2^i\ (i \geqq 1)$ のとき i 回成功し，最後に a が残るとき，かつそのときに限り $w = a^n$ は受理される．

5.2 (1) $L_1 = L(G_1)$ なる句構造文法 G_1 は，以下のようになる．
$$G_1 = (\{A, B, C, X_a, X_b\}, \{a, b\}, P_1, S),$$
ここで，P_1 は以下から成る．

$$S \to ABC,\ AB \to aAX_a,\ AB \to bAX_b,\ AB \to c,\ X_a a \to aX_a,$$
$$X_a b \to bX_a,\ X_b a \to aX_b,\ X_b b \to bX_b,\ X_a C \to BaC,\ X_b C \to BbC,$$
$$aB \to Ba,\ bB \to Bb,\ C \to \varepsilon.$$

AB は $x\ (\in \{a, b\})$ を生成するたびに X_x を右へと送り，X_x は C と出会うと Bx と変換され，B は A の待つ左へと移動する．文形式 $wABwC$ が終端記号列を導出できる唯一の記号列であり，これから $wcw\ (w \in \{a, b\}^+)$ が生成される．

(2) $L_2 = L(G_2)$ なる句構造文法 G_2 は，以下のようになる．
$$G_2 = (\{A, B, C, X_a, X_b\}, \{a, b, c\}, P_2, S),$$
ここで，P_2 は以下から成る．

$$S \to ABC,\ A \to aAX_a,\ A \to aX_a,\ B \to bBX_b,\ B \to bX_b,$$
$$X_a b \to bX_a,\ X_a C \to Cc,\ X_b C \to Cc,\ X_a C \to c.$$

B は b を生成するたびに X_b を右へと送り，X_b は C と出会うと Cc と変換され，最終的に C の右に b と同数個の c を生成する．一方，これとは独立に A は a を生成するたびに X_a を生成するので，$a^m X_a^m b^n C c^n$ という文形式が得られる．この後，X_a は右送られ C と出会うだびに C の右へ c を生成する．これにより，最終に $a^m b^n c^{m+n}\ (m, n \geqq 1)$ なる終端記号列のみが導出される．なお，G_2 は自然数の加法に対応する計算をしていることに留意．

5.3 (1) $G = (\{S, A, B, X, Y, Z\}, \{a\}, P, S)$ である．ここで，P は以下から成る．

$$S \to a, \qquad S \to aXBZ,\ BZ \to aa, \qquad BZ \to CYXZ,\ XC \to AY,$$
$$Xa \to aa,\ \ XA \to AY,\ \ Ya \to aa,\ \ YA \to CYX,\ \ aA \to aXXYB,$$
$$BY \to XD,\ DY \to YD,\ DX \to XB,\ YC \to AY.$$

(2) 以下では，M の初期状態を p_0，最終状態を p_f とする．また，入力 w はテープ上に $\mathbb{c}w\$$ なる形で与えられるとする．δ の構成のみを以下に示す（ㅂ は空白記号）．

$$\delta(p_0, \mathbb{c}) = (p_1, \mathbb{c}, R), \qquad \delta(p_1, a) = \{(\tilde{p}_1, a, R), (p_1', a, R)\},$$
$$\delta(p_1', \$) = (p_f, \$, R), \qquad \delta(\tilde{p}_1, a) = \{(\tilde{p}_1, a, R), (p_1'', A, R)\},$$

$$\delta(p_1'', a) = (p_2, B, R), \quad \delta(p_2, a) = (p_2, a, R),$$
$$\delta(p_2, \$) = (p_2, a, R), \quad \delta(p_2, \flat) = (p_3, \$, L),$$
$$\delta(p_3, a) = (p_3, a, L), \quad \delta(p_3, B) = (p_s, B, L),$$
$$\delta(p_s, A) = (p_4, A', R), \quad \delta(p_4, B) = (\tilde{p}_4, B, R),$$
$$\delta(p_4, A) = (p_4, A, R), \quad \delta(p_4, a) = (p_4, a, R),$$
$$\delta(\tilde{p}_4, \#) = (\tilde{p}_4, \#, R), \quad \delta(\tilde{p}_4, a) = (p_5, \#, L),$$
$$\delta(p_5, \#) = (p_5, \#, L), \quad \delta(p_5, B) = (p_5, B, L),$$
$$\delta(p_5, A') = (\tilde{p}_5, A, L), \quad \delta(p_5, A) = (p_5, A, L),$$
$$\delta(p_5, a') = (\tilde{p}_5, a, L), \quad \delta(p_5, a) = (p_5, a, L),$$
$$\delta(\tilde{p}_5, a) = (p_4, a', R), \quad \delta(\tilde{p}_5, A) = (p_4, A', R),$$
$$\delta(\tilde{p}_5, \cent) = (p_6, \cent, R), \quad \delta(p_6, a) = (p_6, a, R),$$
$$\delta(p_6, A) = (p_7, A, L), \quad \delta(p_7, a) = (p_8, A, L),$$
$$\delta(p_8, A) = (p_8, A, R), \quad \delta(p_8, a) = (p_8, a, R),$$
$$\delta(p_8, \cent) = (p_9, \cent, R), \quad \delta(p_8, B) = (p_s, B, L),$$
$$\delta(p_9, A) = (p_9, A, R), \quad \delta(p_9, B) = (p_9, B, R),$$
$$\delta(p_9, \#) = (p_9, \#, R), \quad \delta(p_9, \$) = (p_f, \$, R).$$

M は，（$n \geqq 2$ のとき）まず，非決定的な動作により，$\cent a^{n-1} A B a^{n^2-n} \$$ なるテープを作り，状態 p_s で B を読み込む計算状況になる．M は，これにより "n" の値を推測する．それから，B を境界として，その左にある長さ n の "照合ブロック" $(a^{n-1}A)$ を $(n-1)$ 回用いて，その右にある "被照合ブロック" (a^{n^2-n}) が，正しく $n(n-1)$ 個の a から成るか否かを調べる．入力は，この照合が完全に一致したとき，かつそのときに限り受理される．

5.4 以下では，M の初期状態を p_0，最終状態を p_f とする．また，入力 (x, y) は $\cent x \$ y \cent$ なる形で与えられるものとする．M による計算結果は，テープ上で $\flat \cent x y x^R \cent$ なる形で出力されるものとする．δ の構成を以下に示す（$s, t \in \{a, b\}$ とし，$\flat$ は空白記号を表す）．

$$\delta(p_0, \cent) = (p_1, \flat, R), \quad \delta(p_1, \$) = (p_f, \cent, R),$$
$$\delta(p_1, s) = (p_s, \cent, R), \quad \delta(p_s, t) = (p_t, s', R),$$
$$\delta(p_s, \$) = (p_2, s', R), \quad \delta(p_2, s) = (p_2, s, R),$$
$$\delta(p_2, \cent) = (p_3, \cent, L), \quad \delta(p_3, s) = (p_3, s, L),$$
$$\delta(p_3, s') = (\tilde{p}_s, s, R), \quad \delta(p_3, \cent) = (p_f, \cent, R),$$
$$\delta(\tilde{p}_s, t) = (\tilde{p}_s, t, R), \quad \delta(\tilde{p}_s, \cent) = (p_4, s, R),$$
$$\delta(p_4, \flat) = (p_3, \cent, L).$$

M は，入力の前半部 $\cent x \$$ を右へ 1 コマだけシフトさせて $\flat \cent x'$ へと変換することにより，まず $\flat \cent x' y \cent$ を作る（x' は x の各記号に $'$ を付けたものを表す）．それから，x' をその右端から 1 記号ずつ（$'$ を外しながら）コピーして，y の右端に付け加えていく．このようにして，テープ上で $\flat \cent x y x^R$ が作られたとき，かつそのときに限り最終状態で停止する．

5.5 (1) M_p は変数 k をもち，$k = 1$ と初期化する．入力 $w = a^n$ $(n \geqq 2)$ に対して，まず M_p はそのコピー $w' = a'^n$ を作り，そのコピーに対して以下の操作を行う．

(i) k の値を 1 増やし，$k^2 \leqq n$ か否かを調べる．No ならば，停止して w を受理する．Yes ならば，コピー w' から a を一度に k 個ずつ消していく．その結果，w' がすべて消えたならば停止して受理しない．

(ii) そうでなければ（すなわち，k 個未満の a' が残っているならば）コピー w' を作り直し，(i) に戻る．

このとき，M_p が $w = a^n$ を受理するのは，すべての k $(\leqq \sqrt{n})$ に対して，k は n を割り切らないとき，かつそのときに限られる．したがって M_p は L_p を受理する．

(2) 入力 $w = a^n$ が与えられたとき，各 k (> 1) に対して $k^2 \leqq n$ か否かの計算は n 領域内で終了する．M_p の他のすべての動作は n 領域内で可能である．すなわち，M_p が必要とする領域は n の定数倍を超えない（M_p は線形拘束オートマトンである）．したがって，L_p は文脈依存言語である．

　一方，L_p が文脈自由言語であると仮定すると，L_p は $\{a\}$ 上の言語であるから，反復定理により，ある定数 q が存在して，長さ q 以上のすべての $z \in L_p$ は，$z = uvwxy$，$|vwx| \leqq q$，$vx \neq \varepsilon$ と分解でき，かつ $uv^i wx^i y \in L_p$ $(\forall i \geqq 0)$ が成り立つ．L_p $(\subseteq \{a\}^*)$ を考慮して，$p = |z| > 1$，$c = |vx|$ かつ $z_1 = zvx$ とおくと，$z_1(vx)^i = a^{p+ci} \in L_p$ $(\forall i \geqq 0)$ となる．ここで，$i = p$ とすると $p + cp = p(c+1)$ であり，$p > 1$ かつ $(c+1) > 1$ より，$p + cp$ が素数であることに矛盾する．

第 6 章

6.1 (1) $L(M) = \emptyset$ であるならば，明らかに M は長さ $|Q|$ 未満の記号列を受理しない．逆に，M が長さ $|Q|$ 未満の記号列を受理しないとし，かつ $L(M) \neq \emptyset$ であると仮定する．すると，M は長さ $|Q|$ 以上のある記号列を受理している．そのような記号列のうちで最短のものを w とすると，$(|w| \geqq |Q|$ であるから）ある $x, z \in \Sigma^*$，$y \in \Sigma^+$ に対して $w = xyz$，かつある $p \in Q$ が存在して $\delta(p_0, x) = p$，$\delta(p, y) = p$，$\delta(p, z) \in F$，となっている．このとき $w' = xz \in L(M)$ かつ $|w'| < |w|$ であるから，w の最短性に反する．したがって，M が長さ $|Q|$ 未満の記号列を受理しないならば，$L(M) = \emptyset$ である．

(2) $L(M) = \Sigma^* \iff \overline{L(M)} = \emptyset$ である．正規言語の族は補集合演算に関して閉じている（表 2.8 参照）から，ある DFA $M' = (Q', \Sigma, \delta', p_0, F')$ が存在して $\overline{L(M)} = L(M')$ となる．このとき，(1) より「$L(M') = \emptyset \iff M'$ は長さ $|Q'|$ 未満の記号列を受理しない」が成り立つ．長さ $|Q'|$ 未満の記号列は有限個であり，任意の $w \in \Sigma^*$ に対して $w \notin L(M')$ か否かは決定可能である．したがって，結局 $L(M') = \emptyset$，すなわち，$L(M) = \Sigma^*$ か否かは決定可能である．

6.2 $G = (N, \Sigma, P, S)$ とする．

(1) 集合 $N(G) = \{A \in N \mid A \underset{G}{\overset{*}{\Longrightarrow}} w, w \in \Sigma^*\}$（$N$ における生記号の集合．4.4.1 項

を参照) を考える. すると, "$L(G) = \emptyset \iff S \notin N(G)$" である. したがって, 集合 $N(G)$ の構成法を示せばよい (帰納的な構成法による).

$$N_0 = \emptyset; \ N_{i+1} = N_i \cup \{A \in N \mid A \to \alpha \in P, \ \alpha \in (\Sigma \cup N_i)^*\},$$

とし, $N_t = N_{t+1}$ を満たす t を考える. 明らかに, このような t は存在し, 構成法から $N(G) = N_t$ となっている. ここで, "$S \notin N(G)$ か否か" は決定可能であるから "$L(G) = \emptyset$ か否か" も決定可能となる.

(2) $G = (N, \Sigma, P, S)$ とする. 反復定理から, $L = L(G)$ によって決まる定数を p_L とすると, 「L が無限集合であるのは, $|w| \geqq p_L$ であるような $w \in L$ が存在するとき, かつそのときに限られる」がいえる. ここで,

$$L_{p_L} = \{w \in L \mid |w| < p_L\}$$

として, 言語 $L - L_{p_L}$ を考える. このとき, 「L が有限集合であるのは, $L - L_{p_L}$ が空集合であるとき, かつそのときに限られる」が成り立つ. L_{p_L} は有限集合であり, その補集合 $\overline{L_{p_L}} (= \Sigma^* - L_{p_L})$ は正規言語であること, および文脈自由言語族は正規言語との共通集合演算に関して閉じている (第 4 章 演習問題 4.13 を参照) ことから, 言語 $L - L_{p_L} (= L \cap \overline{L_{p_L}})$ もまた文脈自由言語である. したがって, 上記 (1) より "$L - L_{p_L} = \emptyset$ か否か" は決定可能であるから, "L が有限であるか否か" も決定可能となる.

6.3 (1) (略解) 次のような動作をする線形拘束オートマトン M を作る.

与えられた入力 z に対して, M は, 集合 $\{1, 2, \ldots, m\}$ 上の長さ 1 から $|z|$ までの記号列 $i_1 i_2 \cdots i_k$ ($1 \leqq k \leqq |z|$) を適当な順序で次々と生成していき, 各 $i_1 i_2 \cdots i_k$ に対して「$x_{i_1} x_{i_2} \cdots x_{i_k} = y_{i_1} y_{i_2} \cdots y_{i_k}$ が成り立つか否か」を調べる. M は, 長さ $|z| \times \text{Max}\{|x_i|, |y_i|\}$ のテープ内で動作するので, 線形拘束オートマトンである. もし, ある記号列 $i_1 i_2 \cdots i_k$ に対して上記等号が成り立ったならば, M は z を受理し, そうでなければ, 受理しない (M の構成法から, 明らかに, M は題意を満たす).

(2) (背理法による) この問題が決定可能であると仮定する. PCP の任意の実例 (L_1, L_2) が与えられたとき, (1) を満たす線形拘束オートマトン M を構成する (すなわち, "ある z が存在して $z \in L(M) \iff$ 実例 (L_1, L_2) が解をもつ" が成り立っている). このとき, $L(M) = L(G)$ となる文脈依存文法 G を構成すると, "$L(G) (= L(M)) \neq \emptyset \iff$ ある z が存在して $z \in L(M) \iff$ 実例 (L_1, L_2) が解をもつ" が得られる. (仮定より) "$L(G) = \emptyset$ か否か" は決定可能であるから, 結局, PCP も決定可能となり, 矛盾する.

6.4 (1) $n = f(i, j) = \dfrac{(i + j - 1)(i + j - 2)}{2} + j$.

(2) Σ 上のすべての記号列に対し, 長さの短いものから順に, さらに, 長さが同じ記号列に対してはある定まった辞書式順序に従って並べることにより, その出現位置 $i = 1, 2, 3, \ldots$ を一意的に規定することができる. また, 与えられた記号列 w に対して, M の動作を分解して i 番目 ($i \in \mathbf{N}$) のステップというものを考えることができる. そこで, 問題の手続き P は, 時刻 $n = 1$ から始めて, 任意の

$n \in \mathbf{N}$ に対して，$n = f(i, j)$ なる対 (i, j) を考え，i 番目の記号列 w_i に対する M の j 番目までのすべてのステップを実行する．このとき，もし $w_i \in L(M)$ であるならば，ある j_i ステップまでに，w_i が M によって受理されるから，そのとき P は w_i を出力する．これは，時刻 $n = f(i, j_i)$ までに必ず終了する（もし，$w_i \notin L(M)$ ならば，M はいつになっても停止しないことがあり得るが，それでもこの手続き P には，なんの支障もないことに注意）．このように，P はすべての $w \in L(M)$ をいつかは必ず枚挙できる．

6.5 (1) ［決定不能である］　句構造文法に対する導出可能性問題が決定可能であると仮定する．このとき，初期記号 S と任意の終端記号列 w $(\in \Sigma^*)$ に対して，$S \overset{*}{\underset{G}{\Rightarrow}} w$ か否かが決定できることになるが，これは句構造文法に対する所属問題が決定不能であることに矛盾する．したがって，この問題は決定不能である．

(2) ［決定可能である］　$S \to \varepsilon$ なる生成規則を考慮する必要があるのは $w = \varepsilon$ のときだけで，その場合には明らかに本問題は決定可能である．したがって，生成規則が $\alpha \to \beta$（ただし，$|\alpha| \leqq |\beta|$）であるような文脈依存文法 $G = (N, \Sigma, P, S)$ だけを考える．このとき，$N \cup \Sigma$ 上の任意の記号列 w_0, w に関して，もし $|w_0| > |w|$ であるならば，明らかに $w_0 \overset{*}{\underset{G}{\Rightarrow}} w$ ではない．よって，$|w_0| \leqq |w|$ である場合を考える．いま，F_i $(i \geqq 0)$ なる集合の列を以下のように構成する．$F_0 = \{w_0\}$. 各 $i \geqq 0$ に対して，

$$F_{i+1} = F_i \cup \left\{ \psi \in (N \cup \Sigma)^* \ \middle| \ \varphi \underset{G}{\Rightarrow} \psi, \varphi \in F_i, |\varphi| \leqq t \right\}$$

（ここで，$t = |w|$）

とする．このとき，ある k が存在し，すべての $j \geqq 1$ に対して，$F_k = F_{k+j}$ であり，かつ

$$F_k = \left\{ \psi \in (N \cup \Sigma)^* \ \middle| \ w_0 \overset{*}{\underset{G}{\Rightarrow}} \psi, |\psi| \leqq t \right\}$$

となる．この F_k は有限集合であり，$w_0 \overset{*}{\underset{G}{\Rightarrow}} w$ であるのは $w \in F_k$ であるとき，かつそのときに限られることがわかる．このように，この問題は決定可能である．

参 考 文 献

（オートマトン言語理論全般に関する書籍 ― 年代順）

[HU69]　Hopcroft, J.E. and Ullman, J.D.: *Formal Languages and Their Relation to Automata*, Addison-Wesley, Reading, Mass., 1969（野崎昭弘・木村 泉訳："言語理論とオートマトン," サイエンス社，1971）.

[Ho72]　本多波雄："オートマトン・言語理論," コロナ社，1972.

[Ha78]　Harrison, M.A.: *Introduction to Formal Language Theory*, Addison-Wesley, Reading, Mass., 1978.

[LP81]　Lewis, H.R. and Papadimitriou, C.H.: *Elements of the Theory of Computation*, Prentice-Hall, Englewood Cliffs, N.J., 1981.

[FI82]　福村晃夫・稲垣康善："オートマトン・形式言語理論と計算論," 岩波書店，1982.

[Mc82]　McNaughton, R.: *Elementary Computability, Formal Languages and Automata*, Prentice-Hall, Englewood Cliffs, N.J., 1982.

[Na83]　長尾 真："言語工学," 昭晃堂，1983.

[KT83]　小林孝次郎・高橋正子："オートマトンの理論," 共立出版，1983.

[To83a]　富田悦次："オートマトンと言語理論," 志村正道 編："電気・電子工学大百科事典，11 情報処理" 第 2 章（pp.35–80），電気書院，1983.

[Sm83]　Smith, V.J.R.: *A First Course in Formal Language Theory*, Blackwell Scientific Publications Ltd., 1983（井上謙蔵 監修，吉田敬一・石丸清登 訳："言語理論入門," 共立出版，1986）.

[Sa85]　Salomaa, A.: *Computation and Automata*, Cambridge University Press, Cambridge, 1985（野崎昭弘・町田 元・山崎秀記・横森 貴 訳："計算論とオートマトン理論," サイエンス社，1988）.

[AM86]　有川節夫・宮野 悟："オートマトンと計算可能性," 培風館，1986.

[KT88]　嵩 忠雄・都倉信樹・谷口健一："形式言語理論," コロナ社，1988.

[MA88]　Moll, R.N., Arbib, M.A. and Kfoury, A.J.: *An Introduction to Formal Language Theory*, Springer-Verlag, 1988.

[Le90]　Leeuwen, J.V. (Ed.): *Handbook of Theoretical Computer Science*, Vol.B, "Formal Models and Semantics," MIT Press, Cambridge/Elsevier, Amsterdam, Mass., 1990（広瀬 健・野崎昭弘・小林孝次郎 監訳："コンピュータ基礎理論ハンドブック II," 丸善，1994）.

[Ad92]　足立暁生："オートマトンと言語理論," 森北出版，1992.

[TY92]　富田悦次・横森 貴："オートマトン・言語理論," 森北出版，1992.

［Ko97］　Kozen, D.C.: *Automata and Computability*, Springer, 1997.

［RS97］　Rozenberg, G. and Salomaa, A. (Eds.): *Handbook of Formal Languages*: Vol.1, Springer, 1997.

［PRS98］　Pǎun, G., Rozenberg, G. and Salomaa, A.: *DNA Computing–New Computing Paradigm*, Springer, 1998（横森 貴・榊原康文・小林 聡 訳："DNA コンピューティング―新しい計算パラダイム," シュプリンガーフェアラーク東京，1999）.

［KS00］　Kinber, E. and Smith, C.: *Theory of Computing: A Gentle Introduction*, Prentice Hall, 2001（笠 捷彦 監修：杉原崇憲 訳："計算論への入門―オートマトン・言語理論・チューリング機械," ピアソン・エデュケーション，2002）.

［Mo01］　守屋悦朗："形式言語とオートマトン," サイエンス社，2001.

［HMU01］　Hopcroft, J.E., Motowani, R. and Ullman, J.D.: *Introduction to Automata Theory, Languages and Computation* (2nd edition), Addison-Wesley, 2001（野崎昭弘・高橋正子・町田 元・山崎秀記 訳："オートマトン言語理論計算論 I, II," サイエンス社，2003）. 同タイトル (3rd edition), Addison-Wesley, 2007.

［Iw03］　岩間一雄："オートマトン・言語と計算理論," コロナ社，2003.

［YHO03］　米田政明・広瀬貞樹・大里延康・大川 知："オートマトン・言語理論の基礎," 近代科学社，2003. 同タイトル（第 2 版），2021.

［Ma05］　丸岡 章："計算理論とオートマトン言語理論," サイエンス社，2005.

［Si06］　Sipser, M.: *Introduction to the Theory of Computation* (2nd edition), Thomson Course Technology, 2006.（大田和夫・田中圭介 監訳：阿部正幸・植田広樹・藤岡 淳・渡辺 治 訳："計算理論の基礎"（原著第 2 版）第 1 巻. オートマトンと言語, 共立出版，2008）.

［ILY11］　五十嵐義英・Forbes D. Lewis・山崎浩一・船田眞理子："オートマトンと形式言語の基礎," 牧野書店，2011.

［OHY12］　大川 知・広瀬貞樹・山本博章："オートマトン・言語理論入門," 共立出版，2012.

［NWG12］　西野哲朗・若月光夫・後藤隆彰："応用オートマトン工学," コロナ社，2012.

［Hi14］　広瀬貞樹："オートマトン・形式言語理論", コロナ社，2014.

［Fu15］　藤原暁宏："はじめて学ぶオートマトンと言語理論", 森北出版，2015.

［Fu17］　藤芳明生："形式言語・オートマトン入門"（グラフィック情報工学ライブラリ），数理工学社，2017.

第 1 章　（数学的基礎知識に関する書籍）

［MY90］　町田 元・横森 貴："計算機数学," 森北出版，1990.

［Mo06］　守屋悦朗："離散数学入門," サイエンス社，2006.

［To03］　徳山 豪："工学基礎 離散数学とその応用," 数理工学社，2003.

［YK08］　横森 貴・小林 聡:"基礎 情報数学," サイエンス社，2008.

第 2 章　（有限オートマトン，正規言語）

［Br62］　Brzozowsky, J.: "A survey of regular expressions and their applications," *IEEE Trans. on Electronic Computers*, Vol.11, No.3, pp.324–335, 1962.

［ET77］ 榎本 肇・富田悦次：“代表記号列集合による決定性有限オートマトンの適応的修正法,”
電子通信学会論文誌 (D), Vol.J60-D, No.10, pp.777–784, 1977.

［Ho71］ Hopcroft, J.E.: “An $n \log n$ algorithm for minimizing the states in a finite
automaton,” in *The Theory of Machines and Computations* (Kohavi, Ed.),
Academic Press, New York, pp.189–196, 1971.

［Hu54］ Huffman, D.A.: “The synthesis of sequential switching circuits,” *J. Franklin
Institute*, Vol.257, Nos.3–4, pp.161–190 & 275–303, 1954.

［IK86］ 岩田茂樹・笠井琢美：“有限オートマトン入門,” 森北出版, 1986.

［Kl56］ Kleene, S.C.: “Representation of events in nerve nets and finite automata,”
in *Automata Studies* (Shannon, C.E. and McCarthy, J., Eds.), Princeton
University Press, Princeton, N.J., pp.3–40, 1956.

［Me55］ Mealy G.H.: “A Method for synthesizing sequential circuits,” *Bell Systems
Technical Journal*, Vol.34, No.5, pp.1045–1079, 1955.

［Mo56］ Moore, E.F.: “Gedanken-experiments on sequential machines,” in *Automata
Studies* (Shannon, C.E. and McCarthy, J., Eds.), Princeton University
Press, Princeton, N.J., pp.129–153, 1956.

［Mo64］ Moore, E.F.: *Sequential Machines: Selected Papers*, Addison-Wesley, Read-
ing, Mass., 1964.

［My57］ Myhill, J.: “Finite automata and the representation of events,” *Wright Air
Development Division Tech. Rep.* 57–624, pp.112–137, 1957.

［MY60］ McNaughton, R. and Yamada, H.: “Regular expressions and state graphs for
automata,” *IEEE Trans. on Electronic Computers*, Vol.9, No.1, pp.39–47,
1960.

［Ne58］ Nerode, A.: “Linear automaton transformations,” *Proceedings of the Amer-
ican Mathematical Society*, Vol.9, pp.541–544, 1958.

［OF61］ Ott, G. and Feinstein, N.H.: “Design of sequential machines from their
regular expressions,” *J. ACM*, Vol.8, No.4, pp.585–600, 1961.

［RS59］ Rabin, M.O. and Scott, D.: “Finite automata and their decision problems,”
IBM J. Research and Development, Vol.3, No.2, pp.114–125, 1959.

［SKY01］ 榊原康文・小林 聡・横森 貴：“計算論的学習,” 培風館, 2001.

［TTW04］ Tajima, Y., Tomita, E., Wakatsuki, M. and Terada, M.: “Polynomial time
learning of simple deterministic languages via queries and a representa-
tive sample,” *Theoretical Computer Science*, Vol.329, Nos.1–3, pp.203–221,
2004.

第3章 (形式文法, 正規文法)

［Ba59］ Backus, J.W.: “The syntax and semantics of the proposed international
algebraic language of the Zurich ACM-GAMM conference,” *Proceedings of
the International Conference on Information Processing*, UNESCO, Paris,
pp.125–132, 1959.

［Ch56］ Chomsky, N.: “Three models for the description of language,” *IRE Trans-
actions on Information Theory*, Vol.2, No.3, pp.113–124, 1956.

［CM58］　Chomsky, N. and Miller, G.A.: "Finite state languages," *Information and Control*, Vol.1, No.2, pp.91–112, 1958.

［Ch63］　Chomsky, N.: "Formal properties of grammars," in *Handbook of Mathematical Psychology* (Luce, D., Bush, R. and Golanter, E., Eds.), John Wiley & Sons, Inc., New York, 1963.

［Na60］　Naur, P.: "Report on the algorithmic language ALGOL," *Comm. ACM*, Vol.3, No.2, pp.299–314, 1960.

第 4 章　（文脈自由文法，プッシュダウンオートマトン）

［ALSU06］Aho, A., Lam, M., Sethi, R. and Ullman, J.D.: *Compilers: Principles, Techniques, & Tools* (2nd Edition), Addison-Wesley, 2007（原田賢一 訳："コンパイラ［第2版］〜原理・技法・ツール〜," サイエンス社, 2009）.

［AU72-73］Aho, A. and Ullman, J.D.: *The Theory of Parsing, Translation and Compiling* Vols.I-II, Prentice-Hall, Englewood Cliffs. N.J., 1972–1973.

［BPS61］　Bar-Hillel, Y., Perles, M. and Shamir, E.: "On formal properties of simple phrase structure grammars," *Phonetik. Sprachwiss. Kommunikationsforsoh.*, Vol.14, pp.143–172, 1961.

［Ca62］　Cantor, D.C.: "On the ambiguity problem of Backus systems," *J. ACM*, Vol.9, No.4, pp.477–479, 1962.

［Ch59］　Chomsky, N.: "On certain formal properties of grammars," *Information and Control*, Vol.2, No.2, pp.137–167, 1959.

［Ch62］　Chomsky, N.: "Context-free grammars and pushdown storage," *MIT Research Lab. Electron. Quart. Prog. Rep. J.*, No.65, 1962.

［De69］　DeRemer, F.L.: "Practical translators for $LR(k)$ Languages," Ph.D. Dissertation, M.I.T., Cambridge, Mass., 1969.

［De71］　DeRemer, F.L.: "Simple $LR(k)$ grammars," *Comm. ACM*, Vol.14, No.7, pp.453–460, 1971.

［Ea70］　Earley, J.: "An efficient context-free parsing algorithm," *Comm. ACM*, Vol.13, No.2, pp.94–102, 1970.

［Fl62］　Floyd, R.W.: "On ambiguity in phrase structure languages," *Comm. ACM*, Vol.5, No.10, pp.526–534, 1962.

［Fr76］　Friedman, E.P.: "The inclusion problem for simple languages," *Theoretical Computer Science*, Vol.1, No.4, pp.297–316, 1976.

［GG66］　Ginsburg, S. and Greibach, S.A.: "Deterministic context-free languages," *Information and Control*, Vol.9, No.6, pp.620–648, 1966.

［GHR80］Graham, S., Harrison, M.A. and Ruzzo, W.L.: "An improved context-free recognizer," *ACM Transactions on Programming Languages and Systems*, Vol.2, No.3, pp.415–462, 1980.

［GR62］　Ginsburg, S. and Rice, H.G.: "Two families of languages related to ALGOL," *J. ACM*, Vol.9, No.3, pp.350–371, 1962.

［Gr65］　Greibach, S.A.: "A new normal form theorem for context-free phrase structure grammars," *J. ACM*, Vol.12, No.1, pp.42–52, 1965.

［GU66］　Ginsburg, S. and Ullian, J.S.: "Ambiguity in context-free languages," *J. ACM*, Vol.13, No.1, pp.62–88, 1966.

［HTW95］　Higuchi, K., Tomita, E. and Wakatsuki, M.: "A Polynomial-time algorithm for checking the inclusion for strict deterministic restricted one-counter automata," IEICE Trans. on Information and Systems, Vol.E78-D, No.4, pp.305–313, 1995.

［HY79］　Harrison, M.A. and Yehudai, A.: "A hierarchy of deterministic languages," *J. Computer and System Sciences*, Vol.19, No.1, pp.63–78, 1979.

［Ka65］　Kasami, T.: "An efficient recognition and syntax-analysis algorithm for context-free languages," Science Report AFCRL-65-758, Air Force Cambridge Research Laboratory, Bedford, Mass., 1965.

［KH66］　Korenjak, A.J. and Hopcroft, J.: "Simple deterministic languages," *IEEE Conference Record of 7th Annual Symposium on Switching and Automata Theory*, Berkeley, CA., pp.36–46, 1966.

［Kn65］　Knuth, D.E.: "On the translation of languages from left to right," *Information and Control*, Vol.8, No.6, pp.607–639, 1965.

［KT69］　Kasami, T. and Torii, K.: "A syntax analysis procedure for unambiguous context-free grammars," *J. ACM*, Vol.16, No.3, pp.423–431, 1969.

［KTE75］　片山卓也・土屋 昇・榎本 肇："決定性プッシュダウン変換器の等価性判定について," 電子通信学会論文誌 (D), Vol.J58-D, No.12, pp.760–767, 1975.

［LS68］　Lewis II, P.M. and Steams, R.E.: "Syntax-directed transduction," *J. ACM*, Vol.15, No.3, pp.464–488, 1968.

［OHI80］　Oyamaguchi, M., Honda, N. and Inagaki, Y.: "The equivalence problem for real-time strict deterministic languages," *Information and Control*, Vol.45, No.1, pp.90–115, 1980.

［Oy87］　Oyamaguchi, M.: "The equivalence problem for real-time DPDAs," *J. ACM*, Vol.34, No.3, pp.731–760, 1987.

［OP77］　Olshansky, T. and Pnueli, A.: "A direct algorithm for checking equivalence of $LL(k)$ grammars," *Theoretical Computer Science*, Vol.4, No.3, pp.321–349, 1977.

［RS70］　Rosenkrantz, D.J. and Steams, R.E.: "Properties of deterministic top-down grammars," *Inforrnmation and Control*, Vol.17, No.3, pp.226–255, 1970.

［Ry85］　Rytter, W.: "Fast recognition of pushdown automata and context-free languages," *Information and Control*, Vol.67, Nos.1–3, pp.12–22, 1985.

［SAS21］　Sato, K., Akiyama, M., and Sakakibara, Y.: "RNA secondary structure prediction using deep learning with thermodynamic integration," Nature Communications, Vol.12, No.941, 2021.

［SBRUMH94］　Sakakibara, Y., Brown, M., Rebecca, C., and Underwood, I. Mian,S., Haussler, D.: "Stochastic context-free grammars for modeling RNA," 1994 Proceedings of the Twenty-Seventh Hawaii International Conference on System Sciences, Vol.5, pp.284–293, 1994.

［Sé01］　Sénizergues, G.: "$L(A) = L(B)$? decidability results from complete formal system," *Theoretical Computer Science*, Vol.251, Nos.1–2, pp.1–166, 2001.

（本論文の分量に注目！ 長年未解決であった決定性プッシュダウンオートマトンの等価性判定問題について，肯定的に最終決着を付けたこの成果に対し，セニゼルグ (Sénizergues) は異例の早さで 2002 年ゲーデル賞を受賞．なお，ゲーデル賞は理論計算機科学分野における最高の賞の一つであり，わが国からも，戸田誠之助（現 日本大学教授）が 1998 年に受賞．次のサイトも参照：
https://eatcs.org/index.php/goedel-prize）

[Sé02]　Sénizergues, G.: "$L(A) = L(B)$? A simplified decidability proof," Theoretical Computer Science, Vol.281, Nos.1–2, pp.555–608, 2002.

[St67]　Stearns, R.E.: "A regularity test for pushdown machines," *Information and Control*, Vol.11, No.3, pp.323–340, 1967.

[St01]　Stirling, C.: "Decidability of DPDA equivalence," Theoretical Computer Science, Vol.255, Nos.1–2, pp.1–31, 2001.

[STW07]　清野和司・富田悦次・若月光夫：" ε-推移を許したある決定性プッシュダウン変換器対の等価性判定アルゴリズム，" 電子情報通信学会論文誌 (D)，Vol.J90-D, No.10, pp.2675–2690, 2007.

[Ta89]　田中穂積："自然言語解析の基礎，" 産業図書．1989.

[TK76]　Taniguchi, K. and Kasami, T.: "A result on the equivalence problem for deterministic pushdown automata," *J. Computer and System Sciences*, Vol.13, No.1, pp.38–50, 1976.

[To82]　Tomita, E.: "A direct branching algorithm for checking equivalence of some classes of deterministic pushdown automata," *Information and Control*, Vol.52, No.2, pp.187–238, 1982. （実時空間スタック受理式決定性プッシュダウンオートマトンの等価性判定問題に対し，"直接的分岐アルゴリズム (direct branching algorithm)" と名付けられたアルゴリズムが本論文において発表されている．スタック記号を 1 種類だけ，かつ計算状況におけるスタック高さは 1 以下と限定すると，当アルゴリズムは接頭辞性質をもつ正規言語を受理する決定性オートマトンに対する，第 2.2.2 項のアルゴリズムと一致する．したがって，第 2.2.2 項の等価性判定アルゴリズムの厳密な記述については，本論文を参照いただきたい．本論文は，下記より一般公開 (open access) となっている：
https://www.sciencedirect.com/science/article/pii/S0019995882800296）

[To83b]　Tomita, E.: "A direct branching algorithm for checking equivalence of strict deterministic vs. LL (k) grammars," *Theoretical Computer Science*, Vol.23, No.2, pp.129–154, 1983.

[TS89]　Tomita, E. and Seino, K.: "A direct branching algorithm for checking the equivalence of two deterministic pushdown transducers, one of which is real-time strict," *Theoretical Computer Science*, Vol.64, No.1, pp.39–53, 1989.

[TS95]　Tomita, E. and Seino, K.: "The extended equivalence problem for a class of non-real-time deterministic pushdown automata," *Acta Informatica*, Vol.32, Fasc.4, pp.395–413, 1995.

[UHKY99]　Uemura, Y., Hasegawa, A., Kobayashi, S. and Yokomori, T.: "Tree adjoining grammars for RNA structure prediction," Theoretical Computer Science, Vol.210, No.2, pp.277–303, 1999.

［VP75］ Valiant, L.G. and Paterson, M.S.: "Deterministic one-counter automata," *J. Computer and System Sciences*, Vol.10, No.3, pp.340-350, 1975.

［WT91］ 若月光夫・富田悦次: "単純決定性プッシュダウンオートマトンの等価性判定の改良分岐アルゴリズムとその最大時間計算量," 電子情報通信学会論文誌 (D-I), Vol.J74-D-I, No.9, pp.595–603, 1991.

［WTN13］ Wakatsuki, M., Tomita, E. and Nishino, T.: "A polynomial-time algorithm for checking the equivalence for real-time deterministic restricted one-counter transducers which accept by final state," Proc. SNPD 2013, IEEE Computer Society, Honolulu, USA, pp.459–465, 2013.

［Yo67］ Younger, D.H.: "Recognition and parsing of context-free languages in time n^3," *Information and Control*, Vol.10, No.2, pp.189–208, 1967.

第 5 章，第 6 章 （句構造文法，チューリング機械，およびアルゴリズム，決定問題）

［Ad91］ 足立暁生: "アルゴリズムと計算理論," 森北出版，1991.

［Ai74］ 相沢輝昭: "万能チューリングマシンをめぐる二，三の話題," 数理科学，11 月号，pp.42–46, 1974.

［Fu77］ 福村晃夫: "アルゴリズム理論入門," 昭晃堂，1977.

［Ig87］ 五十嵐善英: "アルゴリズムと計算可能性," 昭晃堂，1987.

［Im88］ Immerman, N.: "Nondeterministic space is closed under complementation," *SIAM J. Computing*, Vol.17, No.5, pp.935–938, 1988.

［It13］ 伊藤毅志 他: "ミニ特集現役プロ棋士に勝ち越したコンピュータ将棋," 情報処理，Vol.54, No.9, pp.904–936, 2013.

［Ka87］ 笠井琢美: "計算量の理論," 近代科学社, 1987.

［Ko80］ 小林孝次郎: "計算可能性入門," 近代科学社，1980.

［Kl43］ Kleene, S.C.: "Recursive predicates and quantifiers," *Transactions of the American Mathematical Society*, Vol.53, No.1, pp.41–73, 1943.

［Ku64］ Kuroda, S.Y.: "Classes of languages and linear-bounded automata," *Information and Control* Vol.7, No.2, pp.207–223, 1964.

［Ma71］ Matijasevich, Ju.: "Diofantovo predstavlenie perechislimykh predikatov," *Izv. Akad. Nauk SSSR, Ser. Matem.*, Vol.35, pp.3–30, 1971.

［Mat15］ 松原仁: "特別解説 コンピュータ将棋プロジェクトの終了宣言," 情報処理，Vol.56, No.11, pp.1054–1055, 2015.

［Mat16］ 松原仁: "ゲーム情報学—コンピュータ将棋を超えて," 情報処理，Vol.59, No.2, pp.89–95, 2016.

［Po46］ Post, E.L.: "A variant of a recursively unsolvable problem," *Bull. Amer. Math. Soc.*, Vol.52, No.4, pp.264–268, 1946.

［Tu36］ Turing, A.M.: "On computable numbers, with an application to the Entscheidungs problem," *Proc. London Math. Soc.*, Ser.2, Vol.42, pp.230-265, 1936. A correction, *ibid.*, Vol.43, pp.544-546, 1937. （2012 年はチューリングの生誕 100 年であり，これを記念して世界各地で彼の功績を称えるイベントが挙行．チューリングの名を冠した "チューリング賞" はコンピュータ科学分野のノーベル賞と目されているが，2017 年はチューリング賞の 50 周年に当たり，大きな記念

行事が開催. ちょうど同 2017 年は, 我が国の「電子情報通信学会」が創立 100 周年記念).

[Wi95]　Wiles, A.: "Modular elliptic curves and Fermat's last theorem," *Annals of Mathematics*, Vol.142, pp.443–551, 1995.（非常に長年にわたる未解決問題に決着を付けたこの結果は, 朝日新聞 1995 年 4 月 10 日夕刊など, 一般紙においても大きく報道された. 次の資料も参照.

http://www.cs.berkeley.edu/~anindya/fermat.pdf）

[WN09]　Woods, D. and Neary, T.: "The complexity of small universal Turing machines: A survey," *Theoretivcal Computer Science*, Vol.410, Nos.4–5, pp.443–450, 2009.

[Yo05]　横森 貴："アルゴリズムデータ構造 計算論," サイエンス社, 2005.

（なお, さらなる参考文献情報は, 本書の Web 資料に適宜記載する予定である.）

索　　引

$\mathcal{SDL}$ (SDL)　160

■ギリシャ文字
［小文字］
α (alpha)	アルファ
β (beta)	ベータ
γ (gamma)	ガンマ
δ (delta)	デルタ
ε (epsilon)	イプシロン

θ (theta)	シータ
λ (lambda)	ラムダ
$\phi,\ \varphi$ (phi)	ファイ
ψ (psi)	プサイ，プシ
ω (omega)	オメガ

［大文字］
Γ (gamma)	ガンマ
Σ (sigma)	シグマ
Ω (omega)	オメガ

著者略歴

富田悦次（とみた・えつじ）

1942 年	岐阜市に生まれる
1966 年	東京工業大学理工学部電子工学科卒業
1971 年	東京工業大学大学院博士課程修了
	工学博士
1971 年	東京工業大学工学部電子物理工学科助手
1976 年	電気通信大学通信工学科助教授
1986 年	電気通信大学通信工学科教授
1987 年	電気通信大学電子情報学科教授
1999 年	電気通信大学情報通信工学科教授
2008 年	電気通信大学名誉教授，
	中央大学研究開発機構教授（～2011 年）
2011 年	科学技術振興機構 ERATO 研究推進委員，
	東京工業大学特別研究員（～2015 年）
2021 年	逝去

横森　貴（よこもり・たかし）

1951 年	甲府市に生まれる
1974 年	東京大学理学部数学科卒業
1979 年	東京大学大学院博士課程修了
	理学博士
1979 年	産業能率大学情報学科助手
1983 年	富士通（株）国際情報社会科学研究所
1989 年	電気通信大学情報工学科助教授
1997 年	電気通信大学情報工学科教授
1998 年	早稲田大学教育学部数学教室教授
2004 年	早稲田大学教育・総合科学学術院教授
2021 年	早稲田大学名誉教授
	現在に至る

オートマトン・言語理論（第 2 版・新装版）

1992 年 5 月 28 日　第 1 版第 1 刷発行
2013 年 8 月 20 日　第 1 版第 24 刷発行
2013 年 12 月 9 日　第 2 版第 1 刷発行
2022 年 3 月 10 日　第 2 版第 8 刷発行
2023 年 10 月 6 日　第 2 版・新装版第 1 刷発行

著者　　　　富田悦次・横森　貴

編集担当　　福島崇史・岩越雄一（森北出版）
編集責任　　宮地亮介（森北出版）
組版　　　　ブレイン
印刷　　　　丸井工文社
製本　　　　　同

発行者　　　森北博巳
発行所　　　森北出版株式会社
　　　　　　〒102-0071　東京都千代田区富士見 1-4-11
　　　　　　03-3265-8342（営業・宣伝マネジメント部）
　　　　　　https://www.morikita.co.jp/

ISBN978-4-627-80553-8

MEMO

MEMO

MEMO

MEMO

MEMO

MEMO

MEMO